KB233985

소그룹이 살아야 교회가 건강해진다

소그룹 목회의 이론과 실제

소그룹이 살아야 교회가 건강해진다

이광수 지음

소그룹 목회의 이론과 실제

한국학술정보㈜

추 천 사

왜(Why)? 무엇을(What)? 그리고 어떻게(How)?

절규(絶叫)하는 심정(心情)으로 한국교회의 건강하고 통전적인 성장을 염원하는 이 책의 저자 이광수 박사는 기장(基長)교단의 새 샘교회를 거쳐 현재 신갈장로교회에서 헌신하는 목사로서 '교회성장분야'의 존경받는 전문가(Specialist)임에 틀림없다.

이 박사가 자신의 목회현장뿐만 아니라 틈틈이 다른 교회들을 직접 방문하고 수집한 수많은 자료들을 첫째, 성경적으로(Biblical) 둘째, 목회 신학적으로(Pastoral – theological) 셋째, 목회상황적인 측면에서(Contextual Perspective) 연구하고 분석하며 평가했기 때문에, 이 책은 오늘날의 교회성장신학과 실제적인 성장방법론에 있어서 유용한 틀을 제시해주었다.

요즈음 전 세계적으로, 특히 한국교회에서 '소그룹교회 컨퍼런스'가 빈번하게 개최되고 있는 현상은 '건강한 교회'를 위한 '셀(Cell)교회의 원형'을 찾고자 하는 몸부림이라 할 수 있다. 그동안 여러 가지 다양한 '셀교회 모형'을 제시하고 모범적으로 성장한 교회들 가운데서, 이 박사는 이 책에서 다음과 같은 세 교회를 집중적으로 다루고 있다. 첫째로, 구역조직'을 활성화한 '여의도 순복음교회' 둘째로, 한국적인 건강한 셀교회를 통해서 전 교우들을 통전적으로 양육할 것으로 기대되는 'D12 영성시스템'(Disciple12)을 운영하는 '풍성한 교회' 셋째로, '하나님의 백성'의 가장 친밀한 소단위로서 '가정교회'(Family Church)의 모형인 '화평교회'이다.

위에 언급한 세 가지 소그룹 유형의 교회구조, 조직, 운영에 대한 신학적인 통찰력과 경험을 창조적으로 적용함으로써, 이 박사는 '신갈장로교회'를 생동감이 넘치는 교회로 변모시켰고, 그 결과로써 놀라운 교회성장이 뒤따르고 있다.

이러한 변화는 모두 이 박사의 철저한 목회경험, 성경적인 확신 그리고 '교회성장 신학과 방법론'에 관한 전문가다운 통찰력에 기인한 것이라고 확신하기에 '건강한 교회'와 '통전적인 교회'로서 성장하기를 염원하는 한국의 목회자, 신학생, 성도들 그리고 관심을 가지고 있는 분들의 일독을 진심으로 권합니다.

2010년 3월
한신대학교 신학대학원
김윤규 교수(실천신학)

오늘날 교회의 화두는 '건강한 교회'이다. 그렇다면 '건강한 교회'란 무엇인가? 크리스티안 A. 슈바르츠(Christian A. Schwarz)는 그의 책『자연적 교회 성장』(Natural Church Development)에서 건강한 교회의 8가지 질적 특성을 말한다. 그것은 사역자를 세우는 지도력, 은사 중심적 사역, 열정적 영성, 기능적 조직, 영감 있는 예배, 전인적 소그룹, 필요 중심적 전도, 사랑의 관계이다. 그중 가장 핵심적인 것이 바로 '전인적 소그룹 사역'이라고 말한다. 그러므로 건강한 교회는 소그룹 목회를 지향해야 한다.

현대 소그룹 목회의 원조는 여의도 순복음교회의 조용기 목사라고 볼 수 있다. 1980년대에 조용기 목사의 책『Successful Home Cell Groups』이 영어로 출판되자 서양교회는 많은 관심을 갖게 되었다. 그 이후 조용기 목사의 구역 소그룹 목회에 대한 연구가 시작되었고, 마침내 1989년 셀교회의 아버지라 불리우는 랄프 네이버(Ralph W. Neighbour) 박사의 책『셀교회 지침서』(Where do we go from here?)가 등장을 하게 된다. 이 책은 현대 교회들로 하여금 성서적인 교회의 본질이 무엇인가를 고민하게 만들었다. 그 이후 수많은 셀교회 자료와 소그룹 목회에 관한 책들이 쏟아져 나오기 시작했다.

특히 한국에서는 터치코리아(Touch Korea, 랄프 네이버가 창립한 국제터치 셀 사역의 한국본부)를 통해 다양하고 구체적인 셀 목회의 안내서와 방법론에 관한 책들이 번역되어 소개되었다. 또한 한국소그룹목회연구원의 채이석, 이상화를 통하여 건강한 소그룹 목회 시리즈가 출간되었으며, 한정애의『교회사를 통해 본 작은 공동체 운동』을 통해 소그룹 목회의 역사적인 맥락, 박영철의『셀교회론』을 통해 소그룹 목회의 신학과 비전 그리고 실천적 대안과 전략을 알 수 있게 되었다.

이렇게 소그룹 목회에 관한 관심이 집중되던 차에 2005년에 빈센트 브래닉(V. Branick)의『초대교회는 가정교회였다』(The House Church in the Writings of Paul)와 2007년에 개러쓰 아이스노글(Gareth W. Icenogle)의 책『소그룹 사역을 위한 성경적 기초』(Biblical foundation for small group ministry)가 번역되어 소개되었다. 그리하여 소그룹 목회에 대한 성서적인 기초가 확립되어, 소그룹 목회가 단순한 교회성장의 한 방편이 아니라 성서의 본질임을 확증시켜 주었다.

그러므로 소그룹 목회는 이 시대에 새롭게 개발된 목회가 아니라 성서적 전거를 가지고 있는 목회의 본질이며, 핵심임을 알 수 있게 되었다. 결국 건강한 교회란 성서의 교회의 모습을 회복하는 것이다. 소그룹이 살아야 교회가 건강해진다.

이 책은 "소그룹 목회에 관한 연구"라는 한신대학교 신학전문대학원의 박사학위 논문을 책으로 엮은 것이며, 소그룹 목회에 관한 이론과 실제를 다루고 있다.

마지막으로 끊임없이 책으로 출간할 것을 권면해 주신 김윤규 박사님께 고마움을 전한다. 그리고 목회 현장에서 건강한 교회를 세우기 위해 함께 씨름하는 신갈장로교회의 당회원과 가정교회 섬김이(소그룹 리더)들에게 진심으로 고마움을 표한다. 또한 약간 늦은 나이에 신학의 여정을 통해 제2의 인생을 시작한 아들 병호에게 새로운 시대, 새로운 리더로 거듭나길 소망한다.

이 책을 통해 건강한 교회의 비전을 갖고 새롭게 출발하려는 모든 이들에게 도전과 연구 그리고 비판을 통해 새로운 대안들을 계속 만들어 가는 실마리가 되기를 바란다.

2010년 3월
이광수 목사

제2장 신갈장로교회의 소그룹 목회의 평가 / 153

제3장 나가면서 / 211

제1부

소그룹 목회의 이론

제 1 장

들어가면서

한국교회는 지난 몇십 년간 외형적으로 눈부신 부흥과 성장을 해왔다. 특히 양적 성장은 괄목할 만한 것으로, 이제 한국 기독교는 이 나라에서 가장 영향력 있는 종교가 되었다.

그러나 21세기를 맞이하면서 한국 교회는 위기에 봉착하게 되었고, 목회자들도 위기의식을 가지게 되었다. 우선 교회성장이 1990년대 후반기부터는 멈추어 버렸고, 많은 교회가 침체의 늪에 빠지게 되었다. 교회를 떠나가는 사람은 늘고 있으나 새로 교회에 들어오는 사람은 줄어들고 있다.[1] 게다가 교회에 부정적이고 비판적인 인식이 사회에 확산되면서 한국 교회는 사회적 공신력을 잃어버리고 그 위상마저 흔들리게 되었다. 최근에 성장하고 있다는 교회도 알고 보면 주로 수평이동에 의해 성장하고 있을 뿐 대부분의 교회는 정체 혹은 쇠퇴의 길을 가고 있다.[2]

---

1) 문화체육관광부, 「2008 한국의 종교현황」자료. 1985년, 1995년, 2005년의 각 종교단체의 신도수를 비교해 보면, 불교는 805만 명, 1,032만 명, 1,072만 명, 천주교는 186만 명, 295만 명, 514만 명으로 꾸준히 성장한 반면, 개신교는 648만 명, 876만 명, 861만 명으로 한때 성장 후 하향 곡선을 그리고 있다.

2) 정종현, "한국교회의 교인 수평이동에 대한 보고서", 「교회성장」(서울: 교회성장연구소, 3월호

한국교회가 부흥과 발전을 이루어 내기 시작한 1960년대부터 오늘에 이르기까지 한국교회의 지배적인 목회 패러다임은 교회의 양적성장과 부흥중심의 '성장 중심주의 목회'(growth – oriented ministry), 이웃을 향한 수평적 사랑이 결여된 하나님을 향한 수직적 신앙만을 강조하는 '신앙 중심의 목회'(belief – centered ministry), 개교회주의의 '교회 중심의 목회'(church – centered ministry), 남녀 신도회(선교회) 중심의 '조직 중심의 목회'(organization – centered ministry) 등 이었다.[3]

이로 인해 한국 교회는 많은 장점과 아울러 단점을 노출하게 되었다. 특히 '성장 중심주의 목회'로 인해 많은 대형교회들이 출현했지만, 교회의 양극화 현상과 아울러 교인쟁탈전이 벌어졌다.[4] 그리고 대형교회의 결정적 약점은 교회가 그 거대한 규모로 인해서 지나치게 조직화, 제도화, 관료화되면서 공동체성이 사라지고, 교인들에 대한 인격적인 돌봄이 어려워지게 된다는 점이다. 이렇게 되면 교회는 친근하고 비공식적이며 관계 중심적인 원초 집단적 성격 대신에, 낯설고 공식적이며 이익 중심적인 이차 집단의 성격을 띠게 된다. 결국 교회의 기능 가운데 하나인 친교(koinonia)의 기능을 상실하게 된다.

'신앙 중심의 목회 패러다임'은 교회에서 철저한 신앙 훈련으로

/2004), 30 – 41. 최근 한국교회의 성장이 '회심 교인'들에 의한 것이 아닌 '수평이동 교인' 들에 의한 것임이 보고되었다. 즉 한국 교인의 76%가 수평이동을 경험했다. 이에 대한 구체적인 내용은 위의 논문을 참조하라.

3) 이원규, 『기독교의 위기와 희망』(서울: 대한기독교서회, 2003), 141 – 163.

4) 김성건, "한국교회 교인의 수평이동을 어떻게 볼 것인가: 사회학적 고찰", 「교회성장」(서울: 교회성장연구소, 3월호/2004), 47. 현재 교인들의 수평 이동은 한국 교회의 '기업화'와 '계층화' 즉, 교회 간 부익부 빈익빈의 현상을 초래했다.

말미암아 한국 교인들의 종교성은 다른 종교인들과는 비교가 안
될 정도로 높은 것으로 나타나고 있다. 즉 교회출석, 기도, 성경 읽
기, 헌금 그리고 전도 등의 적극적인 참여 형태로 나타난다. 그러
나 이러한 목회 패러다임의 역기능은 하나님 중심의 수직적 신앙
에만 집착하게 만들어 이웃 사랑에 대한 책임을 소홀하게 만들었
고, 사회의 빛과 소금의 역할을 못하게 만들었다. 또한 자신의 이
익과 만족만을 위한 기복적인 신앙으로 인해 이웃과 사회에 대한
관심이 없으며, 사랑이나 정의 같은 기독교적 가치가 들어설 여지
가 없게 된다. 이러한 개인구원 중심의 신앙으로 말미암아 반사회
적이고 몰역사적인 의식을 갖게 만들었다.

'교회 중심의 목회 패러다임'은 경쟁적으로 개 교회들로 하여금
교회의 모든 인적, 물적, 시설 자원을 교회성장에만 투입하게 만들
었고, 그 결과는 교회성장이었다. 그로인해 한편으로는 교회의 대
형화를 가져왔고, 다른 한편으로 작은 교회들에서는 가족 같은 분
위기를 조성하면서 강한 소속감 혹은 공동체성을 마련해 주었다.
그러나 문제는 대형교회의 경우 목회자의 권한이 절대화되면서 개
교회 왕국이 되어 버렸고, 심지어는 담임목사가 우상화되는 현상까
지 벌어졌다. 개 교회 중심의 목회는 개 교회의 성장과 발전에만
치중함으로써 사회봉사는 도외시 하게 되었으며, 바람직한 사회적
가치관의 산실이 되지 못하고, 혼탁한 사회를 바로 잡을 예언자적
역할을 제대로 감당하지 못하는 결과를 가져왔다. 이것은 교회에
대한 사회적 공신력을 약화시키는 중요한 요인으로 작용했다.[5]

---

5) 이원규, 『한국교회 무엇이 문제인가?』(서울: 감리교신학대학교출판부, 2002), 303. 전통적인
   선교는 교회가 하나의 구원방주(구원을 확신하는 사람들의 편안한 안식처 혹은 도피처)로서 교
   회 밖의 사람들을 교회 안으로 끌어들이는 것으로 보았으나, 이제는 교회가 방주 안에 안주하

　'조직 중심의 목회 패러다임'은 교회 안에 다양한 조직들이 활성화됨으로써 교인들의 신앙은 크게 향상되었고, 그들의 교회생활은 활발하게 이루어졌다. 그러나 대부분 개 교회의 조직구조는 대체로 비민주적으로 구성되어 운영되어 왔다. 교회의 모든 조직은 매우 관료적이고 위계질서 중심으로 이루어져 있다.[6] 그리고 교회 의 중요한 의사결정은 대체로 당회와 임원 중심, 남성 중심, 장년 중심의 가부장적 권위주의로 이루어져 있어 여성과 청년 등의 의견은 무시되고 있다. 특히 여신도들에게는 주로 궂은 교회봉사의 일만 맡겨질 뿐, 교회의 중요한 일에 대한 참여는 제도적으로 원천 봉쇄되는 경향이 많다. 어떤 의미에서 성별, 연령, 계층, 지위에 따른 차별과 불평등이 가장 심하게 제도화 되어 있는 조직이 바로 교회라고 할 수 있다.

　상술한 전통적인 목회 패러다임을 통해서는 새로운 시대, 즉 21세기의 변화하는 사회 속에서는 적응할 수도 없으며, 오히려 도태될 수밖에 없다. 그러므로 이제는 새로운 패러다임의 목회를 하지 않으면 안 된다. 따라서 성장 중심의 목회에서 '성숙'중심의 목회로 전환해야 한다. 성숙한 교회부흥은 내실을 기하는 목회 형태로서 특히 '교회의 공동체성'을 회복해야만 한다. 즉, 교인들에 대하

는 것이 아니라 밖으로 나가서 이 사회를 하나님의 뜻이 실현되는 장(場)으로 변화시키고, 이 세계에 하나님의 나라가 이룩되도록 하는 전위대의 역할을 해야 한다. 이것이 소위 '하나님의 선교'(missio dei)로서 교회의 사회봉사와 예언자적 책임을 강조하는 것이다.

6) 이원규, 『기독교의 위기와 희망』, 169 - 170. 조직의 관료주의화는 몇 가지 특징이 있다. 우선 조직 안에서 기능적인 전문화가 생겨나고, 인간관계가 비인격적으로 규정되며, 보편적 규칙에 의해 이루어지게 된다. 따라서 교회조직의 관리자는 점차 행정가로 변신하게 되며, 교회조직에는 기능적으로 분리되고 전문화된 행정부서가 나타나게 된다. 또한 교회조직의 관료주의화는 직책에 있어 지배 - 종속의 체계를 만들고, 권력의 '중앙집권화'(centralization)가 이루어지며, 결정권은 소수의 손에 집중된다. 그래서 목회자는 '권력의 중앙집권화'를 선호하며, 평신도는 '권력의 분권화'를 원한다.

여 교회의 교육, 봉사, 친교 기능들을 제대로 수행하여 교인들을 영적으로, 정신적으로, 도덕적으로 무장시켜 교회를 갱신하고, 사회를 변혁시킬 수 있는 일꾼으로 양육하는 일에 집중해야 한다.

신앙 중심의 목회 패러다임에 '삶과 실천 중심의 목회'의 조화를 이루어야 한다. 지금까지 교회에서는 주로 하나님을 잘 믿고 교회 열심히 나오라는 것만 가르쳤다. 그러나 이제는 신앙인들은 세상 속에서 어떻게 살아야 하는 가를 가르쳐야 한다.

교회 중심의 목회에 이제는 '지역사회 중심의 목회' 패러다임이 결합되어야 한다. 지역 사회에 봉사와 선교하는 일은 교회의 본질적 사명중의 하나이며, 봉사와 선교하는 교회의 모습은 사회적 공신력을 회복할 수 있는 지름길이기도 하다.[7]

조직 중심의 목회 패러다임에서 '유기적인 공동체'로 전환해야 한다.[8] 교회는 제도나 조직이기 전에 공동체이다. 사회 안에 존재하기에 한 집단으로서 교회는 제도와 조직을 전혀 배제할 수는 없다. 그러나 그것이 교회의 본래의 특성이 아님을 인식해야 한다. 교회는 본래 유기적인 공동체의 특성을 가지고 있다. 교회는 예수 그리스도를 머리로 하는 몸이다. 다른 지체와의 관계 안에서 자신의 위치를 가지며 자신의 역할을 한다. 몸의 유기적인 특성은 바로 각 지체의 개별성과 사회성이 강조된다. 교회도 이와 같아야 한다.

---

7) 목회와 신학 편, "2008 한국 교회의 사회적 신뢰도 여론조사"(서울: 두란노서원, 12/2008), 104-110. 비기독교인을 대상으로 한 설문조사에서 개신교의 신뢰도는 18%로서, 천주교 35.2%, 불교 31.1%보다 낮다. 개신교가 신뢰회복을 위해 최우선적으로 해야 할 사회적 활동으로는 '봉사 및 구제활동'(47.6%)으로 나타났다.

8) 은준관, 『신학적 교회론』(서울: 한들출판사, 2006), 283-295. 신학적 교회론에 관한 한 가장 오래된 전통과 역사를 지닌 교회론은 '유기적 교회론'이다. 어거스틴은 교회는 본질상 그리스도의 신비한 몸이요, 그리스도와의 유기적 연합임을 신학적으로 제시함으로써 유기적 교회론자로 범주화되었다.

교인 개개인이 있는 모습 그대로 수용되며, 모든 교인이 각자 자기의 일을 하고, 그러는 과정에서 서로에게 유익을 끼치는 공동체가 유기적인 교회의 실상이다.

이러한 성숙 중심의 목회, 삶 중심의 목회, 지역 사회 중심의 목회, 유기적인 공동체로의 전환은 '소그룹 목회'를 통해서만 가능하다.[9] 소그룹 목회는 교인들의 교제(코이노니아)를 통한 공동체성을 강조하며, 수직적인 믿음(하나님 사랑)과 수평적인 사랑 실천(이웃 사랑)의 조화를 이룰 수 있으며, 전도와 선교 그리고 봉사의 균형을 통해 건강한 교인과 교회를 이루어 갈 수 있다. 또한 각자의 은사를 활용하여 모두가 섬길 수 있으며, 평신도를 활성화시켜 모든 교인들이 목회에 주체적으로 참여하는 유기적인 공동체를 지향하는 목회이다.[10]

그러나 '소그룹 목회'는 이 시대에 새롭게 개발된 목회 프로그램이 아니다. 이미 성서에서 소그룹 목회가 존재하고 있음을 발견할 수 있다. 먼저 구약 성서의 '광야교회'에서 발견된다. 모세는 광야에서 이스라엘 백성을 효율적으로 인도하기 위해 공동체 최소단위인 십부장 제도(출 18:13 - 23)를 조직하였다. 또한 신약 성서에서 예수님은 삼 년 반 동안 열두 명으로 구성된 소그룹 구성원들과 생활하면서 그들을 집중적으로 훈련하였다. 오순절 성령강림 사건 이

---

9) Carl F. George, 김원주 역, 『성장하는 미래교회 메타교회』(서울: 요단출판사, 1999), 93. 칼 조지는 미래교회는 메타교회를 지향해야 하며, 기존 교회의 특징인 '부서 - 목회자 중심의 유형'에서 메타교회의 특징인 '셀그룹(소그룹 목회) - 공동예배 모델'로 전환해야 한다고 역설하였다.

10) William A. Beckham, 터치코리아 사역팀 역, 『제 2의 종교개혁』(서울: 도서출판 NCD, 2008), 32. 빌 벡햄은 '두 날개를 가진 교회'를 말하면서 대그룹의 예배와 소그룹 공동체의 조화를 이룬 균형 잡힌 교회를 강조했다.

후 교회는 성도들의 가정을 중심으로 소그룹 단위로 모였다. 이상적인 교회의 모델로 삼는 성서의 많은 교회들은 이렇게 소그룹으로 모이는 공동체였다.

이러한 소그룹 목회를 통해 모세는 과중한 목회에서 벗어나 보다 더 효율적으로 이스라엘 공동체를 이끌어 갈 수 있었고, 예수님은 자신이 부활, 승천 하신 후에도 훈련받은 제자들을 통해 하나님 나라가 온 세계로 전파될 수 있게 하셨다. 또한 초대교회가 박해를 거치면서도 복음을 계속 전파할 수 있었던 이유 중 하나는 소그룹으로 존재하였기 때문이다.

중세교회의 역사는 교회조직의 경직성과 성직자들의 독선이 만들어 낸 '암흑기'였다. 따라서 성직자들의 주요 활동무대인 대그룹만 존재했었고, 회중들이 자신들의 신앙과 삶을 공유할 수 있는 소그룹이 없었던 시대였다. 그런 의미에서 종교개혁은 암흑에서 탈출할 수 있는 신학적 기반을 제공하였다. 특히 루터의 만인제사장직은 중세적인 교직주의를 완전히 벗어난 것처럼 보인다. 그러나 교회 지도자들의 대그룹에 대한 유혹은 종교개혁자들 조차도 뿌리치지 못했다.

성서적인 교회와 목회를 갈구했던 개혁자들의 소원은 경건주의자들에게 와서 부분적으로나마 이루어지게 되었다. 경건주의는 필립 야곱 스패너(Phillip Jacob Spener)가 1670년에 '경건의 모임'(Collegium pietatis)을 가짐으로써 출발하였다. 이러한 소그룹 모임을 통해 경건주의 운동은 확산되어갔으며, 이 운동은 존 웨슬리(John Wesley)의 소그룹 목회에 결정적인 영향을 미쳤고, 이것은 감리교회의 속회로 이어져 내려왔다.

한국교회의 경우도 하디 선교사를 비롯한 소수의 그리스도인들이 원산에서 성경공부 소그룹을 통한 작은 부흥의 불씨가 평양으로 전해졌다. 그러나 한국교회가 대형교회로 성장하면서 대그룹만 살리고 소그룹은 방치해 두었다. 결국 교회는 조직화되고 제도화되었다. 여러 가지 원인이 있겠지만, 무엇보다도 목회자들의 편협한 교회 이해가 가져온 결과라고 볼 수 있다. 즉 목회자들의 계급적이며 권위적인 교회관이라고 볼 수 있다.

21세기, 새 시대를 맞이하여 새로운 목회 패러다임을 요청받고 있는 이때에 오히려 소그룹 목회의 회복은 성서의 본질로 돌아가는 것이며, 올바른 교회론의 실천이기도 하다. 소그룹이 잘 되는 교회가 건강한 교회이다. 대그룹과 소그룹의 두 날개로 비상하는 교회가 바람직한 교회이며 성서적인 교회이다.

그러므로 이 책은 최근에 한국교회에서 일어나고 있는 소그룹 목회운동의 다양한 양태들을 소개하고, 또한 본인이 시무하고 있는 목회현장의 소그룹 목회를 소개, 문제점을 분석하고 비판하여 새로운 대안들을 찾아 건강한 교회를 회복하고자 하는 데 그 목적이 있다. 따라서 이 책은 다음과 같이 전개하였다.

제1부 소그룹 목회의 이론에서는 연구 동기와 목적 그리고 방법에 대해서 정리했으며, 이어서 소그룹 목회의 성서적 전거와 역사를 다룬다. 소그룹 목회가 이 시대의 새로운 목회 패러다임이 아닌 성서적 본질이라면 그 성서적 전거와 역사적 이해는 필수적인 것이다. 이러한 전 이해의 바탕 위에 소그룹 목회의 신학을 다룬다. 소그룹 목회는 교회의 올바른 회복과 동시에 평신도 사역의 활성화를 의미한다. 따라서 교회 본질에 관한 신학과 평신도 신학을 다

루고자 한다.

제2부에서는 한국 교회에 나타난 다양한 소그룹 목회 중 대표적인 세 모델을 제시하고자 한다. 물론 한국 교회에는 다양한 명칭의 소그룹 목회가 있다. 예를 들면, 다락방, 구역, 목장, 셀(G－12, D－12, 밴드), 속회, 가정교회(House Church), 가정교회(Home Church) 등이다. 그러나 이 책에서는 한국 교회에서 가장 오래된 전통적인 소그룹 목회인 구역과 최근에 나타난 셀 가족(D－12) 그리고 가정교회(House Church)만을 다루고자 한다. 그리고 그러한 소그룹 목회를 통해 성장한 대표적인 세 교회, 즉 여의도 순복음교회(조용기 목사, 전통적인 구역 소그룹 목회로 성장한 대표적인 교회)와 부산의 풍성한교회(김성곤 목사, 셀 가족 시스템을 통한 소그룹 목회로 성장한 대표적인 교회) 그리고 일산의 화평교회(최상태 목사, 제자훈련과 가정교회의 소그룹 목회로 성장한 대표적인 교회)를 소개하고자 한다. 또 하나 특별한 이유는 본인의 교회가 위의 세 가지 소그룹 목회를 직접 경험하였기 때문이다. 그래서 마지막으로 본인이 목회하고 있는 신갈장로교회(한국기독교장로회 소속)를 통해 소그룹 목회의 변화 과정(구역－셀 그룹－가정교회)과 내용 그리고 분석과 평가를 통해 문제점을 정리하고 대안을 제시하고자 한다. 본 연구를 위해서는 설문조사 방법을 통해 과학적인 접근을 시도하였다. 마지막으로 간단한 요약과 비판적 제안, 즉 한국의 교회 현실에 맞는 소그룹 목회의 대안은 무엇인가를 제시하고 마무리하고자 한다.

제2장

소그룹 목회의 성서적 전거

'소그룹 목회'는 이 시대에 새롭게 개발된 목회 프로그램이 아니다. 소그룹 목회는 견고한 성서적 근거를 가진 목회의 본질이며 핵심이다. 소그룹 목회는 하나님의 존재와 성품, 그 사역에 근거한 것이며, 이스라엘 민족을 중심으로 한 구약 시대를 거쳐 신약의 예수 그리스도의 중심 사역이었으며, 초대 교회를 기점으로 하는 교회의 부흥 속에서 그 원형을 발견할 수 있다. 따라서 소그룹 목회를 성서적으로 바로 이해하는 것은 교회의 본질을 발견하는 것이며, 진정한 교회의 갱신과 회복을 위한 출발점이 된다고 할 수 있다.

1. 구약적 기초

먼저, 하나님은 '소그룹'으로 존재하신다. 태초에 하나님이 언약적 관계로 존재하셨다. 인간 역사에서 하나님은 자신을 성부, 성자,

성령, 즉 영원한 소그룹인 삼위의 존재와 관계성으로 계시하셨다.

하나님의 존재 양식에 대한 최초의 계시는 창세기 1장 26절이다. "하나님이 이르시되 우리의 형상을 따라 우리의 모양대로 우리가 사람을 만들고 그들로 바다의 물고기와 하늘의 새와 가축과 온 땅과 땅에 기는 모든 것을 다스리게 하자 하시고" 이 본문에서 '우리'는 교부들과 초기 신학자들에 의해 거의 일치하게 삼위일체를 나타내는 것으로 간주 되었다.[11] 하나님은 "우리"로 계신다. 이렇게 하나님은 태초부터 소그룹 공동체로 존재하셨다. 이것이 하나님의 존재 양식이다. 이러한 삼위일체 하나님의 핵심은 '관계성'에 있다. 삼위들(three person)간에 언약적 관계로 인하여 하나가 되었기에 삼위일체 하나님이라 하는 것이다.

구약의 창조기사는 인간 공동체에 샬롬을 창조하시고, 재창조하시며, 참여하시고자 하는 하나님의 열심을 간략하게 보여주고 있다. 소그룹들은 하나님의 창조 공동체를 보여주는 축소판이다. 두 사람 이상이 함께 모일 때, 그들은 하나님의 형상과 모양을 실제로 반영하게 된다. 소그룹은 구원하시는 하나님의 임재를 반영하거나, 아니면 파괴적인 인간의 제도를 투사하는 기본 무대인 것이다.[12]

창조기사를 보면, 신성과 인성 모두를 존재와 행동의 공동체로 제시하고 있다. 하나님은 거룩한 공동체 안에 존재하시고 하나님

---

11) 천사무엘, 『성서주석: 창세기』(서울: 대한기독교서회, 2001), 67. 하나님 자신을 지칭하는 '우리'라는 일인칭 복수형은 다양하게 이해되었다. (1) 전통적이고 교리적 해석: 삼위일체 하나님을 나타냄, (2) 천상회의적인 개념의 해석, (3) 히브리어 용법에 따른 해석: 존엄과 위엄을 나타내는 복수형태, (4) 히브리어 용법에 따른 해석: 하나님 자신이 스스로에게 행동의 의지를 표현하기 위하여 독백으로 한 말인데, 이 경우 히브리어에서는 독백자를 복수로 나타낸다. 어떤 경우든 다신론적인 표현은 아니다.

12) G. W. Icenogle, 김선일 역, 『소그룹 사역을 위한 성경적 기초』(서울: SFC 출판부, 2007), 26.

자신의 다른 구성원들, 즉 내적으로 교통하시는 그룹으로써 또한 인간으로 하여금 그룹을 통한 내적 교통 가운데 존재하도록 지으신 분으로 그려지고 있다. 하나님은 인간을 공동체로 지으셨고, 공동체와 공동체가, 집단과 집단이 어울리도록 분부하셨다. 하나님의 거룩한 공동체는 처음부터 인간 공동체와 상호 연관된 공동체로 존재하였다. 대화와 공동체의 세 가지 영역들은 태초부터 세워진 것이다. 즉, 하나님의 그룹 자체 안에서(내적인 영역), 인간의 그룹 안에서(내적인 영역), 그리고 하나님의 그룹과 인간의 그룹 간에(상호 영역) 이러한 영역들이 존재했던 것이다.[13] 기하학에서 삼각형은 원의 기본형이다. 원은 인류 공동체에 대한 하나님의 의도를 반영하는 완전한 기하학적 형상으로 볼 수 있다. 하나님, 남자, 여자, 이 셋(삼각형)이 처음부터 공동체를 이룬다.[14]

하나님은 남자와 여자를 지으시고 믿음의 소그룹 안에서 함께 살도록 하셨다. "여호와 하나님이 이르시되 사람이 혼자 사는 것이 좋지 아니하니 내가 그를 위하여 돕는 배필을 지으리라 하시니라"(창 2:18). 인간 공동체는 처음부터 소그룹으로 존재한다. 적어도 한 남자와 한 여자가 하나님과 관계를 이루고 있었다. 세 인격체가 "날이 서늘할 때에"(창 3:8) 동산에 함께 있었다. 신학적 공동체의 기초를 이루는 것은 남자와 여자, 그리고 하나님이 함께 있는 것이다.[15] 인간 공동체가 남자와 여자로 창조되었다는 것은 하나님의 형상과 모양을 반영하는 것이다. 그러므로 여자들을 배제한 남자

---

13) 위의 책, 28.
14) 쥬영흠, 『하나님의 천지창조』(서울: 성경과 신학, 1993), 136.
15) 앞의 책, 29.

들, 또는 남자들로부터 고립된 여자들만 함께 있는 것은 거룩한 공동체를 반영하는 것이 아니다. 남자와 여자가 함께 창조세계를 관리하는 책임을 부여 받았다. 남자와 여자는 함께 공동체로 존재하시는 그들의 하나님과 동역하도록 지음 받은 것이다. 따라서 소그룹은 남자들과 여자들이 하나님을 만나고, 서로 서로 만나서, 다른 피조물들과의 섬세하게 발전시키기 위해 함께 거하며, 계획을 세우고, 활동을 하는 기초 공동체(base community)이다.[16] 폴 핸슨(Paul Hanson)은 이러한 초창기 그룹은 이 땅에서 하나님과 함께 하는 인간을 위한 "터전"(homestead)과 같다고 주장한다.[17] 이렇게 남자와 여자가 하나님과 함께하는 인간성은 관계적 존재이신 삼위일체의 하나님과 상응한다. 이들 셋은 인간 역사의 최초 소그룹이다. 관계로 존재하시는 삼위일체 하나님과 함께한 두 사람의 모임은 친밀하고 상호적이고 대화적이고 성장하는 관계로 부름을 받았다. 이러한 최초의 하나님과 인간의 공동체적 소그룹의 원형에서 하나님은 인간의 역사 속에 더욱 커다란 공동체를 만드셨다.[18]

그러나 창세기 3장에 이르러 죄가 인간에게 들어온 이후 이러한 인간 공동체가 파괴되었다(창 3:7 – 8). 그리하여 창세기 3장에서 11장을 보면, 깨어진 공동체적 관계로 인해 폭력, 살인, 전쟁 등으로 신음하고 아파하는 세상의 모습이 나타나고 있으며, 병든 소그룹들

---

16) Ch. Olsen, *The Base Church: Creating Community Through Multiple Forms* (Atlanta: Forum House, 1973), 9. G. W. Icenogle, 『소그룹 사역을 위한 성경적 기초』, 30 재인용. 올슨은 소그룹이야말로 급속도로 변화하는 세상에서 교회로 하여금 끊임없이 "자기갱신"을 할 수 있는 길을 제시하는 기초 공동체, 혹은 기초 교회라고 주장한다.

17) Paul Hanson, *The People Called: The Growth of Community in the Bible* (Sanfrancisco: Harper & Row, 1986). 129. 위의 책, 재인용. 핸슨은 창세기에 나오는 에덴동산 이야기는 터전(homestead)으로서의 뉘앙스를 전해준다고 주장한다.

18) 위의 책, 509.

이 생겨나게 되어 하나님의 심판을 받게 된다(창 6). 이러한 죄로 인해 나타난 현상은 첫째로 하늘 공동체와의 관계 단절이며, 둘째로 인간 공동체의 파괴이며, 셋째로 인간과 자연과의 관계 파괴이다.[19]

그렇지만, 하나님의 은혜로운 지속적 손짓이 없었더라면 인간 공동체는 영원히 사유화되고, 깨어지고, 상실하게 되었을 것이다. 축소된 하나님과 인간의 공동체인 소그룹은 깨어진 상태로 지속될 수밖에 없었을 것이다. 그러나 희망이 있다. 하나님은 이 깨어진 공동체가 친밀하고 서로를 이해하고, 서로를 위해 일하는 공동체가 되도록 회복하시고 완성하셨다.

창세기 12장에 보면, 하나님께서 아브라함과 그의 가족이라는 소그룹을 언약의 공동체로 부르시고 그들을 통해 새로운 공동체를 회복시키고자 하는 계획을 이루어 가시고 있다. 아브라함은 구별된 가족 그룹 조직의 지도자로 부름 받았으며, 아브라함의 가족, 롯과 그 수행원들로 구성된 새로운 공동체를 이방인들의 그룹에서 새로운 장소로 인도하여 새로운 하나님의 거룩한 공동체를 이루어 가는 사역을 시작하게 되었다. 그리고 창세기 17:7 – 9에서 하나님은 "내가 내 언약을 나와 너 및 네 대대 후손 사이에 세워서 영원한 언약을 삼고 너와 네 후손의 하나님이 되리라……그런즉 너는 내 언약을 지키고 네 후손도 대대로 지키라."하시며 아브라함의 후손으로 이루어질 소그룹 공동체를 중심으로 하여 하나님의 구원계획을 성취해 나갈 것을 약속하셨다. 세상은 아브라함의 후손들로 이루어질 공동체로서의 족속들을 통해 하나님의 구원의 축복을 받게

---

19) 문효식, "창조계시에 나타난 소그룹 공동체 연구", 「국제신학」(서울: 국제신학대학원대학교 5호/2003), 239 – 40.

된 것이다. 그리하여 그러한 하나님의 구원계획은 이삭, 야곱, 요셉의 가족 공동체를 통해 구체적으로 이루어져갔다.[20]

출애굽기 18장에 보면, 모세가 장인 이드로의 충고를 받아들여 그의 백성들을 소그룹으로 나누어 자신의 지도력을 분담시키는 모습이 나타난다. "모세가 이스라엘 무리 중에서 능력 있는 사람들을 택하여 그들을 백성의 우두머리 곧 천부장과 백부장과 오십부장과 십부장을 삼으매 그들이 때를 따라 백성을 재판하되 어려운 일은 모세에게 가져오고 모든 작은 일은 스스로 재판하더라"(출 18:25 - 26). 여기서 이드로는 모세를 격려하여 백성들과 지도력을 공유하게 했다. 그는 모세에게 필요한 만큼의 지도자들을 모아 그들에게 권한을 부여함으로써 한 지도자가 한 번에 열 사람 이상을 이끄는 일이 없도록 권면했다.[21] 이러한 소그룹을 통한 공동체의 분권화와 지도력의 공유는 공동체의 효과적인 운영과 성공을 위해서는 필수 불가결한 것이다.

이와 같이 소그룹에 대한 이드로의 조언이 있은 뒤, 하나님께서는 모세에게 모든 이스라엘 백성을 향해 다음과 같이 말하라고 분부하셨다. "세계가 다 내게 속하였나니 너희가 내 말을 잘 듣고 내 언약을 지키면 너희는 모든 민족 중에서 내 소유가 되겠고 너희가 내게 대하여 제사장 나라가 되며 거룩한 백성이 되리라 너는 이 말

---

20) C.F.Keil, F.Delitzsch, 고영민 역, 『구약주석 ① 창세기』(서울: 기독교문화사, 1992), 202 - 204.

21) 칼 조지의 메타 모델을 보면, 이드로의 지도력 발상을 그대로 상세히 따라간다. 지도력은 그룹과 팀이 함께 둘러 모인 곳에서 사역하도록 여러 층을 이루고 있다. 첫 번째 층은 한 사람의 지도자에 열 명의 소그룹이 이루어진 것이다. 그 다음 단계는 평신도 코치들이 각기 다섯 명의 지도자들을 훈련시켜, 열 사람의 소그룹 다섯 개를 이끌도록 하는 것이다. 세 번째 단계는 열 명의 코치들에게 권한을 부여하고 감독하는 목회자들이다.

을 이스라엘 자손에게 전할지니라."(출 19:5 - 6).

느헤미야 2, 3장을 보면, 예루살렘 성벽을 재건하는데 있어서 가장 주목할 만한 사건은 느헤미야가 모든 가족 그룹으로 하여금 각자의 형편과 기술에 따라 일을 분권화하여 수행하도록 했다. 다양한 그룹들을 모아 그 그룹들이 각자의 은사와 헌신의 기술과 도구들을 사용하여 건축에 협력하도록 했다. 그의 전략은 그룹 간의 동료의식 및 공통된 사명감 그리고 상호 사역을 이용하는 것이었다.[22] 이렇게 많은 소그룹들이 함께 상호 연락과 연결을 통해 일하는 것은 바로 하나님의 세계를 건설하고 또 재건하는 일이다.

요엘서는 성령은 남녀가 함께하는 그룹 가운데 일하심을 보여준다. "그 후에 내가 내 영을 만민에게 부어 주리니 너희 자녀들이 장래 일을 말할 것이며 너희 늙은이는 꿈을 꾸며 너희 젊은이는 이상을 볼 것이며 그 때에 내가 또 내 영을 남종과 여종에게 부어 줄 것이며"(욜 2:28 - 29).[23] 하나님의 소원은 남자와 여자, 젊은이와 노인을 포함하는 그룹들에게 사역을 위한 지혜와 비전을 주는 것이다. 이것은 창세기 1장에서 의도된 원래의 공동체를 드러내는 것이다. 성령을 함께 체험하고 꿈과 비전을 공유함으로써 요엘은 바로 하나님께서 인간 공동체에 두신 소망 즉, 새로운 사역 공동체로 발돋움하는 것을 설명하고 있다.[24] 소그룹 내에서 만일 남녀노소가 함께 모여 성령을 체험하고 비전과 사역을 공유할 수 없다면, 더 큰 공동체를 함께 누리며 살아가리라는 희망은 포기해야만 한다.

---

22) G. W. Icenogle, 『소그룹 사역을 위한 성경적 기초』, 146.

23) 방석종, 『성서주석, 요엘』(서울: 대한기독교서회, 2007), 350. 요엘 2:28 - 29은 에스겔 39:29의 성취를 예언한 것이다.

24) 앞의 책, 149.

2. 신약적 기초

　신약의 대표적인 소그룹 목회는 예수 그리스도를 통해 나타난다. 예수 그리스도의 사역의 중심은 공동체를 회복하는 것이었다. 예수님은 소그룹을 함께 모이게 했고, 거룩한 공동체 안에서 하나님의 임재를 가장 직접적으로 보여준 것이다. 예수님과 함께한 이 소그룹의 공동체가 바로 지상에서 실현된 하나님의 나라였던 것이다(막 1:15). 이 새로운 공동체는 지상의 왕이나 지도자들과는 다른 기준으로 삶의 질을 평가하시는 하나님의 규칙에 따라 지배되었다. 하나님의 소망은 이러한 규칙이 지상에서 실현되는 것이었다. 그리고 예수님이 오셔서 열두 제자들을 부르신 목적도 바로 이것이다.

　예수님의 생애 중에 안식일에 밀밭을 거닐던 장면(막 2:23 - 28)은 그 분의 소그룹 전략이 인류 역사의 흐름을 어떻게 바꿔 놓았는지를 잘 보여준다. 제자들과 함께 밀밭을 거닐었던 것은 하나님이 이 지상의 무리들 가운데 함께하심을 재현한 것이나 마찬가지였다. 제자들은 안식일에 알곡을 줍고 있었다(아마 그것을 먹었는지도 모른다). 예수님은 다윗이 일단의 범법자들과 함께 무슨 일을 했는지 상기하면서 이 일을 제사장의 본질에 대한 비유로 인용하셨다. “그가……하나님의 전에 들어가서 제사장 외에는 먹어서는 안 되는 진설병을 먹고 함께 한 자들에게도 주지 아니하였느냐”(막 2:26). 다윗이 그랬던 것처럼 예수님도 고대 “신앙공동체”의 언약적 의미, 즉 함께 여정을 같이하는 “제사장(공동체)의 나라”가 되는 것을 재확인시킨 것이다.[25]

예수님의 열두 제자 소그룹 모임은 몇 차례에 걸쳐서 이루어 졌다.[26] 그리고 마가복음 3장에는 예수님이 열두 명의 소그룹의 무리들을 불러 모으게 된 발단과 목적이 나타난다. (1) 예수는 자신이 원하는 사람을 불렀고, (2) 열두 명을 제자로 임명했으며, (3) 그들이 자신과 함께 있기를 바라셨고, (4) 말씀 선포를 위해 그들을 보내셨으며, (5) 그들을 보낼 때 권위를 부여하셨다.[27]

닐 F. 맥브라이드는 이러한 예수 그리스도의 소그룹 사역의 핵심적인 내용을 일곱 가지로 잘 요약하여 제시해 주고 있다.[28] (1) 예수께서는 이 땅에서의 사역을 소그룹을 만드는 것으로부터 시작하셨다(마 4:18 - 22, 눅 6:13 - 16). (2) 예수께서는 큰 그룹과 작은 그룹의 사역 모두에 활동적으로 임하셨다. (3) 예수의 사역은 소그룹 사역에서 시작하여 무리들에 대한 사역으로 발전되었으며, 또한 무리들에 대한 사역이 소그룹 사역으로 나아갔다. (4) 예수께서는 대부분의 시간을 소그룹과 함께 보내셨다. (5) 소그룹 인도자로서 예수께서는 조직을 형성하기보다 개인적인 유대관계를 핵심적인 사역의 방법으로 사용하셨다. (6) 예수께서는 소그룹을 활용하여 영적인 지식과 삶의 행동 양식을 가르치고 본을 보이셨다. (7) 예수께서는 지도자 훈련을 위해 소그룹 사역의 방법을 활용하셨다.

이 열두 명은 처음에는 사도라 불리었는데, 이것은 보통 "배우는 자들" 혹은 "따라다니는 자들"이라고 정의할 수 있다. 이 단어의 어원은 "영향을 받고 있는 자"를 의미한다. 예수의 가르침을 받은

---

25) G. W. Icenogle, 『소그룹 사역을 위한 성경적 기초』, 159.

26) 요 1:35 - 51, 막 3:13 - 19, 눅 5:27 - 32, 마 4:18, 22, 마 10:1 이하

27) 앞의 책, 160.

28) McBride, Neal F., 『소그룹 인도법』(서울: 네비게이토 출판사, 1997), 17 - 20.

사람들은 자신들과 예수의 관계를 나타내기 위해 "제자들"(추종자들, 학습자들, 도제들), "그리스도인"(예수의 사람들), 그리고 "헌신된 사람들"(하나님을 위해 따로 준비된 성인들)이라고 불렀다. 그들은 예수를 따르고 복종하며 그분과 함께 살아가며, 그를 본받아야 했다. 배우고 따르는 이 소그룹의 지도자이신 예수님은 그들의 목적과 행동을 이끌어 주었다. 또한 예수님은 열두 명을 사도로 임명했다. 사도란 "파견된 사람"이다. 이 단어의 어원은 "보냄을 받은 사람"을 의미한다. 예수님은 처음에 자신을 따르도록 소그룹을 부르셨으며, 그리고는 나가서 사역을 하라고 시키셨다. 예수님과의 관계에 있어서 열두 명의 이 그룹은 제자의 신분에서 사도의 신분으로 상승했다. 신실한 소그룹의 인생 여정에는 성장, 변화, 그리고 사역으로의 발전과 같은 과정들이 포함된다. 선교는 언제나 배움의 완성이다.[29]

로버트 콜만(Robert Coleman)은 예수의 소그룹 전략을 "집중의 원리"(principle of concentration)로 설명하고 있다.[30] 예수는 자기가 원하는 사람들에게 집중시키는 것을 기본 원칙으로 삼으셨다는 사실이다. 세상에서 살아가는 개개인이 변화되지 않는 한 이 세상은 변화될 수 없으며, 창조주의 손 안에서 인격이 다듬어지지 않는 한, 개개인은 변화될 수 없다. 소수의 사람들을 선택해야 할 뿐 아니라 능률적으로 일할 수 있도록 그룹의 수를 적게 할 필요는 분명했다.

하나님이 예수님을 통하여 여러 공동체를 만들고 그 공동체 속의 사람들이 서로 상처를 고쳐주고, 고침을 받도록 한 것 또한 복

---

29) G. W. Icenogle, 『소그룹 사역을 위한 성경적 기초』, 163.
30) Robert Coleman, *The Master Plan of Evangelism*(Old Tappan, N.J: Revell, 1987), 65.

된 소식이다. 불리고 부르며, 고침 받고 고치며, 용서받고 용서해주며, 융화되고 융화시키는 이 공동체들은 예수님과 함께 하며, 예수님으로부터 세상으로 나아가는 공동체였다. 이러한 제자들의 치유 공동체는 단지 인간만을 대상으로 한 것이 아니고 모든 피조물을 대상으로 한다. 치유된 공동체는 창조세계를 치유하게 될 것이고, 그리스도를 모르는 인간들이 파괴하고 있는 물질세계와 인간 사이도 이들을 통해 매우 가까워질 것이다.

열두 제자들을 세우시면서 예수는 새로운 원형(prototype)을 창출하셨다. 원시적 형태의 제자들과 함께 하신 예수님의 활동은 인류로 하여금 공동체 가운데 살기 원하시는 하나님의 원래 의도에 아주 "충실했던" 것이다.[31]

그는 열두 명을 불러 자신을 따라 하나님과 여자와 아이들, 그리고 다른 남자들과 더불어 사는 법을 재발견하도록 했다.[32] 소그룹을 이룬 이 열두 명은 그들 자신만이 궁극적인 원형이었던 것이 아니라, 인류 공동체를 위한 새로운 원형의 시발점을 구축한 도약대이자 실험그룹이었던 것이다. 예수님은 열두 제자와 함께 다니시면서, 확대 가족에 참여할 여성들도 불러 모으셨던 것이다.[33]

예수님은 사람들을 모으셨다. 예수님 주위로 모인다는 것은 배움과 변화를 의미한다. 이는 군중 속에서는 잘 이뤄지지 않는 것이다.

---

31) G. W. Icenogle, 『소그룹 사역을 위한 성경적 기초』, 167.

32) 문효식, "예수 그리스도의 사역에 나타난 소그룹공동체 연구", 「국제신학」(서울: 국제신학대학원대학교 8호/2006), 77. 예수님의 열두 제자 모임은 몇 차례에 거쳐서 이루어 졌다. 첫 번째 부르심은 요 1:35에 나타난다. 두 번째 부르심에는 세리 마태가 추가된다. 세 번째 부르심은 새로운 인원 추가보다는 재 헌신의 계기가 되며, 마지막 부르심은 열두 제자 전체의 무리와 관계된 것으로 보인다. 이것은 사도직에로의 공식적인 부르심이었다(마 3:13 - 19).

33) 앞의 책, 167.

예수님은 소그룹을 불러 그들 자신의 신학과 삶의 목표를 다시금 재고하도록 하셨다.[34] 그분은 그들을 불러 모아 어떻게 변화되어야 하나님처럼 되는가를 가르쳐주셨다. 그들이 모인 것은 예수님이 보여주시는 훌륭한 본을 "지켜보기"(watching) 위함이었다.[35] 예수의 본성과 인품에 감화를 받아 모인 소그룹들은 예수님께서 제자들과 더불어 세우신 규범에 따라 살았다. 그들은 예수님께서 아바 하나님과 더불어 실천하신 삶과 규범들을 지켜보고, 기도하며, 배우고, 따르며, 그대로 행하기 위해서 예수님의 부름을 받은 것이다. 모으는 과정 그 자체가 곧 제자훈련의 시작이었다.[36]

리챠드 피스(Richard Peace)에 따르면, 예수님은 그의 제자들과 사도들로 "뒤섞인"(motley) 그룹을 선택했다. 이 말은 예수님의 소그룹과 가족에 관한 신학적 의미에 있어서 매우 적합하고 중요한 단어이다. 그들에게는 "서로 상반되며", "이질적이고", "다양한" 문화적 요소가 혼합되었다.[37] 이 그룹에는 갈릴리 어부(세속적이고 변덕스러운), 세리(정부기관의 하수인), 열성적인 민족주의자(압박하는 계층의 변절자), "요지부동의 신앙인"(안드레), 사려 깊은 기도의

---

34) 문효식, "예수 그리스도의 사역에 나타난 소그룹공동체 연구", 86. 예수님에게는 군중을 끌어들이는 힘이 있었다. 실제로 수많은 군중들을 끌어 들이셨다. 그러나 예수님의 사역과 삶의 원동력이자 촉진제가 된 것은 대중이 아니었다. 예수님은 개인과 소그룹에 관심을 쏟으셨다. 많은 사람들에게 하나님의 나라가 가까웠음을 선포했지만, 항상 적은 수의 소그룹과 함께 살고, 일하며, 다니셨다. 예수님의 의도는 사람들을 하나님 나라로 인도하는데 군중을 사용하신 것이 아니라, 예수님 자신의 지근거리에 있는 소수의 무리를 모으는 것이었다.

35) G. W. Icenogle, 『소그룹 사역을 위한 성경적 기초』, 173.

36) 위의 책.

37) John Mallison, *Growing Christians in Small Groups*(Sydney Australia: Scripture Union, 1989), 3. 위의 책, 180. 재인용. 존 맬리슨은 예수님 안에서 일체감을 발견한 이 열두 제자의 다양성이야말로 "형성 중에 있는 교회의 여러 다양한 특성들을 보여주는 소우주"라고 주장한다. 이 최초의 소그룹이 전달하는 메시지는 그리스도께서 평범한 사람들을 소홀히 여기지 않으신다는 사실이다.

사람(요한), "의심 많은" 사람(도마)과 결국에는 예수님을 배반한 사람(유다)들이 포함되어 있다(막 3:13 – 18) 이 열두 명을 이어주는 유일한 공통의 끈은 오직 예수님 그 자신뿐이었다.[38]

그러나 소그룹에서 예수라는 인물이 사라지자 그들은 더 이상 함께 하는 삶을 이어갈 수 없었다. 이런 위기 상황을 통해 우리는 그룹이 함께 모이는 정체성의 뚜렷한 본질을 엿볼 수 있다. 그룹은 예수님이 자신들을 위해 존재하고, 자신들을 인도하고 지도할 때만 존재했다. 그러나 그룹에서 예수님이 사라지자 생명력도 끊어진 것이다. 오순절[39]에 예수님의 성령이 강림하신 것뿐 아니라, 그분께서 다시 그룹을 찾아오셨다. 이는 예수님의 부활 이후 그룹이 다시 모이는데 가장 중요한 사건이었다. 부활과 오순절 이후에야 열두(열한 명)제자의 그룹은 자신들의 정체성을 찾을 수 있게 되었다. 부활과 오순절을 경함하고 다시 모여 구성된 이 소그룹은 자신들이 세상에서 하나님의 뜻을 이루기 위해 함께 모일 때마다 예수님의 영이 그들을 위해 언제나 함께할 것이라는 사실을 깨닫게 되었다. 또한 열두 제자들이 장기간 함께 협력할 수 있었던 원천은 사람들의 모든 모임에 매우 중요한 단서를 제공한다. 공통적인 가치관과 목표와 관계정립이 그 모임을 끈끈하게 엮어줄 수 있는 힘이 된다는 것이다. 그리스도인 그룹의 응집력은 성령을 통한 그리스도의 임재 가운데 중심을 두고 있다.[40]

---

38) 위의 책, 179.

39) 유상현, 『사도행전 연구』(서울: 대한기독교서회, 1996), 117 – 118. 사도행전에는 세 개의 오순절을 묘사하고 있다. (1) '예루살렘 유대인'의 성령강림으로서의 오순절, (2) 유대인과 이방인의 중간적 혼혈집단으로서 소위 '사마리아 오순절'이라고 말할 수 있는 성령강림, (3) '이방인의 오순절'로 통칭되는 고넬료 가족에게 내린 성령강림이다.

40) G. W. Icenogle, 『소그룹 사역을 위한 성경적 기초』, 187.

부활하신 예수님의 임재와 영은 모든 새로운 그룹의 중심이자 핵심이 되었다.[41] 따라서 초대교회 그리스도인 소그룹들은 함께 지내며 모든 물건을 서로 "통용함"으로써 독특한 특성을 갖추게 되었다(행 2:44). 이는 그들이 "기쁨"과 "순전한 마음"을 표현한 데서 잘 드러난다(행 2:46). 이와 같이 함께하는 삶의 특성은 서로와 더 넓은 세상에 대한 도덕적 행동의 특성을 형성하게 된다. 사도들이 예수님을 본받았듯이, 교회는 예수님과 함께 했던 열두 제자의 삶을 본받은 것이다.

그리스도의 이야기는 작은 그리스도인 공동체의 생활 패턴을 형성한다. 예수님과 함께 했던 사도들의 성품은 교회의 성품이 되었다. 예수님의 이야기는 사도들의 이야기가 되었으며, 수많은 교회들의 이야기가 되었다. 건강한 공동체가 건강한 공동체를 낳는다. 이는 그들의 이야기가 예수님의 이야기와 더불어 일관성을 갖고 지속되었기 때문이다.[42]

초대교회 공동체는 예수님과 함께 했던 그룹 이야기와 공동체적 경험을 가지고 있던 사도들의 감독과 훈련에 중점을 두었다. 사도들이 예수님과 직접 만나서 얻은 경험과 가르침, 그리고 말씀과 성례를 훈련시켰다. 이 훈련에 대해서 누가는 "사도의 가르침을 받아 서로 교제하며 떡을 떼며 기도하기를 전혀 힘쓰니라"(행 2:42)고 표현한다.[43] 누가가 "집중적으로 확고한 목적과 의도를 갖고, 지속

---

41) 김남용, "소그룹 사역의 성경 신학적 이해", 『국제신학』(서울: 국제신학대학원대학교 2호/ 2000), 320. 오순절 마가의 다락방에 모인 120명이 성령을 받은 후 초대교회는 폭발적인 성장을 하게 되었고, 대규모의 모임만으로는 교회 조직이 잘 이루어질 수 없게 되어 보다 작은 소그룹 단위의 모임이 활성화 되었다.

42) 앞의 책, 349.

43) 김경진, 『성서주석, 사도행전』(서울: 대한기독교서회, 1999), 105 - 106. '사도의 가르침'은

적으로 꾸준히 열심을 다하여"라는 뜻을 지닌 의미로 "전혀"라는 용어를 사용한 것을 볼 때, 앞의 네 가지 행동들은 중요한 그룹 훈련임을 알 수 있다. 교회가 정규적인 모임을 열심히 갖는 것은 핵심적인 훈련이다. 모임을 통해 그리스도인 공동체의 네 가지 중요한 훈련을 일관되게 실천할 수 있다.[44]

(1) 사도들의 가르침 훈련: 그들의 가르침은 그들의 함께하는 삶이었다. 모든 토론과 가르침에 있어서 교회의 중심이자 근원 되신 예수님의 삶을 강조했다. 그들은 사람들로 하여금 올바른 정보(information)를 얻게 하는 데 애쓰기보다, 예수님처럼 삶과 관계를 형성(formation)하는 데 더욱 관심을 가졌다.

(2) 공동체 훈련: 공동체는 원어로 '코이노니아'(koinonia, 친교)[45]로 바꿀 수 있다. 사도행전에서 코이노니아란 인간관계의 모든 면에서 미치는 복음의 영향을 표현하는 단어이다. 예수님 안에 있는 모든 사람의 행동과 의도는 사랑(하나님의 사랑, 이웃 사랑, 자신 사랑)의 법에 의해 인도되어야 한다. 사도들은 "예수님의 이름 안에 거하는" 삶의 진수는 화해를 이룬 관계의 떠오르는 실체로 이해했다. 예수님이 그의 가르침과 삶을 전하는 곳마다 인간 공동체를 세웠듯이, 예수님을 본받은 사도들도 사람들이 모이는 교회의 개척

예수 자신이 가르쳤던 모든 것을 포함한다. 특히 그의 죽음과 장사와 부활을 중심으로 한 복음을 가리킨다.

44) G. W. Icenogle, 『소그룹 사역을 위한 성경적 기초』, 356 – 366.

45) 조경철, "코이노니아의 성서적 이해" 김소영, 『기독교사상』(서울: 대한기독교서회 8월호/1993), 37. 기독론적인 코이노니아와 교회론적인 코이노니아의 관계가 가장 분명하게 드러나는 곳은 고전 10장 16절 – 17절이다. 16절에서 성례전적인 그리스도 코이노니아가 언급되고, 17절에서는 교회론적인 진술이 나온다. 고린도교회의 그리스도인들은 성만찬을 통하여 그리스도의 피와 몸에 참여함으로써, 또 그 피와 몸에 함께 참여했기 때문에, 그들은 하나의 몸이 되었다. 그리스도 사건에 함께 참여함으로써 그들은 '하나의 몸'에 동참자들(koinonoi)이 된다. 그러므로 그들은 한 몸의 지체들(공동체)이다.

자가 되었다. 사도 바울은 이렇게 화해를 이루고, 관계적이며, 인간 공동체를 세우시는 예수님의 마음을 전파하며 몸소 실천했다. 사도들은 또한 화해에 이르는 관계를 실천하기 위해서 계획을 세우고 공간을 마련하기 전까지 화해의 실체는 나타나지 않는다고 보았다. 예수님의 모델을 본 그들은 참된 예수님의 모습으로 함께 모이는 사람들로 이루어진 소그룹이 이러한 훈련 공간이 되어야 한다고 생각했다. 그들은 공동체를 세우는 훈련을 하면서 소그룹을 통해 인간 화해를 위한 본이 되어 다른 사람들을 가르쳤다.

그리스도의 공동체 훈련에는 말씀의 권위(가르침 또는 교훈, didache)와 성례전(공동체 또는 코이노니아, koinonia)이라는 두 가지 영역이 있다. 개혁주의 전통에서 "말씀"은 실제 인간관계를 가지고 살아온 역사적 인물인 예수님의 인성과 사역(공동체)이라는 실존적 의미를 간과했지만, 본회퍼는 매일 함께하는 삶 가운데서 예수님을 인식하는 기독론의 필요성을 부각시켰다. 예수님은 오직 진정한 공동체 속에서 밝히 드러나신다.

성례전이라는 단어는 "둘 사이에 서로 기여를 하겠다는……확고한 서약"이다. 성례전 사상에 담긴 언약적 뿌리는 공동체의 훈련을 위한 기초가 된다.

(3) 떡을 떼는 훈련: 초대교회 공동체의 소그룹에서는 의도적으로 떡을 떼는 훈련을 실천하는 일이 기본이 되었다. 떡을 떼는 목적은 인간 공동체의 본성 및 존재와 관련되어 있다. 교회에서는 함께 떡을 떼어야 한다. 사도들은 예수님을 중심으로 신자들을 모았고, 예수님께서는 최후의 만찬을 마련하셨다. 예수님께서는 처음에 열두 제자와 떡을 떼셨다. 중요한 것은 사도들의 소그룹이 예수님

과 함께한 집에 있었던 것이다. 그 후 집에서 떡을 떼는 훈련을 사도들이 반복한 것은 그들이 예루살렘의 어느 집에서 가졌던 최후의 만찬의 공간과 정신을 지속적으로 재현하기 위함이었다. 초대교회가 떡을 떼는 일을 한 것은 그들이 가정에서 소그룹으로 모인 것과 깊은 연관을 갖고 있다. 예수님은 의도적으로 유월절의 기념과 재현을 자신이 떡을 떼는 일과 연결시켰다. 유월절 만찬은 원래 소그룹 집안 행사였다. 주의 만찬은 출애굽 이야기와 연속성을 갖고 있는 집안 행사였던 것이다(출 12; 눅 22:7).

사도 바울은 열두 제자와 함께 예수님께서 가지셨던 식사를 중심으로 하여 모든 식사의 신학적이며 기독론적인 특성을 강조한다.[46) 이는 모든 그리스도인 소그룹 모임에 매우 중요한 기반이 된다. "그런즉 너희가 함께 모여서 주의 만찬을 먹을 수 없으니 이는 먹을 때에 각각 자기의 만찬을 먼저 갖다 먹으므로 어떤 사람은 시장하고 어떤 사람은 취함이라……너희가 하나님의 교회를 업신여기고 빈궁한 자들을 부끄럽게 하느냐 내가 너희에게 무슨 말을 하랴……주의 몸을 분별하지 못하고 먹고 마시는 자는……먹으러 모일 때에 서로 기다리라"(고전 11:20 - 22, 29, 33).

함께 식사하는 것은 소그룹의 의도와 하나됨, 성숙을 가리키는 척도이다. 그리고 모든 식사의 공동체적 실체와 가치는 주의 만찬

---

46) 안선희, "성만찬에 관한 신학적 이해 연구" 김소영, 「기독교사상」(서울: 대한기독교서회, 11월호/1991), 89. 리마문서에서는 성만찬의 뿌리를 예수의 지상에서의 사역기간 동안에 나누었던 식사들, 많은 군중들을 먹인 사건, 그리고 최후의 만찬, 부활 후의 빵 나눔에서도 찾는다. 즉, "교회의 성만찬은 예수께서 공적으로 활약하신 때와 부활하신 다음에 사람들과 함께 나누신 나눔 식사들을 계승한다."(「성만찬」, I, 1항)라고 하여 성만찬의 기원을 다락방에서 가졌던 최후의 만찬에서만 찾는 전통적인 입장을 넘어서서 성만찬의 기원이 예수 그리스도의 사역의 전 차원과 관계함을 밝히고 있다.

이 갖는 정신과 훈련을 기준으로 삼아야 한다. 음식을 나누는 일은 친밀함과 사랑이 넘치는 공동체를 반영하는 것이다. 식사 시간을 남용하는 것은 모든 식사 때마다 좌정하시는 예수님을 공개적으로 무시하는 행위이다.

(4) 기도의 훈련: 기도의 훈련은 다른 그룹 훈련들에 방향과 의미를 가져다준다. 이 기도훈련은 전적으로 그룹 훈련이었지, 개인 훈련이 아니었다. 예수님은 열두 제자에게 기도하는 법을 가르치긴 했어도(눅 11:1 - 4), 그들의 기도훈련은 다락방에서 공공 기도를 드리기까지 만족을 못 주었고 열렬하지도 않았다. 열두 제자가 백 명 가량의 사람들과 모였을 때, "마음을 같이하여 전혀 기도에 힘을 섰다"(행 1:14).

초기 가정교회에서 했던 네 가지 소그룹 훈련은 서로 함께하는 삶의 얼개를 이룬 것이다. 사도들은 코이노니아, 떡을 뗌, 기도의 성격과 의미를 가르쳤다. 나눔의 식사는 공동체의 실체요 심장이 되었다. 그리고 기도는 공동체를 아바 하나님과 성부의 친밀함 속에 자리 잡게 하였다. 네 가지 훈련은 열두 제자와 함께한 예수님의 생애와의 역사적 연관성을 토대로 한다. 이러한 네 가지 소그룹 훈련을 실천함으로써, 교회는 그 사역을 실천할 수 있는 역량과 용기를 갖추게 되었다. 그리고 이는 열두 제자와 함께 하신 예수님으로부터 교회로 내려져 온 것이다. 예수님의 네 가지 훈련을 실천하는 교회는 그들 가운데 예수님의 삶이 이루어지도록 열린 소그룹이 되었다.

3. 초대교회와 소그룹 공동체

신약성경에 나타난 모든 교회, 특별히 사도 바울이 세운 모든 교회는 하나도 예외 없이 다 가정교회였다. 그 당시의 모든 성도들은 예배를 위한 별도의 건물 없이 가정집에서 모였다. 그리고 그 집을 중심으로 가족 공동체를 이루고, 예배와 사역활동에 적극적으로 참여했다.[47]

1) 브리스가와 아굴라의 가정교회

아굴라와 브리스가[48]는 클라우디우스(Claudius) 황제의 칙령에 의해 "최근에" 로마에서 쫓겨난 유대인 부부였다(행 18:1 – 4).[49] 바울이 스데바나와 그의 가정을 "아가야에서의 첫 열매"(고전 16:15)로 언급한 것으로 보아, 아굴라와 브리스가는 바울을 만났을 때 이미 그리스도인이었을 것이다. 후에 그들은 에베소(고전 16:19)와 로마(롬 16:3)에 있는 가정교회들에 대한 책임을 맡게 될 것이다. 바울이 떠난 후, 그들의 집은 그리스도교의 교리를 가르치는 장소로 묘사되었다(행 18:26). 따라서 바울이 아굴라와 브리스가를 만났을 때 그들의 집은 이미 가정교회로서 역할을 하고 있었다. 원래 흑해 연

---

47) V. Branick, 홍인규역, 『초대교회는 가정교회였다』(서울: 기독교 신문사, 2005), 5.

48) 정인찬 편, 『성서대백과사전 4권』(서울: 기독지혜사, 1981), 783. 아퀼라스(Ἀκύλας, 독수리), 프리스킬라(Πρίσκιλλα, 작은 노부인). '아굴라'는 아시아 본도 지방에서 태어난 유대인이었다. '아굴라'라는 이름은 라틴어명으로서 당시에 자유인이나 노예 가운데서 널리 사용되던 흔한 이름이었다.

49) 앞의 책, 90.

안에 있는 본도 지방 출신인 아굴라는 천막 만드는 사람 또는 가죽 세공을 하는 사람이었던 것 같다(행 18:3). 따라서 바울은 이 가정의 집을 거주지로서 뿐만 아니라 일터로도 사용할 수 있었다. 아마도 아굴라 역시 그 당시 고린도에 있는 천막 만드는 상인들의 조합(*collegia*)에 속해 있었을 것이다. 그런 조합은 바울에게 개인의 가정에 국한되지 않는 그리스도인들의 코이노니아(*koinonia*)라는 아이디어뿐 아니라 고린도 사람들과의 추가적인 접촉의 기회를 제공했을 것이다. 브리스가에 대해서는 알려진 것이 거의 없지만, 그녀의 이름이 계속해서 남편의 이름보다 앞서 거명되는 것은 흥미롭다(행 18:18, 19, 26; 롬 16:3; 딤후 4:19; 참고 행 18:2; 고전 16:19).[50] 이것은 브리스가가 남편보다 사회적 신분이 높았음을 암시하는 것일 수 있다. 아굴라가 가문 좋고 부유한 집의 딸인 브리스가와 결혼을 했던 것일 수도 있다. 그렇지 않았다면, 그들이 천막 만드는 사람의 월급만으로도 쉽게 재산을 모으고 가정교회들을 설립할 수 있었던 것을 이해하기 어려워진다.[51]

2) 디도 유스도의 가정교회

디도 유스도[52]는 고린도에 거주하고 있던 경건한 로마 시민이었다(행 18:7). 바울이 고린도 회당에서, 안식일마다 예수가 그리스도

---

50) 아굴라와 브리스가 부부에 대한 여섯 번의 언급 중 브리스가의 이름이 네 번 남편의 이름 앞에 나와 있다.

51) V. Branick, 『초대교회는 가정교회였다』, 91 – 92.

52) 정인찬 편, 『성서대백과사전 6권』, 653. 유스토스(Ιουστος, 공정한, 옳은), '하나님의 예배자'란 의미를 지닌 디도 유스도는 고린도 지방에 있는 유대인 회당에 바로 옆에 살았었다.

인 것을 증거 하다가 회당에서 쫓겨났을 때, 그는 회당 이웃에 있던 자기 집을 바울의 전도를 위해 제공했다.[53] 누가는, 바울이 브리스가와 아굴라의 집으로부터 이방인들과 함께 예배하던 이방인이었던 "하나님을 공경하는" 디도 유스도의 집으로 거처를 옮겼던 것에 대해 말한다(행 18:7). 그 이유는 디도의 집이 우대인의 "회당 옆에" 있었기 때문이다. 따라서 우리는 바울이 도시 외곽에 있던 브리스가와 아굴라의 집으로부터 도시 안으로 이동했다고 보아야 할 것이다. 그렇게 함으로써 바울은 그 도시에 있는 유대인 공동체와 더 많은 교제를 나눌 수 있었을 것이다.[54] 디도는 고린도에 있는 그리스도인 공동체를 위한 훌륭하고 적절한 지도자였던 것으로 보인다. 그는 바울을 접대하기에 충분할 만큼 큰 집을 갖고 있었다. 그는 분명히 이방 종교와의 관계를 단절할 만한 용기와 내면적 자원을 가진 사람이었다. 디도는 사도들을 접대한 집주인으로서 그 공동체에서 구별되었다. 그는 약 30년이 지난 후 누가가 교회의 전통들을 수집하던 때에 사람들에게 기억되었다.[55]

3) 그리스보의 가정교회

누가는 바울이 고린도에서 거둔 또 다른 중요한 성공, 즉 회당장 그리스보와 그의 가정이 개종한 사건을 묘사한다(행 18:8). 바울은 고린도 성도들에게 보내는 편지에서 그가 고린도에서 직접 세례를

---

53) 문효식, "예수 그리스도의 사역에 나타난 소그룹공동체 연구", 98.
54) V. Branick, 『초대교회는 가정교회였다』, 93.
55) V. Branick, 『초대교회는 가정교회였다』, 93.

준 몇 안 되는 사람들 중 하나로서 그리스보를 언급했다(고전 1:14). "회당장"이라는 그리스보의 직책은 고대 비문에 자주 등장하는데, 그것은 일반적으로 자신의 재산으로 회당을 지은 사람 혹은 회당의 유지비를 제공한 사람을 의미했다. 그러므로 모든 정황으로 보아 그리스보는 부자였던 것 같다.

누가가 사도행전에서 언급하는 네 가정들의[56] 가정 책임자들은 모두 사회적으로 일정한 지위를 지닌 자들이었다. 아마도 이런 가정들은 도시들 안에 있는 지역 교회의 발전과정에서 중요한 역할을 감당한 가정교회들이었을 것이다.[57]

4) 스데바나의 가정교회

스데바나 그의 가정은 고린도 전서에만 나타난다. 바울이 고린도에서 직접 세례를 준 몇 안 되는 사람들 중 하나였던 스데바나와 그의 가정(고전 1:16)[58]은 아가야에서의 "첫 열매", 즉 바울을 통해 세례를 받았거나 개종한 첫 번째 사람들로 언급된다(고전 16:15). 바울은 고린도 성도들이 스데바나아와 그의 가정이 "성도들을 섬기는 일에 몸을 바친" 자들임을 알아줄 것을 부탁했다(16:15). 그러

---

56) 가이사랴의 고넬료와 그 집의 모든 사람들(행 10:2), 빌립보의 루디아와 그 집의 온 집안 식구들(행 16:14-15), 빌립보에서 바울의 간수였던 자와 그의 온 집안 식구들(행 16:33), 고린도의 그리스보와 그의 모든 집안 식구들(행 18:8)의 개종이다. 이 가정들의 우두머리는 백부장, 사치품을 취급하는 여사장, 시 공무원, 그리고 회당장 같은 일정한 사회적 지위를 지닌 자들이었다.

57) 앞의 책, 95.

58) 김지철, 『성서주석, 고린도전서』(서울: 대한기독교서회, 1999), 100. 여기서 '가정'은 집 전체를 의미하는 것으로 거기에는 자녀들과 더불어 노예들도 포함된다. 곧 한 가족 전체이다.

기에 바울은 고린도 성도들이 스데바나의 가정뿐만 아니라 그들과 함께 일하는 모든 사람에게 복종할 것을 명령했다(16:16). 바울이 에베소에 있을 동안 스데바나가 브드나도와 아가이고라는 두 명의 동료들과 함께 그곳을 방문했다. 바울은 스데바나를 만나게 되어 기뻤다(16:17).[59] 그리고 "그들이 나와 너희 마음을 시원하게 하였으니……이런 사람을 알아주라"고 말한다.[60] 바울이 스데바나와 그의 가정의 헌신을 묘사하기 위해 사용하는 동사 "타쏘"(tassō)는 그들의 섬김의 확립된 본질을 강조한다. 여기서 이 단어가 의미하는 것은 어떤 헌신된 활동, 곧 그 가정을 그러한 것으로 특징짓는 활동 그리고 일반적인 은사의 나눔 이상의 보다 안정적이고 영속적인 활동이다.[61] 스데바나의 재산과 그가 수행했던 여행은 그가 부자였음을 암시하며, 그와 그의 가정이 보여준 특별한 활동은 가정교회가 그를 중심으로 모였을 것임을 암시해 준다.

5) 가이오의 가정교회

바울은 가이오[62]에 대해 "나와 온 교회의 식주(*xenos*)"라고 묘사한다(롬 16:23). 가이오는 바울이 세 번째로 세례를 준 사람이다(고전 1:14). 가이오의 집에는 아주 큰 식당이 있었던 것 같다. 사도행

---

59) V. Branick, 『초대교회는 가정교회였다』, 95.

60) 김지철, 『성서주석, 고린도전서』, 640 - 641. 마음을 상쾌하게 하여 새로운 원기를 북돋아 주었고, 이렇게 교회를 충성스럽게 섬기는 사람들을 인정해달라는 것이다.

61) 앞의 책, 95.

62) 정인찬 편, 『성서대백과사전 1권』, 64. 가이오스(Γάϊος, 기뻐하다), 가이오는 바울이 3차 전도여행 도중 고린도에서 로마서를 쓰고 있을 때의 식주(食主)였다.

전은 고린도에 많은 신자들이 있었던 것으로 기록한다(행 18:10). 고린도에 있는 "온 성도"는 적어도 30명 이상이다. 가난한 사람은 어느 누구도 그만한 인원을 수용할 수 없었을 것이다. 초기 교부들은 고린도 교회 공동체 전체가 가이오 집에서 모였던 것으로 보았다.[63]

6) 에라스도의 가정교회

에라스도는 고린도의 "시 재무관"(ho oikonomos tēs poleôs)이었다.[64] 그런 직분은 두 가지 형태의 사람에게 주어졌다. 하나는 공인 회계와 재정을 위해 고용된 노예들이고, 다른 하나는 시 정부의 중요한 지도자로 일하는 유력한 부자들이었다. 이런 부유한 재무관들(oikonomoi)은 "크바에스토르"(quaestor)라는 직책을 갖고 있었는데, 짧은 근무 기간이 끝나면 "아에딜"(aedil, 고대 로마의 토목건축 관리인) 직책으로 자리를 옮겼다.[65] 그러나 에라스도는 예외다. 그리고 바울이 이 직책을 언급한 것은 그의 예속적 신분을 공표하기 위해서가 아니라 오히려 나중에 에라스도가 수행한 독립적인 여행에 관한 이야기들을 듣게 된다(행 19:22, 딤후 4:20). 아마도 에라스도는 바울이 모집한 또 다른 부유한 사람이었고 분명히 또 다른 잠재적인 가정교회의 리더였을 것이다.[66]

---

63) V. Branick, 『초대교회는 가정교회였다』, 97.

64) 차정식, 『성서주석, 로마서』(서울: 대한기독교서회, 1999), 502. 로마서 16장 23절에서도 그를 언급하는데, 1929년 그의 이름과 직책이 기록된 유물이 발굴됨에 따라 주목을 받아온 인물이다. 발굴된 비문의 라티어 문장은 "에라스도가 그에게 부여된 조영관(造營官, aedileship, 고대 로마의 공공 건물, 도로, 시장, 경기, 공중위생 등을 관장하는 직책)의 직책에 대한 보답으로 자비를 들여 길을 닦았다"는 것이다.

65) 앞의 책, 98.

7) 뵈뵈의 가정교회

사도 바울은 뵈뵈[67]를 "겐그레아[68] 교회의 집사인 우리의 자매"
로 묘사한다.(롬 16:1). 바울은 로마에 있는 성도들에게 뵈뵈를 잘
영접하고 그녀의 모든 필요를 채워주라고 말한다. 왜냐하면 "그가
여러 사람과 나의 보호자(*prostatis*)가 되었기 때문이다"(롬 16:2). 그
리스 문학에서 "프로스타티스"(*prostatis*)라는 단어는 "여자 후원자"
혹은 "여자 보호자"를 의미한다.[69] "프로스타티스"라는 용어는 뵈
뵈가 바울의 부유한 후원자, 즉 자기의 재산을 바울과 다른 많은
사람들을 섬기기 위해 내어 놓은 사람이었음을 분명하게 의미한다.
또한 그녀는 자기 집에서 겐그리아 공동체를 유지했던 사람으로
보인다. 겐그리아 공동체는 그 나름의 정체성을 유지하면서 가까이
있는 고린도의 보다 큰 공동체와 연결되어 있던 교회였다.[70]

---

66) 위의 책.

67) 정인찬 편, 『성서대백과사전 3권』, 421. 포이베(Φοιβη, 순수한, 밝은), 뵈뵈라는 이름은 성
　　서에 단 한번 나오지만, 신화집에서는 자주 나온다. 파피리 피오렌티니(Papiri Fiorentini)에서
　　는 뵈뵈가 한 노예였다.

68) 차정식, 『성서주석, 로마서』, 464 – 465. 고대에 '겐그레아'라는 이름으로 불려진 도시는 여
　　섯으로 알려져 있다. 이 가운데 고대 인문지리 저술가들에 의해 가장 중요시되었고, 본문의
　　겐그레아와 일치하는 곳은 고린도 남동쪽 7킬로미터 떨어진 지점에 인접한 항구도시다.

69) V. Branick, 『초대교회는 가정교회였다』, 99.

70) 위의 책, 100.

제 3 장

소그룹 목회의 역사

1. 소그룹 목회의 소멸

에베소서와 목회서신들(디모데 전후서, 디도서)은 그 초점을 교회에 맞추고 있다.[71] 그러나 그 중 어느 것도 교회의 환경으로서의 개인의 가정에 대해 관심을 보이지 않는다.[72] 에베소서는 "우주적 교회"(universal church)라는 주제를 그대로 반복한다. 하지만 골로새서와 달리 가정교회에 대한 언급이 전혀 나오지 않는다. 오직 천상적인 우주적 교회에 보다 더 집중한다. 에베소서는 "사도들과 선지자들"의 계급적인 역할을 더 강조한다. 그들이 바로 교회가 세워

---

71) 박익수, 『성서주석, 디모데전후서, 디도서』(서울: 대한기독교서회, 1994),56. 에베소서의 신학적 주제는 교회론이다. 그리스도의 몸으로서의 교회(1:23), 교회의 머리로서의 그리스도(1:22; 4:15; 5:23), 성장하는 교회(2:21 - 22; 4:15 - 16), 그리스도의 신부(5:22 - 32)등의 비유적인 표현에서 유대인과 이방인으로 구성된 교회의 일치가 기독론에 근거해서 강조되고 있다. 박창건, 『성서주석, 에베소서』(서울: 대한기독교서회, 1994), 40. 디모데전서와 디도서는 주로 교회조직에 대한 가르침, 각 계층에 대한 가르침, 그리고 거짓교사들에 대한 반박으로 그 내용을 이루고 있다. 즉 이 두 서신은 전반적으로 교회의 직제를 다루고 있는 것이다.

72) V. Branick, 『초대교회는 가정교회였다』, 196.

진 "터"이기 때문이다(2:20).[73] 이 이미지로 인해, 그리스도는 "교회의 터"(참고 고전 3:11; 골 2:7)에서 "머릿돌"로 변화된다.

또 다른 흥미로운 변화는 에베소서가 "사도들과 선지자들"을 하나님의 비밀에 대한 위대한 계시의 중보자들로 여긴다는 것이다.[74] 에베소서의 저자는 몇 개의 핵심어를 삽입함으로써 바울서신의 주제를 바꿔놓았다. 이제 계시의 대상은 교회, 즉 약속의 공동 상속자이자 공유자들인 유대인과 이방인의 단일체이다. 계시는 이제 더 이상 "그의 성도들" 모두가 아니라 오직 "거룩한 사도들과 선지자들"에게 나타난다(엡 3:4 – 6).[75] 바로 이 그룹이, 이 편지 자체가 증거 하듯이, 모든 그리스도인들에게 그 비밀을 밝힌다. 그렇게 해서 하나님의 은혜의 도관(導管)이 형성되었고, 그 도관은 교회의 고위 성직자들을 통과해 지나가게 되었다.[76] 에베소서는 교회가 그리스도의 신부 역할을 하는 것에 대한 묵상을 덧붙인다(5:22 – 23). 이런 묵상은 사실상 에베소서가 골로새서로부터 빌려와 사용하고 있는 "가정코드"(household code)를 정교하게 다듬은 것으로(엡 5:22 – 6:9; 골 3:18 – 4:1) 구약에 나오는 주제, 곧 이스라엘이 야웨 하나님의 신부라는 주제를 통합하고 있다(참고 호세아 3장, 겔 16장). 선지자들이 이스라엘을 하나님의 (신실하지 못한) 아내로 보았던

---

73) 박창건, 『에베소서』(서울: 대한기독교서회, 1994), 111. 하나님의 비밀의 계시를 받은 사도들과 선지자들(3:4 – 5)은 교회에서 가장 중요한 직분을 지닌다고 간주되었기 때문에, 그들을 '교회의 터'로 보았던 것이다.

74) 앞의 책, 196.

75) 박창건, 『에베소서』, 118. 에베소서의 저자는 여기서 이른바 "계시도식"을 사용한다. 이제는 하나님의 비밀이 그의 사도들과 선지자들에게 성령으로 계시되었고, 계시의 수용자는 그리스도인들이 아니라 사도들과 선지자들로 제한되었다. 여기서 계시전달이 특정한 권역의 증거에 달려 있다는 것을 강조한다.

76) V. Branick, 『초대교회는 가정교회였다』, 198.

것처럼, 에베소서 역시 교회를 그리스도의 (신실하고 사랑받는) 아내로 보고 있다. 이 비유는 교회가 범세계적인 하나님의 백성, 곧 참 이스라엘이라는 관점을 강화시킨다.[77]

디모데전후서, 그리고 디도서에서 "에클레시아"(ekklesia)라는 단어는 "하나님의 가정, 살아계신 하나님의 교회, 진리의 기둥과 터"(딤전 3:15; 참고 3:5, 5:16)인 지역 교회를 지칭한다.[78] 그 단어는 더 이상 실제로 활동하는 "모임"(gathering)을 의미하지 않고, 오히려 안정되고 견고한 사람들의 "그룹"(group)을 의미한다. 이 그룹이 모이는 것에 대한 언급은 전혀 없다.[79] 이 서신들은 내부적으로 심각한 위기, 특별히 잘못된 가르침들로 인해 야기된 위기에 처해 있는 교회의 모습을 반영한다. 이에 대한 목회서신의 기본적인 대응은 지역 교회 안에서의 권위의 위치를 강조하는 것이었다. 가장 중요한 직분은 교회의 최고의 선생이자 관리자인 "장로 – 감독"(elder – bishop)이었다(딤전 3:1 – 7; 딛 1:5 – 9).[80] 그는 올바른 가르침을 보존할 책임을 맡은 자였다(딤전 5:17; 딛 1:9). 따라서 바울의 교회의 다양한 구성원들에게 주어졌던 역할들은 이제 고위급 직분자들에게 더욱 집중되고 있다. 두 번째 단계의 관리자는 "집사"(deacon)였다(딤전 3:8 – 12).[81]

---

77) 위의 책.

78) 박익수, 『성서주석, 디모데전후서, 디도서』, 94. '하나님의 교회'라는 말은 예전적인 어조를 갖고 있다. 이 말을 통해서 저자는 하나님께서 교회 안에 현존하시며, 그리스도께서 교회를 보호하신다는 것을 의미하고 있다.

79) V. Branick, 『초대교회는 가정교회였다』, 199.

80) 박익수, 『성서주석, 디모데전후서, 디도서』., 134. 특별히 3장은 감독과 집사의 직책, 그리고 교회의 본질을 다루고 있다. 제도화된 교회에서 감독은 이미 최고의 직분자가 되어가고 있는데, 이그나티우스의 서신들에도 그런 특징이 나타나고 있다.

81) 앞의 책, 200.

　1세기 후반에 지역 교회의 권위가 강력하게 발전한 것은 사도들의 죽음을 배경으로 할 때 가장 잘 이해될 수 있다. 바울이 살아 있을 동안, 교회의 위기는 바울의 편지나 방문을 통해 해결될 수 있었다. 교회들은, 고린도에 있는 교회들처럼, 지역적 권위를 거의 갖고 있지 않은 가정교회들의 모임으로서 살아갈 수 있었다. 필요할 때마다 바울의 강력한 권위가 개입할 수 있었기 때문이었다. 또한 바울은 지역 교회들을 지배하는 사도로서 은사의 다양성과 모든 구성원들 간의 상호의존성을 유지할 수 있었다. 바울과 그의 사도적 사역을 중심으로 이루어진 조직은 어떤 점에서 가족 같은 유대와 다양한 은사를 지닌 지역적 에클레시아를 닮았다. 그러나 이 사도적 조직은 지역 교회와는 아주 달랐다. 사도적 조직은 거의 군사적인 분위기를 지녔고, 어느 한 사람과 그의 전략을 중심으로 운영되었고, 공동생활보다는 공동의 과업을 중요시했으며, 마치 어떤 명령 집단에서처럼 동역자들을 사역자로 보내고 그들로부터 보고를 받았다.[82]

　바울의 죽음으로 인해 강력한 권위 구조를 지녔던 사도적 조직은 점차 지역 교회에 흡수되었던 것으로 보인다. 바울의 가까운 동역자들이었던 디모데와 디도의 모습은 목회서신에서 강력한 장로-감독들 뒤로 사라지게 되었다.[83] 사도들의 권위는 더 이상 지역 교회 "위에" 있지 않고 교회 "안에" 남아 있게 되었다. 지역 교회에는 더 이상 은사들과 역할들을 위한 여지가 남아 있지 않았다. 상

---

82) 위의 책, 204.

83) 박익수, 『성서주석, 디모데전후서, 디도서』, 29. 신약성서에서 디모데에 대한 언급은 히브리서 13장 23절을 끝으로 그 이후부터는 그에 대한 성서의 증언이 없어지고 만다.

호의존성은 위계질서에 자리를 내 주었다. 각자 가정교회로서의 역할을 감당할 수 있었던 가족들의 모임 대신, 지역 교회가 교회 활동의 중심이 되었다.[84]

2, 3세기 문헌들과 고고학적 증거들은 교회가 개별적인 가정교회로부터 좀 더 정교하게 확립된 도시 연합 교회로 계속해서 발전해 나갔음을 보여준다.[85] 2세기 중반까지 개인의 집들은 도시 연합 공동체들의 모임 장소로서 역할을 계속했다. 대략 A.D. 150년경부터 개인의 집들이 오직 교회로만 사용되기 위해 개조되어 봉헌되기 시작했다. 이 시점에서 그 건물들은 "가정교회"로 여겨지지 않았다. 그것들은 "교회"였고, 곧 그런 이름을 얻게 되었다.[86]

2세기경에 안디옥의 이그나티우스(Ignatius of Antioch)[87]가 쓴 글에 의하면, 그는 하나님의 이름으로 지역 교회를 관리하는 유일한 감독에 대해 말한다. 이 감독이 참석하지 않은 상태에서는 아무도 성찬식이나 세례를 베풀 수 없었다. 이런 교회에서 모든 중요한 역할을 수행하는 책임은 군주적인 감독, 장로들의 평의회, 그리고 집사들에게 있었다. 이그나티우스는 지역 교회 안에 소그룹을 위한 여지를 남겨 두지 않았다.[88]

---

84) 앞의 책, 205.

85) Corbo, *House of Peter at Capernaum*, a preliminary report, trans. S Saller(Jerusalem: Studium Biblicum Franciscanum, 1968), 53. *Ibid.*, 206. 재인용. 가장 유명한 발굴은 두라 유로포스에 있는 '그리스도교 건물'이다. A.D. 233년경에 지어진 이 집은 7년에서 11년 후에 개조되어 그리스도교 교회로 헌납되었다. 그 결과 그 건물은 60-70명이 모일 수 있는 방과 안뜰 한 쪽에 세례당을 갖추고 있었다.

86) V. Branick, 『초대교회는 가정교회였다』, 205.

87) 주재용, "사도교부 이그나티우스의 생애와 사상"「신학연구」(서울: 한국신학대학 출판부, 10/1969), 211-218. 이그나티우스는 2세기 초반, 안디옥의 감독으로서 로마 박해시에 정죄를 받고 로마에서 사형당했다. 그의 대표작으로는 일곱 서신이 있는데, 이것은 시리아와 소아시아의 삶을 조명해주는 것으로 그가 서머나와 드로아에 있을 때 쓴 것이다.

3세기 말의 기독교 문서인 「사도 계규(戒規)」(*Didascalia Apostolorum*)[89]의 저자는 그리스도인의 모임에서의 서열과 자리에 대한 지시가 나온다.[90]

> 장로들을 위해서는 집의 동쪽에 장소를 정하고, 그들 가운데 감독의 의자를 놓고, 장로들이 감독과 함께 앉도록 하십시오. 평신도는 동쪽을 향하여 집의 다른 편에 앉게 하고……여러분이 기도하려고 일어설 때, 지도자들이 먼저 일어서고, 그 다음에 평신도들이 일어서고 그 다음에 여자들이 일어서도록……누구든지 그의 자리가 아닌 곳에 앉은 것이 발견되면, 집사가 그를 타일러서 일으켜 세우고 합당한 자리에 앉도록 권하십시오.

4세기 유세비우스(Eusebius)[91]는 그의 「교회사」[92]에서 3세기 후반의 교회 상황에 대해 다음과 같이 묘사한다.[93]

> 누가 그리스도교로 몰려든 사람들의 거대한 모임, 모든 도시로부터 떼지어 모인 군중, 그리고 예배하는 집에 모인 수많은 사람들에 대해 묘사할 수 있을까? 옛날 건물들에 만족하지 못했던 이들을 위해서 그들은 도시마다 큰 교회들을 세웠다.

---

88) 앞의 책, 207.

89) 두산백과사전 EnCyber & EnCyber.com. 원문은 그리스어로 쓰였는데, 현존의 것은 시리아어 및 라틴어 역본이다. 저자는 유대교로 개종한 어느 의사로 보인다. 이 책은 당시의 신앙사정과 습속을 아는 데 중요한 자료일 뿐 아니라, 4세기에 편집된 ≪사도교헌(使徒敎憲)≫의 첫 6권을 이루는 주요 자료이기도 하다.

90) V. Branick, 『초대교회는 가정교회였다』, 209.

91) 유세비우스는 313년 가이사랴의 감독이었으며, 역사가(교회사의 아버지)로 불리운다. 그는 세계사에 대한 「연대기」를 썼으며, 또한 대박해시(303 - 313)의 「팔레스틴의 순교자들」의 역사를 썼다. 이것은 교회의 초기 시대로부터 콘스탄틴이 서방과 동시에 동방의 유일한 황제가 되었던 324년까지의 교회의 역사를 기록하고 있다.

92) 이양호, "유세비우스의 교회사 연구" 「신학논단」(연세대학교 신과대학, Vol. 18/1989), 233 - 245. 그의 「교회사」는 5가지의 내용을 다루고 있다. (1) 정통 교회의 역사, (2) 이단의 역사, (3) 유대 전쟁사, (4) 기독교 박해사, (5) 최후의 박해와 기독교 관용정책이다. 그는 교회사의 최초의 300여년 간을 로마 황제의 시대별로 연대순으로 기술한 것으로 이 시기의 교회사를 이해하는데 있어서 가장 중요한 자료이다.

93) V. Branick, 『초대교회는 가정교회였다』, 209.

또한 유세비우스는 A. D. 312년 두로에 있는 교회의 헌당식에서
자신이 행한 설교를 기록했는데, 거기서 그는 교회 건물을 이스라
엘의 "성전"(聖殿)에 비유했다. 그는 최고 지도자들을 위한 보좌와,
성직자들을 위한 긴 의자들, 그리고 평신도들이 이런 지도자들을
볼 수 있게 만든 격자무늬 성단소(聖壇所)에 대해 묘사한다. 그 건
물의 중앙에 있는 제단은 "고상하고 웅장하고 독특했다."[94]

이런 문서들은 교회가 가정교회의 소그룹으로부터 고상한 건물
로 발전하는 것을 보여줄 뿐만 아니라, 교회 구성원들의 수적 증가
야말로 교회가 보다 큰 건물로 이동해야 할 분명한 이유였던 것 같
다. 또한 교회 구성원들의 증가와 더불어 "주의 만찬"(Lord's Supper)
에도 한 가지 중요한 변화가 일어났다. 일단 빵과 포도주가 식사와
분리되어 "성찬식"(the Eucharist)이 되자, 교회 공동체는 더 이상
가정이라는 환경에 얽매이지 않게 되었다. 모임은 식당에서 집회실
로 옮겨갈 수 있게 되었다. 주의 만찬이 제사 의식과 같은 양식화
된 식사(stylized meal)로 발전하자, 주의 만찬을 주관하던 사회자의
역할에도 변화가 생겼다. 그는 하나님을 회중에게 중계하는 제사의
지도자가 되었다. 성찬식은 희생제사로 인식되었고, 그 예식의 사
회자는 제사장으로 간주되었다. 그로 인해 "성직자"(clergy)가 나타
났다 - 더 정확하게 말하자면, "평신도"(laity)가 나타나게 되었다.

콘스탄티누스의 "밀라노 칙령"(313)[95] 이후에 바실리카(직사각형

---

94) 위의 책, 210.

95) 두산동아백과사전 연구소, 『두산백과사전 11권』(서울: 동아출판사, 2002), 245. 313년 2
월 로마제국의 공동 황제인 콘스탄티누스 1세(Constantinus I, 280~337)와 리키니우스
(Licinius, 270~325)가 메디오라눔(Mediolanum, 지금의 Milano)에서 공동으로 발표한 칙
령(勅令)이다. 모든 사람들에게 그리스도교를 포함해 자신이 원하는 종교를 따를 수 있는 자
유를 보장하여, 로마제국에서 그리스도교가 보호되고 장려되는 계기가 되었다. 콘스탄티누스

건물)들이 세워지면서 가정교회는 거의 자취를 감추게 되었다. 바실리카라는 교회 건물의 등장은 여러 가지 측면에서 교회에 대한 이해와 그리스도인의 삶에 심각한 질적 변화를 가져왔다.96) (1) 교회는 "성도의 모임"이 아니라 "건물"로 이해되었다. (2) 복수(復數)의 리더십과 리더십의 평등은 주교(bishop)를 중심으로 하는 성직자 계급 제도에 자리를 양보했다. (3) 은사 중심의 사역이 사라지고 성직자와 평신도의 구분이 시작되었다. (4) 예배는 모든 성도가 적극적으로 참여하는 축제에서 성직자가 중심이 된 의식(ritual)으로 전환되고 평신도는 수동적인 관람객으로 전락했다. (5) 바울의 가정교회에서 통합되었던 예배와 삶이 분리되었다. 그에 따라 많은 교인들이 그리스도인에서 형식적인 종교인으로 변질되었다. (6) 주의 만찬이 애찬에서 분리되어, 공동 식사가 아니라 제단 의식이 되었다. (7) 공동체 안에서 은사를 통한 나눔은 없어지고, 이제 주교에게 나아오는 것과 그의 음성을 듣는 것과 성례식에 참여하는 것만이 존재하게 되었다. (8) 교회는 가족 공동체의 특성을 상실하고, 교회 안에 개인주의가 뿌리내리게 되었다.

이런 엄청난 변화들과 함께 성경에 나타난 교회의 모습인 가정교회 소그룹 공동체는 이제 불법 모임으로 선언되었다. A. D. 360년과 370년 사이에 라오디게아에서 열린 종교회의는 집에서 성찬식을 거행하는 것을 금지했다.97) 라오디게아에서 결의된 금지사항

1세는 밀라노 칙령을 계기로 자신의 정치적 정당성을 확보하고 기반을 넓히기 위해 그리스도교를 최대한 장려하였다. 교회와 성직자들에게 각종 특권을 주었고, 각지의 교회 설립을 지원하였다. 그리고 325년에는 니케아공의회(Councils of Nicaea)를 열어 교리를 체계화하였다.

96) V. Branick, 『초대교회는 가정교회였다』, 258.

97) Mansi Ⅱ. 574C. Branick, *The House Church in the Writings of Paul*, 133. V.

은 중요한 한 시대를 완결했다. 주의 만찬은 저녁 식사로부터 형식화된 예식으로 바뀌었고, 모임 장소는 가정교회 소그룹에서 성스러운 교회로 옮겨갔으며, 리더십은 가족 구성원들로부터 특별한 성직자에게로 넘어갔다. 이제 원래의 교회의 형태는 불법으로 공표되었다.[98]

2. 수도원 운동의 시작

바실리카의 출현으로 상징화된 교회의 교권화와 제도화 현상은 한편으로는 가정교회를 사라지게 하고, 다른 한 편으로는 또 다른 신앙 공동체를 태동시키는 동기가 되었다. 새로운 신앙 공동체란 수도원의 출현이었다. 한마디로 수도원 운동의 출현은 교권화되고 세속화되는 교회에 대한 신앙적 저항으로부터 온 것이었으며, 아울러 더욱 자유스럽게 하나님과 교제하려는 신앙적 열망에서 온 것이었다.[99] 그들이 선택한 형식은 사막으로의 도피였고, 금욕 생활 양식이었으며, 철저한 명상과 헌신의 신앙을 모색하는 것이었다.[100]

Branick, 『초대교회는 가정교회였다』, 259. 재인용. "주교나 장로는 가정집에서 주의 만찬을 행해서는 안 된다."(Canon 58).

98) V. Branick, 『초대교회는 가정교회였다』, 259.

99) Karl Suso Frank, 최형걸 역, 『기독교 수도원의 역사』(서울: 도서출판 은성, 2006), 37 - 38. 3세기의 기독교는 조직화된 공동체였다. 이 공동체의 최고위직은 감독이었고, 모든 직위와 기능, 활동은 세부적으로 규정되어 있었다. 그러나 금욕자들은 이런 조직에서 빠질 수밖에 없었다. 이들의 관심은 관상, 금욕과 고행이었고, 이로 인해 자신들의 신앙과 구원에의 관심이 더 컸기 때문이다.

100) Marianka S. Fouska, *The Church in a Changing World* (St. Louis: Concordia Publishing House, 1971), 99 - 100. 재인용. 은준관, 『실천적 교회론』(서울: 한들출판사, 2006), 413.

그러기에 수도원 운동은 바실리카 출현 이후 사라진 가정교회의 빈자리에 나타난 다른 형태의 공동체 운동이었으며, 그것은 비판의 여지가 많으면서도 나름대로 표현되었던 코이노니아 공동체였던 것이다.[101]

수도원은 당시 세 단계를 거치면서 코이노니아를 구현하였다.[102] 첫 번째 형식은 주후 250년경 중앙 애굽의 청년 안토니(Anthony)가 소유를 포기하고 광야에서 은둔자(hermit)가 되었던 데서 시작하였다. 두 번째 형식은 남애굽에 파초미우스(Pachomius/주후 292 - 346년)가 기독교 수도원을 설립한 것으로 이어졌다. 철저한 독신생활, 에배, 노동, 그리고 수도사복을 입어야 하는 일종의 금욕적 코이노니아 공동체(coenobite monaticism)를 창시했으며, 이 같은 공동체는 10개로 늘어났던 것으로 알려졌다. 마지막으로 수도원 운동은 베네딕트(Benedict of Nursia/주후 480년)에 의해 일대 개혁의 노선을 걷기 시작했다.[103] 주후 500년 베네딕트는 로마의 동쪽 한 동굴에서 은둔자가 되었으며, 주후 529년 로마와 나폴리 사이의 몬테카시노 언덕에 베네딕트 수도원을 세우기에 이르렀다. 이는 모든 베네딕트 수도원의 원조가 되었다.

교회의 세속화에 대한 철저한 신앙적 저항을 특징으로 하는 수도원 운동은 복음의 순수성을 보존하기 위한 신앙인들의 헌신이었다는 점과 철저한 공동체 생활을 실현한 것은 긍정적 평가를 받아

---

101) 은준관, 『실천적 교회론』, 413.

102) 위의 책.

103) Karl Suso Frank, 『기독교 수도원의 역사』, 96. '베네딕트 규칙'은 유럽 수도원 규칙, 특히 로마 수도원의 대표가 되었으며 이로 인해 베네딕트는 "로마의 수도원장"이라는 칭호로 불리게 되었다. Karl Suso Frank,

왔다. 그러나 세계 부정과 세계 도피, 그리고 초대교회의 원초적인 전통으로부터 크게 이탈한 것은 부정적으로 평가를 받고 있다.

수도원 운동은 감독과 교권의 확대 이후 사라져 간 가정교회의 전통을 구현한 것이었다. 그리고 영적인 것의 추구와 세상적인 것의 가치를 포기했다는 점에서 둘은 공통점을 가지고 있다. 그러나 가정교회와 수도원 운동의 결정적인 차이는 철저하게 가족 중심이었던 가정교회에 비해, 수도원 운동은 금욕주의(헬라사상에서 온 것)와 독신주의를 실천함으로 사실상 수도원 운동에서 가족, 가정이라는 개념이 설 자리가 없었다는 점이다. 그 결과 가정교회는 사라지고, 수도원은 가정교회를 대치할 수 없게 되었으며, 남은 것은 각 가정에서 부모들이자녀들을 종교교육을 단편적으로 수행할 수밖에 없었던 것이다. 그러나 그것은 교회와도, 수도원과도 관계없는 파행적이고도 단편적인 교육일 뿐이었다.[104]

실제로 가정교회의 전통은 수도원 운동이 아닌 중세에 일어났던 발덴시아 공동체(Waldensian Community)에 의해 계승되었다. 발덴시아 공동체는 1176년 리용(Lyons)의 발데즈(Valdez), 혹은 발도(Waldo)가 방랑시인의 노래에서 인상을 받고(있는 것 다 팔아 가난한 자에게 주고 나를 따르라는 말씀의 노래 – 마19:21) 부인과 딸에게 다소의 재산을 남기고는 즉시 전 재산을 가난한 자들에게 나누어주었던 데서 시작되었다.[105] 1177년 그리스도를 따르기 위해 사

---

104) 은준관, 『실천적 교회론』, 414.

105) 한정애, 『교회사를 통해 본 작은 공동체 운동』(서울: 한국신학연구소, 2003), 140. 영국의 궁중 신학자 맵(W. Map)은 1179년에 발도파(Waldenser)들의 삶의 양식을 이렇게 서술한다: "그들은 벗은(가난한) 자들로서 벗은(가난한) 예수를 좇으며 사도들처럼 모든 것을 공동으로 가지고 있다."

도적 가난(apostolic poverty)을 선택하고 회개를 설교하기 시작하였다. 신앙의 동지들이 모였으며, 그들은 1179년 제 3차 라테란 공의회 앞으로 설교할 수 있는 권한을 요청하였다. 그러나 요청이 거부되자 이는 하나님께 대한 인간의 저항으로 생각한 발도는 설교를 계속하였다. 그러나 1184년 로마교회는 이들을 출교하였다. 그 후 발덴시안 공동체는 북 스페인, 오스트리아, 독일, 프랑스 그리고 이탈리아로 흩어지게 되었다.[106] 헤더웨이(C. Kirk Hadaway)와 공동 연구자들은 여기서 발덴시안 공동체가 초대 가정 교회의 전통을 비교적 성실하게 이어 온 이유는 그들이 가정에서 겸허한 삶과 단순하고도 순수한 예배를 드렸다는 데 있었다고 한다. 가정이 수용되는 한 그 공동체는 남녀노소의 차별이 없었다는 의미인 것이다.[107]

3. 종교개혁 이후 시대

루터(Martin Luther)는 1526년 "독일 미사와 예배규율"(Deutsche Messe und Ordnung des Gottesdienstes)에서 그리스도인을 위한 가장 복음적이며 이상적인 존재형태를 '제3형태'(die Dritte Weise)라고 하며, 이를 위한 조건은 아직 갖추어져 있지 않다고 했다.[108] 여

---

106) 은준관, 『실천적 교회론』, 415.

107) 위의 책.

108) M. Luther, *Luther's Works* Vol. 53(Philadelphia: Fortress Press, 1965), 63 - 64. 루터는 이 글에서 세 종류의 예배를 구분하였다. (1) 라틴어로 드리는 미사, (2) 독일어로 드리는 현대적 예배, (3) 소그룹으로 드리는 예배.

기에서 그는 제3형태로서의 모임을 비공식성, 비강제성, 소공동체성, 가정교회적 성향 등을 통하여 서술하는 한편, 동시에 기존 교회의 존재와 역할을 전적으로 인정하고 있다.[109] 기도, 말씀, 세례, 성찬, 선행과 구제를 목적으로 모이는 이 작은 모임은 가정교회 특성의 재연이었다. 중요한 것은 교회의 표현 양식을 그대로 표출하면서도, 제도교회의 존재와 역할을 인정하고 있었던 데 있었다.[110] 여기서 루터가 말하는 제3의 형태는 교회를 부정하거나 교회를 떠난 종파적이고 분리주의적인 것이 아니라 제도교회와의 공존을 의미한 것으로 보인다. 그럼에도 불구하고 루터의 약점은 제도적 교회와 제3형태인 소공동체 사이를 이어주는 구조적 연결을 신학적으로 정리하지 못한 데 있었다고 볼 수 있다.[111]

마틴 부처(Martin Bucer) 역시 '그리스도적 공동체'(Christliche Gemeinschaft)를 실현하기 위해 노력했다. 그는 1530년 이미 구속력 있는 그리스도적 공동체를 위하여 그의 교회론을 정립했다. 교회는 그리스도 안에서 그의 성령과 말씀을 통하여 모인 사람들의 집회이며, 그것은 한편으로는 하나의 사랑의 공동체이며 다른 한편으로는 하나의 '교육단체'(Zuchtgemeinschaft)이다. 교육단체임은 그 공동체가 '하나님의 교회'(ecclesia dei)이기 위하여 완수해야 할 특징 과제들이 있기 때문이다. 예를 들어 성찬예식에 참여하는 자들로서의 자격을 갖추는 일도 공동체 내에서의 교육과 훈련을 통하여 이루어지기 때문에 이 공동체는 하나의 훈육단체가 되는 것

---

109) 한정애, 『교회사를 통해 본 작은 공동체 운동』, 56.
110) 위의 책.
111) 은준관, 『실천적 교회론』, 417.

이다. 윤리적 차원이 이렇게 강조됨에 따라 '그리스도적 공동체'가 또한 사랑의 공동체라는 점은 덜 강조 되었다.[112]

루터의 '제3형태'와 부처의 '그리스도적 공동체'[113]는 거의 동일하지만, 근본적 차이점이 있다. 루터에게 있어서는 예배와 사랑의 실천이 공동체의 근본을 이루고 있으나 부처는 예배 공동체를 강조하기 보다는 훈계와 교육이 공동체의 중요한 요소를 이루고 있음을 말한다. 또 다른 하나의 차이점은 루터는 제 3형태로서의 공동체는 자율적으로 원하는 사람들에 의하여 이루어짐을 강조하며 그것이 가하지 않을 경우 그러한 공동체가 꼭 조성되지 않아도 됨을 말했으나 부처는 한편으로는 자율적인 모임을 언급하면서도 다른 한편으로는 목회자가 솔선수범하여 신자들이 모이도록 하는 것을 당연하게 여겼다.[114]

종교개혁의 자극을 받아 유럽에서는 1520년부터 광신적인 노선도 생겨났다.[115] 특히 재세례파(Anabaptist)이다.[116] 재세례파는 세 개의 주요 단체들이 있는데, 그것은 혁명적 - 광신적 - 군사적인 세

---

112) 앞의 책, 60.

113) M. Bucer, *Von der Kirchen mengel und fähl und wie die selben zu verbessern in*: BDS, Bd. 17: Die letzten Strassburger Jahre 1546 - 1549. *Schriften zur Gemeindereformation und zum Augsburger Interim*, hg.v. R.Stupperich, Gutersloh 1981, 153 - 195. 한정애, 『교회사를 통해 본 작은 공동체 운동』, 60 - 61. 재인용. 부처는 1546년 『교회의 결함과 단점』이라는 책을 써서 그의 "그리스도적 공동체"에 관한 사고를 서술했다. 그가 쓴 그리스도적 공동체를 위하여 필요한 네 가지 내용은 루터의 "제 3형태"에 서술되어 있는 것과 거의 동일하다.

114) 한정애, 『교회사를 통해 본 작은 공동체 운동』, 61.

115) K. Heussi, *Kirchengeschichte*, 85. a:85. r - t: 한정애, 『교회사를 통해 본 작은 공동체 운동』, 64. 재인용. 이 노선에 속하는 것으로는 재세례파와 신비주의 - 사변주의적 신령(唯心)주의자들이 있다. 그리고 유심론자들 가운데서는 단 2개의 이단공동체들이 형성되었는데, 그것은 'Familisten'과 'Schwenkfeldianer'들이다.

116) 재침례파(再浸禮派)라고도 한다. 이들은 자각적인 신앙고백 이후의 세례만이 유일한 세례라고 주장한다.

례파, 그리고 후에 메노파 교단으로 발전한 온건 세례파와 공산주의적으로 조직된 후터파이다.[117]

재세례파들은 초대교회 소그룹 운동의 실천으로서 집에서 모였다. 물론 1529년부터는 국가법적으로 '재세례파'는 사형을 당하는 외적인 박해의 이유로 자신들을 보호하기 위하여 집에서 모이는 것이 결정적이었다. 바렛트(L. Barrett)는 재세례파들을 위하여 집이 어떻게 중요했는지 이렇게 서술한다.[118]

> "예배와 가르침을 위한 장소로서의 집은 이단을 박해하는 관청으로부터 피신하는 장소 이상의 것이었다. 집은 다시, 서로 서로 보살피며 권면하며 그들의 예배모임에서 주기도 하고 받기도 하는, 자신을 바친 신자들을 위한 하나의 상징이었다."

재세례파 공동체는 후대의 가정교회 운동에 많은 영향을 주었으면서도 그 자체는 로마 카톨릭 교회는 물론이고, 루터교회와 개혁교회마저 반쪽 개혁이라는 이유로 사실상 거부함으로 분리주의 노선을 선택하였으며, 이는 결국 또 다른 종파주의를 낳고 말았다고 볼 수 있을 것이다.[119]

루터의 제3형태와 재세례파 운동의 역사적 경험은 그 당시에 성공적인 모형을 창출하지는 못했지만, 이는 17-8세기 독일의 경건주의에로 이어졌으며, 새로운 소그룹 회복운동은 여기서 새로운 전기를 맞이하게 되었다.

---

117) 한정애, 『교회사를 통해 본 작은 공동체 운동』, 64.
118) 위의 책, 66.
119) 은준관, 『실천적 교회론』, 417.

17 ‒ 18세기 독일 경건주의의 태동은 이른바 개신교 스콜라주의(Protestant Scholasticism)라는 당시 신학적 풍토에서 나온 것이라는 역설을 안고 있다. 종교개혁 이후 세 흐름으로 나타난 교회, 즉 루터교회, 개혁교회 그리고 로마 카톨릭 교회는 1555년까지 무력으로 싸움을 계속하였다. 1555년 종교평화회의를 계기로 화해에 이르고, 서로 공존할 수 있는 법적 보장까지 받았으나 그 후로 전개된 치열한 신학적 논쟁은 신앙보다 정통 교리를 우선하는 개신교 스콜라주의를 태동시켰던 것이다. 여기서 경건성의 위기가 생겼다. 정통 교리 체계가 개개인의 신앙에는 아무런 의미를 주지 못한 상황에서 기독교인의 경험을 되찾기 위해 태동된 것이 경건주의의 시작이었다. 그리고 신앙 형성에 평신도의 참여를 촉구하는 소리가 높아졌다. 제2의 종교개혁으로 불리는 경건주의 운동의 선구자는 라바디(Jean de Labadie)와 아른트(Johann Arndt)[120]이지만, 경건주의를 사실상 창시한 사람은 스페너(Philip Jakob Spener)였다.[121]

스페너는 도시 정부의 무관심과 교인들의 게으름을 극복하기 위해 1670년 신자들 중에 뜻있는 몇 사람들을 그의 목사관에 모아 성경공부와 기도, 지난주의 설교를 토의 하는 작은 모임(Collegia Pietatis)을 시작하였다. 바로 이 작은 모임은 개개인의 영적 삶의 변화와 심화를 경험하는 경건주의 운동의 첫 걸음이 되었다.[122] 그러나 1675년 스페너가 내놓은 작은 책자 「경건의 요청」(Pia Desideria)[123]은 충격과 도전을 던졌다. 신학자와 목사들의 무능함에

---

120) 독일의 루터교에 초점을 맞추어 말한다면, 요한 아른트(Johann Arndt, 1555 ‒ 1621)를 경건주의의 창시자라고 부를 수 있다.
121) 은준관, 『실천적 교회론』, 418.
122) 위의 책, 419.

대한 탄식, 활기찬 믿음, 통상적인 설교 외에 다른 집회를 가지는
일, 받은 은사대로 공동체를 이루는 일, 만인제사장주의가 주된 내
용이었는데, 이것은 당시 교리화되고 형식화된 루터교회 지도자들
에게 위협과 도전이 되었다.[124] 여기서 스페너의 '경건자의 모임'과
「경건의 요청」은 세 가지 이유에서 기성교회에 위협이 되었다고
스나이더(Howard A. Snyder)는 해석한다. 첫째로 영적 제사장직으
로서의 평신도의 역할 확대인데, 이는 교권과 권력자들의 권위에
대한 도전이었기 때문이었다. 둘째로 장로회(Collegium Presbyterorum)
의 구성을 통해 목사를 돕도록 하는 집단 지도 체제로 교회 구조의
변화를 촉구한 데 있었다. 이는 칼빈주의를 루터교회에 도입하는
것이었다. 셋째로 잘못된 신앙고백보다는 서로의 신앙을 세워 가는
작은 모임을 권장했기 때문이었다는 것이다.[125] 스페너의 경건주의
운동이 어려워지기 시작한 결정적인 계기는 경건의 모임 가운데
분리주의자[대표적인 사람은 쉬츠(Johann Jakob Schuetz)]가 출현하
면서부터 이단으로 정죄 받은 때부터였다. 1686년 드레스덴
(Dresden)으로 옮긴 후 스페너는 경건한 모임을 만들지 않았던 것
으로 알려지고 있다. 그렇다면 스페너는 여기서 교회 갱신의 소중
한 방법으로 해석하고 실천했던 경건 모임을 포기한 것인가? 이에

---

123) 지형은, "수용과 창조적 변용: 경건주의의 병향제시서 「경건한 요청」연구사"(신학논충.
　　 Vol.2, 연세대학교 한국기독교문화연구소, 1996), 248. 정확한 책명은 다음과 같다. 『경건
　　 한 요청 – 참된 복음적 교회를 하나님께서 기뻐하시는 쪽으로 갱신하려는 심중으로부터의
　　 요구』1600년대의 독일에는 계속하여 아른트가 제시한 새로운 경건성이 강하게 흐르고 있
　　 었다. 이러한 흐름에서 태어나 성장한 스페너는 교회갱신에 관하여 특별히 관심을 가지고
　　 있었던 스트라스부르크 정통주의의 분위기에서 자랐다. 그는 이 도시의 대학에서 신학박사
　　 학위를 마치고 1666년 31세의 나이로 당시 독일의 중요한 도시 프랑크푸르트의 수석목사
　　 로 취임하였다.

124) 은준관, 『실천적 교회론』, 419.

125) H. A. Snyder, *Sings of the Spirit*, 71. 재인용. 은준관, 『실천적 교회론』, 420.

대한 지형은의 해석은 크게 두 가지이다.[126] 하나는 경건의 모임을 가지지 아니했다고 해서 교회 갱신을 포기한 것이 아니라 스페너의 근본 사상이었던 "비제도적인 작은 성경모임을 통하여 점진적으로 전체(대중교회)를 갱신하는 것"이었다. 그것은 1675년 카르프초프(S. B. Carpzov)에게 보낸 편지 속에 나타났던 교회 안의 작은 교회(ecclesiola in ecclesia) 사상이었다. 교회사에서 최초로 사용된 '교회 안의 작은 교회'는 사실상 초대 교회의 넓은 구조(대중전도와 가정교회의 관계)를 가장 정확하게 포착한 신학적 용어이고 동시에 패러다임이었다고 볼 수 있다. 두 번째 의미는 교회 안의 교회와 경건의 모임의 관계에 대한 규명이다. 교회 안의 교회가 원리이고 상위 개념이라면, 경건의 모임은 방법이고 또 종속 개념이라고 본다.

경건주의 운동은 스페너에 이어 프랑케(August Hermann Francke)에 의하여 제 2단계로 접어들었다. 라이프치히 대학 교수로 있었던 프랑케는 8명의 동료들과 Collegium Philobiblicum이라는 작은 모임을 만들고 성경공부를 시작하였으며, 이것은 인기 있는 토론장이 되었다.[127] 그리고 프랑케는 1687년 회심의 경험을 가지게 되었으며, 드디어 1689년 드레스덴에 있던 스페너를 찾아가 처음 만남을 가졌다. 이 만남은 두 사람을 아버지와 아들의 관계로 묶어 주었으며, 경건주의를 수용한 프랑케는 라이프치히 대학에서 다시 Collegium

---

126) 지형은, "경건주의, 그 요청과 현실"(연세대학교 연합신학대학원 제 28회 공개학술강좌, 1996), 13.

127) 김문기, "프랑케와 할레의 경건주의" 「논문집(PYONGTAEK REVIEW)」(평택대학교, Vol.12/ 1999), 3. 이것은 라이프치히 대학교의 석사들의 모임으로 매주 모여 구약과 신약의 한 장을 성서 원어에서 독일어로 해석하는데 목적을 두었다.

Philobiblicum을 열어 성경의 주해 강의를 통해 많은 학생들 사이에 영적 각성을 불러일으켰다.[128] 할레 대학을 경건주의 운동의 중심으로 만들어 간 프랑케의 노력과 영향력은 두 가지 영역을 통하여 구현되었다. 그 하나는 1702년에 출판한 「할레의 경건」(Pietas Hallensis)과 함께 주해적인 차원(exegetical)과 경험적 차원, 교실과 목회를 통합한 강의를 통하여 확산되었다. 다른 하나는 할레 대학 안에 몇 개의 부속 기관들을 세운 이후, 그 기관들을 통하여 경건주의 운동을 확대하는 일이었다. 1695년 가난한 어린이를 위한 학교 설립을 시작으로[129], 1697년 귀족 자녀를 위한 학교(paedagogium)를 설립하였다. 바로 이 학교의 학생 중의 하나가 진첸도르프였으며, 후일 그를 통해 경건주의 운동은 모라비안(Moravian) 공동체로 이어졌던 것이다.[130]

스페너의 사상과 프랑케의 사상 사이에는 많은 유사성 못지않게 차이점도 드러나고 있었다. 스페너의 교회론은 루터의 전통적인 교회론이었던 말씀의 선포와 올바른 성례전이 실천되는 성도의 교제라는 차원을 수용하면서 동시에 경건한 사람들의 공동체임을 강조하는 양면성이었던 반면에, 프랑케의 교회론은 스페너보다 덜 교회론적이었으나 개개인 신자의 심리적이고도 경험적 차원에 더 강조를 두었던 것이다. 스페너는 「경건의 요청」에서 교회 안의 작은 교회라는 변증법적 구조를 제안함으로써 코이노니아 공동체를 되살리려는 신학적 입장에 서 있었는가 하면, 프랑케의 관심은 Collegium

---

128) 은준관, 『실천적 교회론』, 421 - 422.
129) 김문기, "프랑케와 할레의 경건주의", 7. 이것이 바로 '시민학교'(Burgerschule)이다.
130) 앞의 책.

Philobiblicum 같은 교육 소공동체를 통하여 신앙의 훈련과 삶의 단련을 쌓는 데 있었다.[131]

스페너와 프랑케로 이어졌던 경건주의 운동은 진첸도르프(Nicolaus Ludwig Graf von Zinzendorf)와 그의 모라비안 공동체(Moravian Community)를 통하여 좀 더 심화되고 또 새로운 형태로 이어졌다.[132] 1727년 진첸도르프는 모라비안 공동체의 영적 지도자가 되었다. 그는 모라비안 공동체가 그 지방 색슨루터교회(Saxon Lutheran Church)에 머물면서 스페너의 교회 안의 작은 교회 체제에 머물기를 제안하였다. 그러나 보헤미안들은 장로들을 선택하였고, 1727년 8월 13일 정식으로 모라비안 교회(Moravian Church)를 시작하기에 이르렀다. 그러나 모라비안 교회의 출발은 정통 루터교회는 물론 경건주의자들의 비판의 대상이 되었으며, 1736년에는 Saxony에서 제명되는 분열의 아픔을 감수해야 했다. 1737년 그는 베를린에서 자브론스키에 의하여 감독의 안수를 받았으며, 이어서 세계선교를 향한 정렬을 쏟았다. 이후 독일, 영국, 미국 전역에 본부를 설치하고 선교에 전념하였다. 1742년 프러시아(Prussia) 정부가 모라비안 교회를 공인하게 되자 감독, 장로, 집사제도를 수용하면서도 장로 중심제 구조의 교회 제도를 확립하였다.[133] 그는 1727년 '매는 띠'라는 의미를 가진

---

131) 위의 책.

132) 정준기, "니콜라스 진젠도르프에 관한 연구" 「光神論壇」(대한예수교장로회 광주개혁신학 연구원, 4/1992), 2. 모라비안 공동체는 14세기 종교 활동가 죤 후스(John Huss)의 영적 후예들이다. 후스는 카톨릭의 교황이 교회의 머리가 아니라 예수 그리스도가 교회의 치리자라고 주장하고, 로마 교황청의 비성경적인 권위주의, 교권주의, 성직자들의 부패를 공격했다. 결국 후스는 이단으로 정죄되고, 1415년 화형되었다. 후스 추종자들은 핍박을 피해 숨어 다니다가 1457년경에 쿤발드(Kunwald) 마을 리티쯔(Lititz) 성에 숨어 들어왔다. 이 들 모임이 모라비안 공동체의 전신인 형제회(Unitas Fratrum)이다. 이들은 이미 1519년 루터의 종교개혁 이전에 약 200여개의 공동체를 가지고 있었다.

133) 은준관, 『실천적 교회론』, 423.

'밴드'(Bandeu)라는 작은 그룹들을 헤른후트 공동체 안에 조직했다. 둘 혹은 세 명으로, 남녀가 따로, 기혼자와 미혼자를 구별하여 밴드를 조직하게 하였다. 밴드는 일주일에 한 번 혹은 두 번 저녁에 모이게 하였으며, 철야기도, 잘못의 고백, 서로를 위한 기도와 치유를 목적으로 하였다.[134] 그러나 1728년에서 1736년 사이에 헤른후트 공동체는 밴드로부터 점차 콰이어(Choir)라고 하는 그룹으로 재편성되어 갔다. 연령별, 성별, 결혼유무별로 나눈 콰이어는 10개나 되었다.[135] 진첸도르프의 교회론은 무엇보다도 성령 안에 있는 하나님의 회중이요, 그리스도 안에 있는 유기체로 보았다는 점에서 스페너와 프랑케의 사상과 맥을 같이 하고 있다. 그리고 모라비안 교회를 그리스도의 몸인 우주적 교회에 속한 작은 교회로 봄으로써 스페너의 교회 안의 작은 교회 사상을 계승 하려 했던 것이었다. 그리고 선교를 위한 모라비안 디아스포라 공동체의 순례와 섬김은 기독교 세계에 강력한 도전과 인상을 남기기도 하였다. 그러나 경건한 모임을 밴드와 콰이어로 구체화하고 제도화하는 과정에서 자연스럽게 실현하였던 가정성이 살아있는 가정교회를 재연한 것이었는가라는 질문을 던지게 된다. 연령별, 성별, 기혼과 미혼별로 나누어 밴드와 콰이어를 조직했다는 의미는 교회 안의 작은 교회의 구조를 실천한 것인지는 몰라도, 가정을 중심으로 하는 코이노니아 공동체, 즉 가정교회는 아니었다는 비판을 면하지 못할 것이다. 이것이 작은 공동체 운동이 빠지기 쉬운 종파주의의 위험성

---

134) Howard A. Snyder, 「*Sings of the Spirit*」, 133 - 134. 재인용. 은준관, 『실천적 교회론』, 424.

135) 앞의 책, 424.

인 것이다.[136]

이러한 경건주의 운동이 신자와 제사장직의 회복, 경건한 작은 모임을 통한 서로 돕는 일, 그리고 교회 안의 작은 교회 구조를 통한 교회의 공동체화와 코이노니아 회복을 실천한 것은 잃어버린 초대 교회의 역동성을 되찾는 열쇠가 되는 것은 사실이다.[137] 그러나 그것을 실천하는 과정에서 또 다른 잘못된 주관주의에로 빠지는 위험성의 문제는 여전히 남겨 놓은 채 역사의 흐름은 존 웨슬리와 그가 펼쳤던 소 공동체 운동(속회)으로 이어졌다.

존 웨슬리(John Wesley)가 살았던 영국의 시대적 상황은 영적 무감각, 합리주의에 근거한 색깔 없는 설교, 빈자들의 타락과 술 취함으로 얼룩졌으며, 그것은 사회혁명의 전야와 같은 것이었다.[138] 옥스퍼드에서의 학문 추구와 신성그룹(holy club)의 경험을 뒤로 하고 1735년 웨슬리는 미국 조지아를 향해 선교의 여정을 올랐다. 이때 웨슬리는 프랑케가 쓴 「할레의 경건」(Pietas Hallensis)과 경건주의 창시자였던 아른트(Arndt)의 「참 기독교」(True christianity)와 접하면서 깊은 감동을 받았던 것으로 알려지고 있다. 아울러 폭풍우 속에서의 모라비안 교도들의 경건과 신앙의 확신에서도 감명을 받았다. 1738년 귀국한 이후 웨슬리는 모리비안 선교사 뷜러(Peter Bohler)와 만나 신앙에 의한 회심과 조직력에 대한 기술 등에 대해

---

136) 위의 책, 425.

137) 최형근, "선교에 끼친 경건주의의 영향" 「교수논총」(서울신학대학교, Vol.16/2004), 스패너의 사상에 나타난 핵심 주장은 교회갱신을 위해 초대교회로 돌아가자는 것이었다. 그리고 교회갱신의 가장 효과적인 방법은 작은 단위의 모임을 통해 그리스도인들의 신앙을 양육하고 성숙한 삶을 살도록 인도하는 것이었다.

138) Williston Walker, *A History of the Christian Church* (N.Y.: Charles Scribner's Sons, 1981),507. 재인용. 은준관, 『실천적 교회론』, 426.

교류하였으며, 같은 해 5월 1일 웨슬리는 뵐러와 함께 페터레인 모임(Petter Lane Society)을 조직하고 월 1회 저녁 7시에서 10시까지 기도와 고백을 위한 모임을 가지기에 이르렀다.[139) 그 후, 웨슬리는 1738년 5월 24일 올더스게이트(Aldergate) 회심의 경험을 갖게 되었고,[140) 헤른후트 공동체를 두 주간 방문하는 동안 진첸도르프와 모라비안 공동체의 생활과 조직을 배우면서 많은 느낌을 받았다. 웨슬리는 회심의 경험 이후 정적주의 대신에 이동하는 전도자로, 회심자를 돌보는 일로, 페터레인 모임의 지도자의 길을 선택하였다. 청중과 회심자가 급격히 늘어나면서 그는 1739년 4월 Societies와 밴드 조직을 시작하고 이를 옥외전도와 병행하였다. 이것은 경건주의로부터 받은 영향을 내면화하면서도 다른 한편으로는 경건주의가 빠지기 쉬운 정적주의와 도피주의를 넘어서서 사회와 역사를 변혁하는 역사적 신앙으로 전환하는 것이었다. 결국 웨슬리는 1740년 모라비안과의 결별하기에 이르렀다.[141) 1739년 5월 9일 런던에 연합본부(United Societies)를 두고 다시 Society를 밴드와 속회(Class meeting)로 나누어 조직하였다. 밴드는 신자와 새 신자의 신앙과 목회적 돌봄을 위한 작은 세포조직이었다. 5 - 6명을 기본 단위로 했던 밴드는 많은 경우 내면적인 관심과 느낌을 나누는 것을 특색으로 하고 있었으며, 이는 다소 배타적인 성격을 띠고

---

139) 은준관, 『실천적 교회론』, 427.

140) 김외식, "요한 웨슬리의 영성형성과 영성여정" 「신학과 세계」(서울: 감리교신학대학 Vol. 26, 1993), 28 - 29. 캐논(William Cannon)은 이 회심을 "복음적인 회심"이라고 한다. 즉, 웨슬리의 정의에 따라 "사람을 과거의 자아로부터 완전히 돌아서게 하며, 어둠에서 벗어나 빛으로 들어가도록 하고 사탄의 세력으로부터 해방하여 하나님께로 향하게 하며, 마음과 정신을 변화시키는 하나님 자신의 행위"로서 회심이라고 한다.

141) 앞의 책, 427.

있었다. 그러나 밴드는 속회의 인기가 높아짐에 따라 그 조직이 약화되었다.[142] 1742년 브리스톨(Bristal)에서 시작된 속회는 밴드와는 달리 감리교인들의 신앙과 생활을 훈련시키기 위해 Society를 12명 단위로 분할하여 만들어 낸 조직이었다. 여기서 밴드는 영적이고 고백적인 교제와 돌봄의 작은 공동체였다면, 속회는 Society의 기본 단위로서 훈련과 조직을 위한 작은 공동체였던 것이다. 모든 밴드 회원과 속회 구성원들은 1년에 네 차례에 걸친 애찬(Love Feasts)에서 만나 교제와 사랑을 나누었다. 웨슬리는 이 일을 가능케 하는 첩경으로 평신도 설교자(Lay Preachers)를 양성하였으며, 그들로 소공동체를 지도하게 하였다.[143] 이러한 조직의 원리는 웨슬리는 대중전도의 성공에서 오는 새신자들을 양육하고 훈련하는 전략적 조직으로 발전하였다. 그리고 채플, 책방, free school(어린이를 위한), 과부의 집, 무료 진료소 등 사회 변화를 위한 자선 사업으로도 확대되었다.[144] 여기서 웨슬리 운동의 성공적인 비결로 알려진 속회 운동에 대해 림(Lim)은 네 가지로 그 의미를 해석한다. 속회는 코이노니아와 대화의 통로이며, 공동적인 삶과 지원을 이룩해 가는 사역의 통로이며, 예배, 성경공부, 찬송 그리고 기도를 통한 양육의 통로이며, 이웃을 섬기고 전도하고 초청하는 전도의 통로였다는 것이다.[145] 웨슬리는 경건주의 영향을 받아 밴드와 속회 같은 작은

---

142) 위의 책, 428.

143) 박용호, 『존 웨슬리의 속회론』(서울: 도서출판 kmc, 2008), 143 – 145. 웨슬리가 평신도 사역자를 받아들인 이유는 (1) 평신도도 복음을 전하는데 소명을 받을 수 있다는 것을 알았고, (2) 당시에 안수받은 성직자들이 많지 않았기 때문이며, (3) 성령을 받은 평신도들이 주의 일을 하겠다는 뜨거운 열정을 가졌기 때문이다.

144) Howard A. Snyder, *Sings of the Spirit*, 204 – 207. 재인용. 은준관, 『실천적 교회론』, 428.

공동체 운동을 펼쳐 갔지만, 그것은 경건주의자들과는 다른 신학적 패러다임에서 이루어졌다. 그는 교회론에서 말씀 선포와 성례전 집행이 이루어지는 신앙인들의 회중이 곧 교회라는 전통적인 개신교회 신학을 우선적으로 긍정하고 있다. 경건주의 신학에서는 바로 이 객관적 거룩성(objective holiness)이 결여되어 있는 반면에 웨슬리에게는 이 객관적인 거룩성이 반드시 주관적 거룩성(subjective holiness)보다 우선 하는 것이다. 예수 그리스도의 구속의 은총이 선행되지 않는 믿음과 경건은 있을 수 없다고 보았기 때문이다. 그렇다면 말씀 선포와 성례전을 통한 신자의 회중(교회)과 속회(작은 공동체)의 관계는 무엇인가? 이 질문 앞에 웨슬리의 해결방법은 '교회 안의 작은 교회'에 있었다. 말씀 안에 사는 믿는 자들의 작은 자원적 모임(ecclesiola)은 모든 믿는 자들의 회중(ecclesia) 안에서 거룩한 누룩을 살아가는 것의 관계이다. 여기서 그는 과감하게 교회의 코이노니아 공동체의 회복은 작은 교회의 누룩을 통하여 큰 회중이 다시 사는 비결을 과감히 따르고 있다.[146] 결국 웨슬리는 전통적 – 역사적 교회를 수용하면서 그것이 빠지기 쉬운 교권주의와 제도주의를 경건주의로부터 배운 밴드와 속회라는 작은 신앙 공동체를 통하여 개혁하고 다시 코이노니아를 회복하고, 궁극적으로는 교회를 다시 공동체화하려 했던 것이다.

---

145) Isaac Lim, *Wesleyan Preaching and Small group Ministry*, 517. 재인용, 은준관, 『실천적 교회론』, 429.

146) 은준관, 『실천적 교회론』, 429 – 430.

제 4 장

소그룹 목회의 신학

1. 소그룹의 이해

과거 산업혁명의 시대에서는 기존의 명령체계를 통해 생산성을 얻기 위해서는 위계질서와 피라미드형 권력구조가 필요했다. 그러므로 기업이나 교회의 주된 주제는 '경영'(management)과 '통제'(control)였다. 그러나 새로운 시대는 새로운 패러다임을 요구한다. 그것은 권력이 공유되고 동료들과 협력자들의 연락망과 동반자적 관계를 통해서 일이 이루어지는 것이다. 이러한 시대의 핵심적인 단어들은 '지도력'(leadership)과 '능력함양'(empowerment)이다. 인간이란 그 자체가 생산성에 못지않게 중요해지고 있다. 그리고 인간이란 어느 한 그룹의 구성원으로 느끼고 생각할수록 더욱 생산적이고 창조적이 된다는 사실을 깨달았다. 그래서 소그룹 중심이며, 참여적이고, 인간적인 유대관계와 의사소통들이 기업과 교육, 정부 그리고 교회 등을 구성하고 있다. 즉 우리는 소그룹 능력 함양

(small group empowerment)의 시대로 급속히 이동하고 있으며, 이
것의 특징은 피라미드형에서 원형으로, 하향식 권력체계에서 방사
형 권력체계로, 관료주의에서 유기적인 구조로 옮긴 것이다.[147]

　이러한 소그룹에 관한 현대적 관심과 수요가 인간 문화의 '패러
다임 전환'에서 나타나는 일개 현상으로 보기도 하지만, 기독교적
인 시각으로 보면 소그룹은 새로운 현상이 아니다. 소그룹은 하나
님과 인간의 성품 그 자체를 반영하고 있으며, 창조 세계의 요구이
자 인간 문화의 필요인 것이다.

　하워드 스나이더는 소그룹의 장점을 8가지로 소개하고 있다.[148]
(1) 유연성을 지니고 있다. 즉 변화와 환경에 잘 대처할 수 있는 면
을 강조한다. (2) 유동성이 있다. 사역의 활동무대를 수월하게 넓힐
수 있다. (3) 포괄적이다. 다양한 대상에 대해서 열려 있다는 것이
고 동시에 모든 사람들에게 개방성을 지니고 있다. (4) 인격적이다.
모든 구성원들이 군중 속의 한 사람이 아니라 개개의 인격적 존재
로서 가치를 인정받을 수 있다. (5) 분할에 의해 성장할 수 있다.
즉, 소그룹의 번식력을 의미한다. (6) 전도의 효과적인 수단이 될
수 있다. 소그룹의 관계를 통한 전도의 효율성을 말한다. (7) 최소
한의 전문적인 지도력을 필요로 한다. (8) 제도적인 교회에도 적응
가능하다. 이것은 오늘날 교회의 본질을 잃어버린 기존교회들을 어
떻게 회복시킬 것이냐에 대한 해답을 제공한다.

　현대 목회적 의3미에서 로베르타 헤스테네스(Roberta Hestenes)는

---

147) G. W. Icenogle, 『소그룹 사역을 위한 성경적 기초』, 15.

148) Howard A. Snyder, *The Problem of Wine Skins*(Downers Grove, Illinois: IVP,
　　 1975), 140 – 143.

소그룹을 다음과 같이 정의 했다. "소그룹은 정해진 시간에 3명에서 12명 정도의 그리스도인들이 그리스도 안에서의 풍성한 삶을 위한 가능성을 발견하고 성장하려는 공통의 목적을 가지고 의도적으로 얼굴을 맞대고 한자리에 모인 모임이다." 이 정의는 일곱 가지 요소로 되어 있다.[149] (1) 소그룹은 '의도적'인 모임이다. (2) 소그룹은 '얼굴과 얼굴을 맞대고' 모이는 모임이다. (3) 소그룹은 '3명에서 12명'이 모이는 모임을 가리킨다. (4) 소그룹은 '정해진 시간'에 모이는 모임이다. (5) 소그룹은 '동일한 목적'을 가지고 모이는 모임이다. (6) 소그룹은 '발견'을 위한 모임이다. (7) 소그룹은 '성장'을 위한 모임이다.

소그룹을 더욱 쉽게 정의한다면, "모든 사람이 당신의 이름을 아는 곳" 또는 "모든 사람이 나를 아는 곳"이라고 정의를 내릴 수 있다. 즉 나눔을 통해 서로를 충분히 이해하고 공감할 수 있는 곳이며, 서로의 희노애락(喜怒哀樂)을 함께 공유할 수 있는 곳이고, 그리스도 안에서 진정한 의미의 성도의 교제와 사랑을 나누어 가질 수 있는 곳이다.

그러므로 건강한 교회는 소그룹 목회를 지향해야 한다. 크리스티안 A. 슈바르츠(Christian A. Schwarz)는 그의 책 「자연적 교회 성장」(Natural Church Development)에서 건강한 교회의 8가지 질적 특성을 말하면서 그 중 가장 핵심적인 것이 바로 '전인적 소그룹 사역'이라고 말한다.[150]

---

149) 채이석·이상화, 『건강한 소그룹 사역 어떻게 할 것인가?』(서울: 소그룹하우스, 2005), 24-25.

150) Ch. A. Schwarz, 정진우 역, 『자연적 교회 성장』(서울: 도서출판 NCD, 2008), 32. 그는 여기서 건강한 교회에 필요한 8가지 질적 특성을 말한다. 그것은 사역자를 세우는 지도력,

칼 조지(Carl F. George)는 소그룹 목회가 필요한 이유를 8가지로 말했다.[151] (1) 인격적인 교감에 대한 갈망. (2) 새로운 대안에 대한 지속적인 요구. (3) 세상에서 일어나는 일에 대한 해석. (4) 교회로 하여금 급속한 변화에 대처할 수 있는 구조. (5) 남자와 여자가 함께 사역을 주도함. (6) 모든 구성원들은 믿음과 사역에서 분발토록 할 수 있는 방법. (7) 사람을 중요하게 여기는 조직 구조. (8) 모든 구성원들이 인격적인 보살핌을 받을 수 있는 방법. 이러한 소그룹의 특징을 다음과 같이 정리할 수 있다.[152]

(1) 성도의 교제가 결여되어 있는 현대교회, 특히 대형교회에서 소그룹은 친밀한 교제를 가능하게 한다.

(2) 실천 신학자 힐트너(Seward Hiltner)는 목회의 세 기둥을 전달(communicating), 목양(shepherding), 조직(organizing)이라고 했는데, 전달의 하나인 설교는 질문이나 토의 등이 불가능하지만, 소그룹을 통한 훈련은 이 모든 것이 가능하다.

(3) 일반 목회에서는 목회적 관심에서 소외되는 교인들이 많이 있지만, 소그룹 목회는 개인에게 목회적 관심을 기울일 수 있고, 양질의 목회를 제공할 수 있다.

(4) 소그룹은 상호 격려와 후원을 통하여 교인 상호간의 신앙 성장에 많은 도움을 줄 수 있다.

(5) 소그룹은 목회자 자신이 개인의 신앙 성장을 관찰할 수 있으

은사 중심적 사역, 열정적 영성, 기능적 조직, 영감 있는 예배, 전인적 소그룹, 필요 중심적 전도, 사랑의 관계이다.

151) C. F. George, 김원주 역, 『성장하는 미래교회 메타교회』(서울: 요단출판사, 1997), 22 - 23.

152) 이성희, 『미래목회 대예언』(서울: 규장문화사, 1998), 129 - 130.

므로 소그룹 훈련뿐만 아니라 설교나 심방 등 목회 전반에 많은 도움을 받을 수 있다.

(6) 소그룹은 인간관계를 통하여 자연스럽게 전도할 수 있게 하고, 피전도자도 소그룹을 통하여 빠른 시간에 친숙함을 느낄 수 있게 한다.

(7) 임상적으로 볼 때에 소그룹에 참석한 교인들이 소그룹에 참석하지 않고 예배에만 참석하는 교인들보다 성장이 훨씬 빠르다.

(8) 소그룹은 모든 교인들을 목회자의 목회 지침대로 양육할 수 있다.

이러한 건강한 교회의 본래적인 원형을 소그룹에서 찾아 볼 수 있으며, 또한 성서 안에서 다양한 소그룹의 모델을 발견할 수 있다.[153)]

(1) 기초 언약 그룹: 대가족과 안정된 평생직장, 믿을만한 이웃을 잃어버린 현대인들에게는 오랜 기간 지속될 수 있는 관계가 절실히 필요하다. 이 그룹은 이러한 현대인들에게 안정감을 제공한다. 이것은 마치 부동산 임대계약서와 같이 소그룹을 시작할 때 미리 약속을 체결하고 그 언약에 근거하여 모임을 진행한다. 이 약속에서 그룹은 그들의 목적과 세부 목표, 몇 주 동안 만날 것인가, 언제 어디서 만날 것인가, 그리고 지켜야 할 규칙들에 대해서 결정하게 된다. 이 모델의 성서적 기초는 구약에 나타난 하나님과 아브라함 사이의 언약과 같이 하나님께서 자기 백성과 맺으신 언약에서 발견된다(창 17:1 - 2, 7). 제자훈련 그룹 역시 이 그룹으로 분류된다. 예수님께서 12제자들을 부르시고 '사제 관계'와 '책임'으로 그

---

153) 채이석·이상화, 『건강한 소그룹 사역 어떻게 할 것인가?』, 36 - 43.

사역을 확장하신 모습이다. 선교에 대한 주님의 지상 명령이 이 모델이 성서적인 원리이다(마 28:18 – 20). 이 모델에서 지도자는 하나의 멘토로서 다른 사람들을 자기 곁으로 초대하여 그들이 또 다른 그룹들을 재탄생시켜 지도자의 역할을 할 수 있을 때까지 함께 나눔을 갖는 것이다. 이것은 예수님의 모델이다. 이 그룹은 헌신된 자들로 대부분 구성되기 때문에 사람들이 쉽게 참여할 수 없는 것이 단점이지만, 그리스도의 강한 제자를 만들어내는 장점을 가지고 있다.

(2) 협력과 회복 그룹: 이 모델은 교회 내의 소극적인 사람들과 교회 밖의 사람들을 위해 고안된 된 것이다. 이 그룹의 성서적 기초는 주님의 사도들이 다락방에서 겪었던 사건이다. 그들은 예수께서 십자가에 달려 죽으신 다음에 그리스도에게서 떠나 뿔뿔이 흩어졌고, 주님을 거부하기도 했던 자들이다. 그러나 7주 동안 한 방에서 다시 모였고, 그곳에서 자신들의 깨어진 삶을 치유 받았다. 그들이 마가 요한의 다락방에서 유대인들을 두려워하고 있을 때, 부활의 주님은 그들을 찾아 주셨다. "너희에게 평강이 있을지어다." 라는 말씀을 주셨다(요 20:19 – 20). 주님의 부활을 의심하던 제자 도마에게도 '평강'을 주셔서 병든 마음들을 치유해 주셨다(요 20:24 – 30). 그리고 오순절 날에는 제자들이 성령으로 충만함을 받아 온전한 치유를 경험하게 되었다(행 1:12 – 14). 오늘날에도 예를 들면, 알코올과 도박 중독자들을 위해서 그리고 이혼한 자들을 위하여 교회 안에 회복을 위한 소그룹을 둘 수 있을 것이다. 이 그룹은 단기간 안에 교회 밖에서 세상적인 것에 인박힌 구도자들을 교회에 연결해 줄 수 있고, 또한 교회 안에 있는 아웃사이더들을 교회의

제도권 안으로 인도해 줄 수 있는 강점을 가지고 있다. 반면에 이들을 인도할 사람은 전문적으로 준비되어야 한다는 부담이 있다.

(3) 메타(셀) 그룹[154]: 플러신학교 선교연구소의 칼 조지(Carl George)에 의해서 개발된 메타 모델과 연관이 있다. 이 그룹은 보조 리더를 훈련시켜 사역을 확장하기 위한 설립 체계로써 그 초점을 보살핌에 둔다. 이 모임에서는 '빈 자리'를 위하여 기도를 요청하고 새로운 사람을 받아들인다. 그룹이 10명 내지 12명으로 성장하면 보조 리더가 한두 사람을 데리고 새로운 셀을 구성한다. 주일 오전 예배에서도 셀들은 마치 한 가족처럼 한 자리에 앉는다. 이 모델의 성서적 기초는 모세와 이드로가 이스라엘 민족을 보다 편리하기 쉬운 단위로 나누도록 하나님께로부터 지시받는 출애굽기 18장의 내용에서 찾아볼 수 있다(출 18:13 – 26).이 모델은 교인 전체를 셀 단위로 임의 재편성하여 교인 전체를 보살피고 돌아볼 수 있는 강점이 있지만, 따라주지 않을 때는 지도체제가 관료화될 수 있는 가능성을 배제할 수 없다.

(4) 통합 그룹: 이 그룹은 여의도 순복음교회의 모델과 유사하며, 성격은 가르침의 방향을 확실하게 보증할 수 있게 된다. 통합 그룹이란 말은 곧 강당과 구역/가정이 통합되어 일원화된다는 사실을 설명해 준다. 이 모델은 강단에서 선포된 말씀이 그 주간에 각 구

---

154) 채이석 · 이상화, 『건강한 소그룹 사역 어떻게 할 것인가?』, 40. '셀 교회'유형의 소그룹을 소그룹이론에서는 '메타유형의 소그룹'이라 부른다. 칼 조지가 이 모델을 개척하였으며, "메타(meta)"라는 말은 변화 또는 변형을 의미한다. 메타모델은 제 3세계에서 발견된 교회 성장의 원리들을 미국 교회에서 사용할 수 있도록 적용하고자 칼 조지가 시도한 것이다. 그리고 메타모델 소그룹의 주요 기능은 번식이다. 실제로 메타모델에서 소그룹의 전체 목적은 교회 성장이다. 대표적인 교회는 로렌스 콩 목사가 담임하는 싱가폴의 훼이스침례교회와 미국의 달라스 서울침례교회(최영기 목사 시무)이다.

역에 가감 없이 전달될 수 있도록 한 것이다. 이 그룹의 성서적 기초는 사도행전의 초대교회 모델이다(행 2:42 - 47; 20:20). 초대교회는 두 가지 장소에서 모였다. 한 군데는 성전의 뜰이었고, 다른 곳은 가정이었다. 이 모델에서 교회는 성전의 뜰과 같아서, 목회자로부터 가르침이 주어진다. 이 가르침을 각 가정에 흩어져서 견고히 세우게 된다. 따라서 목회자의 비전과 철학이 분명하게 모든 사람들에게 전달되어 강력한 리더십을 발휘해 나갈 수 있는 장점이 있다. 반면에 강한 고리일수록 더 쉽게 깨어질 수 있다는 말대로 그룹의 결속력이 대단한 만큼 거기에 부흥하지 못할 때는 쉽게 그룹이 와해될 가능성도 배제할 수 없다.

(5) 세런디피티 그룹[155]: 이 그룹의 개념은 50년 동안 소그룹 리더십을 연구한 라이먼 콜먼의 작업에서 제시되었다. 세런디피티 그룹은 기초 언약 그룹이나 통합 그룹과 같이 30%의 사람들에게 맞추어진다. 이 그룹은 또한 10%의 핵심적인 사람들의 제자 훈련에 대한 필요에도 부응할 준비가 되어 있다. 그러나 세런디피티 그룹의 '중심'은 교회의 문턱을 넘지 못하는 상처 입은 사람들에게서부터 시작된다.[156] 세런디피티 그룹은 그들에게 삶의 여정 어느 곳에서든 교회로 들어올 수 있는 탑승구를 마련하고 교회 안에서 깊이 있는 모임이나 훈련받을 수 있는 모임으로 갈아탈 수 있는 '환승

---

155) 'serendipity'라는 뜻은 The Three Princes of Serendip라는 옛 이야기에서 주인공이 찾아도 없는 보물을 우연히 발견한 데서 연유한다. 그래서 '우연히 발견하는 능력', 또는 '운수 좋은 뜻밖의 발견(물)'을 말한다.

156) 세렌디피티 모델의 강조점은 교회밖에 있는 소외된 사람들에게 교회로 들어오는 통로를 만들어 주는 소그룹이다. 세렌디피티 모델의 중심은 '교회의 문턱을 넘지 못하는 상처 입은 사람들'에게 있다. 이 개념은 제자훈련모델이나 메타모델, 통합모델. 언약모델이 커버할 수 없었던 영역에 대한 접근이기 때문에 그 의미가 크다고 할 수 있다.

역' 개념을 제공한다.[157] 세런디피티 소그룹은 기초 언약 그룹과 협력과 회복 그룹, 셀 그룹, 통합 그룹의 특징들을 모두 빌리고 있다는 것이 그 특징이라고 할 수 있다. 그 의도는 교회 밖의 사람들이 들어올 곳을 발견하고 변화될 수 있는 소그룹 시스템을 만드는 데 있다. 환승역 개념의 세런디피티 그룹은 모든 사람들이 미래의 소그룹 인도자가 될 수 있도록 차근히 돕는다는 것이다. 따라서 세런디피티 그룹은 교회에 나오지 않는 비그리스도인(구도자)과 교회에 나오지 않는 그리스도인(회심자), 교회에 나오는 비그리스도인(구경꾼)과 교회에 나오는 그리스도인(핵심 신자)으로 분류되는 네 종류의 모든 사람들을 접목시키고, 네 종류의 모든 그룹들을 하나의 상호 연결된 시스템으로 접목시키는데 깊은 관심을 갖고 있다.

2. 교회 본질의 회복

소그룹 목회는 성서의 본질로 돌아가는 것이며, 올바른 교회론의 실천이기도 하다. 따라서 성서적 교회의 본질을 이해하는 것은 참으로 중요하다.

---

157) 피플무버 개념(people mover, 환승역)이란 지하철을 타고 목적하는 곳을 가고자 할 때 한 번 만에 갈 수 없을 경우 환승역에서 갈아타는 것처럼, 처음 교회에 나온 사람들에게 적용하는 소그룹모델과 교회에서 정착한 후 적용하는 소그룹모델을 달리하는 것이다. 즉 필요중심적소그룹에서 시작한 사람이 통합그룹에서는 좀 더 교회에 깊이 들어갈 수 있도록 인도되며, 이런 형태로 신앙생활 하다가 다시 언약그룹으로, 그리고 더 깊이 제자훈련그룹과 셀그룹으로 이동할 수 있는 것이다.

1) '코이노니아'로서의 교회[158]

신약성서에서 사용되고 있는 '코이노니아'(koinonia)의 의미는 상당히 포괄적이다.[159] 신약성서에서 최초로 이 용어를 기독교적 – 신학적인 독특한 의미로 사용한 바울의 이해를 살펴보면, 그 의미를 깊게 알 수 있다.

첫째, 코이노니아는 생명 현상의 본질이다. 독일의 카톨릭 신학자 하인츠(J. Hainz)는, 바울이 말하는 코이노니아의 기본적인 의미를 "어떤 것에 공통적으로 참여함으로써 누군가와 함께 나누는 사귐"이라고 정의하였다.[160] 이 '함께 나누는 사귐'은 생명 현상의 본질이다. 이것 없이는 삶이 근본적으로 불가능하기 때문이다. 홀로의 삶이 없듯이 홀로의 코이노니아는 생각할 수 없다. 이러한 원초적인 코이노니아 현상은 창조 이야기에서 볼 수 있다. 타락하기 이전의 에덴동산에서는 하나님 – 흙(자연) – 남자 – 여자가 서로 공통적으로 참여하는 틈 없는 사귐의 관계에 있었다. 이 사귐의 관계가 생명 현상의 본질이며, 낙원의 본질이다. 이 태초의 코이노니아는 하나님이 창조주로서 절대적 주도권을 가지고 있었으며, 나머지 사

---

158) Avery Dulles, *Models of the Church*(Garden City: Doubleday & Co., 1978), 51. 현대 사회학에서 두 가지 유형의 사회를 말하는데, 하나는 'Gesellschaft'(이익사회)이고, 다른 하나는 'Gemeinschaft'(공동사회)이다. 덜레스는 '유기적 교회론'이 전자라고 하면, '코이노니아 교회'는 후자라고 해석한다.

159) 조경철, "코이노니아의 성서적 이해", 32. 추상명사 kononia는 친교, 교제, 사귐, 교통, 참여(예), 도움, 동정, 연보, 구제(금) 등으로, 동사형 koinonein은 공급하다, 나누어 받다, 같이 나누다, 주고받다 등으로, 보통명사 koinonos는 동료, 참여자, 친교자, 가담자, 동역자, 동반자, 동지 등으로 번역되고 있다.

160) 위의 책, 33.

람이나 자연은 모두 하나님의 은총의 산물일 뿐이었다. 그러므로 사람이나 자연이 창조주인 하나님과의 피조적인 코이노니아 안에 있을 때, 파괴되거나 왜곡되지 않은 생명을 누릴 수 있었다. 그러나 자연은 인간에게 관리가 위임되었기 때문에, 인간이 하나님과의 바른 코이노니아 속에 있으면 자연 세계도 바른 관계를 형성할 수 있었다. 그러나 인간의 죄로 인하여 하나님과의 코이노니아는 파괴되었다.[161] 그로 인해 인간 상호간의 책임전가와 불신, 미움과 살인이 나타났으며, 자연까지도 황폐하게 되었다. 그러나 원초적 코이노니아의 창조자인 하나님은 파괴되고, 왜곡된 생명 현상을 방치할 수 없었다. 그래서 그는 창조적 주도권을 가지고 다시 코이노니아의 회복에 나섰다. 그것은 '하나님의 백성'을 선택하고, 그들과 맺은 계약으로 나타났다. 하나님은 이 계약의 백성을 통하여 모든 인류와 자연과의 코이노니아를 회복시키려고 한 것이다. 그러나 이 백성은 끝없는 배신으로 하나님과의 사귐을 회복할 것을 거부한다. 하나님은 다른 방도를 취하여야 했다. 그것이 바로 예수 그리스도를 통한 회복이다.[162]

둘째, 예수 그리스도와의 코이노니아이다. 사도 바울은 고린도전서 1장 9절에서 "하나님께서 여러분을 그의 아들, 그리스도 예수와의 사귐(코이노니아)으로 부르셨다."고 말한다.[163] 여기서 부르심의 주체는 하나님이며, 부르심의 목표는 '예수 그리스도와의 코이

---

161) 박종천, "코이노니아 교회론", 「기독교사상」(서울: 대한기독교서회 8월호/1993), 51. 죄와 사망이란 생명과 하나님과의 코이노니아를 파괴하는 것이요, 그로 인한 결과이다.

162) 조경철, "코이노니아의 성서적 이해", 33 - 34.

163) 김지철, 『성서주석, 고린도전서』, 75. 여기서 사귐(코이노니아)이란 진정한 공동성의 체험을 나누는 행위를 뜻하는 것으로 예수 그리스도와 그의 운명에 동참하는 것을 말한다.

노니아'이다. 그렇다면 '그리스도와의 코이노니아'는 구체적으로 무엇을 말하는가?[164] 그것은 (1) 그리스도의 고난에 함께 참여하는 것이며, (2) 그리스도의 부활 승천에 참여하는 것이고, (3) 그리스도의 인격에 참여하는 것이며, (4) 성만찬에서 포도주와 빵을 마시고 먹은 사람은 그리스도의 십자가에서 맺어진 하나님의 종말론적인 새 계약에 참여(코이노니아)하는 것이다.[165]

셋째, 코이노니아는 교회의 본질이다. 예수 그리스도와의 코이노니아를 성령으로 경험한 처음 사람들이 서로의 나눔을 나누기 위하여 모이기 시작한 것이 가정교회이었다. 가정교회의 출현은 하나님의 통치 안에서 유대인이나 이방인이나 자유한 자나 노예 된 자 모두를 모아 그들과 교제를 나누시는 예수 그리스도의 함께함(togetherness), 몸을 세우는 일(edification), 형제의 사랑을 실현하는 새 가족 공동체의 창조를 의미했다. 그리고 이를 구조화하고, 또 구현하는 교회의 존재 양식이 곧 가정교회라는 형태였다.[166] 또한 신약성서 어디에서도 코이노니아는 에클레시아(교회) 자체를 말하지 않는다. 그러나 신약성서, 특히 바울이 말하는 여러 가지 교회상(예: 하나님의 백성, 하나님의 집, 그리스도의 몸 등) 속에 항상 기본적으로 흐르는 원리가 코이노니아이다. 그러므로 코이노니아는 교회의 본질이며, 교회의 일치를 지키는 원리이고, 동력이다.[167]

---

164) 앞의 책, 35.

165) 고전 10:16절 이하에서 바울은 고린도 교회의 교인들에게 우상 숭배를 멀리하라고 교훈하면서 성만찬에 관한 이야기를 하면서 코이노니아라는 말을 두 번(16절), 그리고 참여하는 혹은 친교하는 사람들(koinonoi)을 두 번(18, 20절) 사용하고 있다. 그리스도와의 코이노니아가 여기서는 구체적으로 성만찬에서 그리스도의 피와 몸을 마시고 먹음으로써 이루어진다는 것이다.

166) 은준관, 『실천적 교회론』, 405.

이러한 '코이노니아 교회론'은 1991년 캔버라에서 열린 세계교회협의회(WCC)가 채택한 문서 "코이노니아로서의 교회의 일치: 은사와 소명"을 통해 새로운 전기를 마련했고, 1993년 8월 스페인의 산티아고(Santiago de Compostella)에서 열린 WCC의 "신앙과 직제"(Faith and Orde)위원회가 "신앙과 생활과 증거에서 코이노니아를 지향하여"(Towards Koinonia in Faith, Life and Witness)라는 주제를 가지고 주최한 제 5차 세계대회를 통해 발전해왔다. 그것은 다음과 같다.168)

(1) 삼위일체론적 코이노니아와 교회의 신앙고백: 삼위일체 하나님에 대한 신앙고백은 고대 교회가 에큐메니칼 회의를 한 결과인 니케아 – 콘스탄티노플 신조(381)의 핵심이다. 삼위일체론적 코이노니아와 성령의 코이노니아는 '믿음의 유비'에 의해서만 서로 연관될 수 있다. 사도 바울은 우리의 영혼 속에 하늘 아버지의 형상이 그리스도의 공로로 회복되어 우리가 하나님의 자녀가 됨을 성령의 코이노니아에 의해 확증한다고 말했다(롬 8:16). 따라서 성령의 코이노니아에 의한 하나님의 양자됨의 확증이야말로 삼위일체론적 코이노니아, 곧 성부와 성자의 상호 내재(peri choresis)를 이해하게 해 준다. 이것이 바로 믿음의 유비이다. 이로써 우리는 교회를 믿음의 유비에 의거하여 삼위일체론적 코이노니아를 고백하는 공동체라고 정의할 수 있다.

(2) 성례전적 코이노니아와 교회 일치라는 은사: 성례전적 코이노니아란 그리스도인의 삶이 하나님과의 코이노니아며 은사임을

---

167) 조경철, "코이노니아의 성서적 이해", 37.
168) 박종천, "코이노니아 교회론", 47 – 56.

뜻한다. 하나님의 은사인 생명은 생명에 대한 전대미문의 전지구적 위협 속에서 죽임이 아니라 살림의 길을 찾아 헤 메이고 있다. 성 례전적으로 살필 때 생명이란 하나님과의 근원적 코이노니아다. 이 렇게 정의된 생명이야말로 구원과 영생의 현대적 의미이다. 특히 리마문서(세례, 성찬, 그리고 교역, 1982)[169]는 성찬의 의미를 하나 님 아버지께 대한 감사, 그리스도를 기념, 성령 임재를 기원한다는 삼위일체론적 구성으로 조명한다. 첫째, 성찬은 교회가 온 세상을 위해서 드리는 "하나님을 찬양하는 큰 제사"이다. 둘째, 성찬은 그 리스도의 십자가와 부활의 기념으로서 그리스도의 현재적 현존과 미래적 임재를 체험하게 한다. 여기서 '기념'이란 단순히 과거의 사건을 회상하는 것이 아니라 도리어 현재적 실재 속으로 과거의 사건을 들어오게 해 주는 것이다. 따라서 기념으로서 성찬은 하나 님의 백성의 삶 속에서 하나님의 사역의 현재적 유효성을 가져온 다. 셋째, 성찬은 '성령의 임재를 기원'(epiklesis)하는 것으로 이는 성찬 제정을 말씀하신 그리스도의 약속을 현재적이고 생기 있게 할 뿐 아니라, 예수께서 죄인들과 더불어 회식하셨듯이 오늘의 교 회로 하여금 억압당하는 이웃과 탄식하는 피조물과 더불어 하나님 나라의 밥상 공동체를 형성하도록 이끈다. 성령은 성찬을 통해 하 나님 나라를 미리 맛보게 함으로써 성찬이 "교회가 그리스도의 재 림과 더불어 있을 하나님 나라의 도래를 경축하고 선취하는 잔 치"[170]가 되게 한다. 성찬적 코이노니아로서 교회는 생명의 밥인

---

169) Baptism, Eucharist and Ministry, Faith and Order Paper No.111(Geneva: WCC, 1982). 참조. 리마예식서는 1982년 남미 페루의 수도 리마(Lima)에서 모였던 WCC의 '신 앙과 직제 위원회' 총회에서 채택한 "세례, 성만찬, 교역"(약칭 'BEM)이라는 소위 '리마문 서'(Lima Document)를 가리킨다.

그리스도를 증언하고 동시에 구체적으로 생명을 공급하는 밥을 이웃과 더불어 나누어야 한다.

(3) 종말론적 코이노니아와 교회의 우주적 소명: 하나님 나라의 관점에서 교회와 세계의 관계를 '신비'와 '예언적 징표'라는 용어로 묘사한다. 첫째, 교회를 신비라고 지칭함은 교회가 경험적 역사적 실재를 초월하는 그리스도의 몸이므로 하나님의 신비에 참여하고 믿음 안에서 그리스도가 주시는 구원의 코이노니아를 향유함을 나타내려는 것이다. 교회는 그리스도 안에 현존하는 하나님의 나라의 신비를 선포하고 축하하는 공동체이다. 이 때 하나님의 나라의 신비는 역설적으로 교회에 내재한다. 둘째, 교회를 세계에 대한 예언적 징표하고 부름은 교회가 하나님의 신비에 참여함으로써 세계를 위해 존재하게 됨을 가리키려는 것이다. 여기서 주목해야 할 것은 교회를 신비라고 규정한 다음에 예언적 징표로 묘사한다는 점이다. 즉 신비적 참여 없이는 예언자적 징표가 될 수 없다는 점이다. 이 문서는 종말론적 코이노니아로서의 교회에 대한 강조가 교회의 우주적 소명의 근거를 제시하고 있음을 알 수 있다. 즉 종말론적 코이노니아로서 교회가 인간의 공동체 그리고 정치적 체계와 이념의 잠정적 성격을 깨우쳐 주는 역할을 담당해야 한다는 뜻이다. 동시에 교회는 자신의 실패를 시인하고 회개함으로써 부단히 갱신될 때에만 분열된 세계를 위한 하나님의 심판과 희망의 징표가 될 수 있다는 뜻이다. 그러므로 정의, 평화, 창조질서의 보전이라는 과제는 하나님 나라의 빛에서 자기를 갱신하는 교회로 하여금 세계를 갱신하려는 다양한 집단들과 비판적으로 연대하게 해 준다.

---

170) 위의 책, 56.

신중심주의와 대비되는 그리스도중심적 사고에서 성령중심적 사고로 전환했던 최근의 에큐메니칼 신학의 조류는 또 다시 삼위일체론에 의해 균형을 잡아가고 있다. 그리고 '코이노니아 교회론'은 삼위일체론적 신학에 기초한 것이며, 이것은 바로 소그룹 목회의 신학적 기반이 되는 것이다.

2) '공동체'로서의 교회

소그룹 목회의 신학적 기초는 '공동체'이다. 공동체가 소그룹을 존재하게 하며, 소그룹이 진정한 공동체를 가능하게 한다. 하나님은 태초부터 공동체로 존재하신다. 또한 인간에게도 이러한 공동체적 특성을 주셨다. 즉 인간은 처음부터 공동체 안에서 살도록 지어진 것이다. 그러나 사탄의 개입은 공동체를 파괴하는 결과를 초래하였다. 그 후로 인간 사회의 문제는 공동체가 파괴되는 것이었고, 하나님의 해결방법은 언제나 깨어진 공동체를 회복하는 것이었다. 구약 전반을 지배하는 정신은 하나님과 인간 사이의 공동체적 관계를 형성하는 것이었다. 신약성서에서 하나님은 깨어진 관계를 회복하시려고 세상에 내려오신다. 예수님은 다양한 배경을 가진 제자들을 모아 이러한 공동체가 하나의 이상이 아닌, 현실이 될 수 있음을 보여주셨다. 예수님은 진정한 공동체가 남을 위해 자신을 온전히 내어주는 데서 이루어진다는 것을 몸소 실천하심으로 보여주셨고, 또한 열 두 명과 함께 하시는 소그룹을 만드심으로써 장차 세워질 교회의 기초는 공동체를 체험한 소그룹들로 구성된다는 것을 보여주셨다. 그렇기에 제자들은 예수님에게서 공동체의 본질이 소속감이며, 자신을 아낌없이 내어주는 것이라는 진리를 터득하였다.[171]

그리스도인의 영적 성장은 공동체 안에서 존재하는 과정이며 산물이다.[172] 고립된 개인은 영적으로 성장할 수 없다. 영성은 공동체를 요구한다. 개인들은 하나님과 다른 사람과의 관계 속에 있을 때 성장한다. 본회퍼의 저서 「신도의 공동생활」을 언급하면서, 칼 바르트는 "바로 세운 공동체는 바로 성도들의 공동체다"라고 지적했다. 두 세 사람의 성도가 모이는 곳에서 그리스도와 서로를 향해 기꺼이 자기 자신을 개방할 때 하나님은 당신의 영원한 공동체를 세우신다.[173] 히브리서의 저자의 말대로 "서로 돌아보아 사랑과 선행을 격려하는" 방법은 공동체로써만 가능하다(히 10:24 – 25).

그리스도인 소그룹은 궁극적이고 종말론적인 실체의 예표적(penultimate) 경험이다. 인간 공동체의 궁극적 표현은 예수 그리스도 안에서 초점이 맞추어진 하나님과 인간 사이의 영원한 공동체이다.[174] 예수님과 열 두 제자가 함께 했던 삶, 더 나아가 성령과

---

171) R. W. Neighbour, 정진우 역, 『셀 교회 지침서』(서울: 도서출판 NCD 2000), 155이하.

172) R.M. MacIver, *community*, New York, 1936, 11 – 131. 한완상, "교회 양적 급성장에 대한 사회학적 고찰", 『한국교회 성령운동의 현상과 구조』(서울: 대화출판사, 1982), 184 – 185. 재인용. 공동체의 중요한 특징은 정감적 요소인데, MacIver는 그것을 세 가지로 요약한다. (1) 우리라는 느낌(We – feeling): 어떤 집단에 다 함께 참여하고 있다는 소속감, (2) 역할의 느낌(role – feeling): 각자가 할 일감이 있고, 이로 인해 보람과 사명감을 갖는 느낌, (3) 의존의 느낌(dependency – feeling): 공동체에 의존함으로써 각 사람의 삶의 안전과 안정이 보장된다는 느낌이다. 한완상은 여기에다 한 가지를 더 추가하는데, 그것은 (4) 소망의 느낌(hope – feeling)이다. 이것은 공동체가 미래에 대한 그 나름대로의 의미 부여를 해야 한다는 뜻이다. 공동체를 이렇게 볼 때 과연 오늘의 기존 교회가 공동체의 구실을 다하고 있는가라고 묻지 않을 수 없다.

173) G. W. Icenogle, 『소그룹 사역을 위한 성경적 기초』, 387.

174) Dietrich Bonhoeffer, 문익환 역, 『신도의 공동생활』(서울: 대한기독교서회, 2007), 24 – 31. "그리스도인의 공동체 안에서의 사귐은 예수 그리스도를 사이에 두고 사귀는 것이요, 예수 그리스도 안에서 사귀는 것"이며, "그리스도인의 모든 사귐은 첫째는 이상(理想)이

교회와 함께 하는 삶은 하나님과 인간 공동체의 영원한 완성을 미리 이루는 것이다. 두 세 사람이 예수님의 영과 그의 본성으로 모인 곳마다, 그들은 다가오는 시대와 하나님의 영원한 나라, 그리고 존재론적이고 신학적인 하나님의 실재에 참여하는 소그룹의 실체에 참여하는 것이다. 하나님은 공동체 안에서 인간과 영원히 함께 하시기를 원하신다.[175]

3) 성령의 은사로 세워지는 교회

소그룹 목회는 교회를 움직이는 원동력을 교회의 조직이나 제도가 아닌 성령의 은사로 본다. 즉 성직자와 권력 중심의 수직적인 구조가 아닌 교인들이 자신의 은사에 따라서 하나님 나라의 사역을 담당하는 성령 중심의 수평적인 구조를 의미한다.

민수기 11장 11－17절에서 모세는 출애굽의 과정에서 이스라엘 백성들의 생존의 요구를 무거운 짐으로 여기며 그 짐을 짊어지게 하신 하나님을 원망한다(11절). 그는 혼자서 책임을 질 수 없다고 항변하면서(14절), 그 짐을 나누어질 수 없다면 차라리 자신을 죽여 달라고 간구한다(15절). 하나님은 간단한 방법으로 문제를 해결하신다. 즉 카리스마적 힘을 공유하고 책임을 서로 양분하는 것이다. 하나님은 이스라엘 노인 중에서 덕망이 있는 칠십 명을 선택하여 (16절) 모세에게 임했던 동일한 성령을 주심으로 책임을 분담시켰

아니고 하나님에게 속한 현실이며, 둘째로 심적 현실이 아니고 영적인 현실이다.”
175) 앞의 책, 513.

다.[176] 모세의 요구는 권력의 분배, 곧 은사의 공유를 통해서 해결되었다.

이와 같은 권력의 분배와 공유는 오순절 성령 강림 사건을 통해서 더욱 보편화되었다(행 2;1 - 4). 소수의 특별한 사람만이 소유하였던 성령의 은사가 모든 사람에게 주어졌다. 요엘의 예언이 성취된 것이다(욜 2:28 - 29). 이제 사회적 신분과 연령과 성적 차별을 넘어서 모든 사람이 하나님 나라의 선교 사명과 영적인 힘을 소유하게 되었다(벧전 2:5 - 10). 그리고 은사의 공유는 권력의 분배와 책임의 분담으로 나타났다. 초대 교회의 사도들은 자신들에게 집중되어 있던 권력을 교인들에게 이양함으로써 하나님 나라의 사역에 대한 책임을 분담하였다. 그들은 일곱 사람을 택하여 구제하는 일을 맡기고 자신들은 기도와 말씀에 전념하였다. 이 과정에서 결정권은 공동체에게 있었다. 사도들은 교회 문제의 해결을 제안하고 공동체는 이를 선택하고 결정하는 일을 도맡았다. 모든 공동체는 이런 권력의 분배를 기뻐하였다. 그 결과 공동체는 양적으로 급성장하였다(행 6:1 - 7).[177]

---

176) M. 노트, 이경숙 역, 『민수기』(서울: 한국신학연구소, 1986), 101 이하, 선택된 백성의 장로들은 하나님의 영의 담지자들이어야 한다. 그 영은 모세에게 출애굽의 사명을 성취하기 위하여 내린 은사이다.

177) 류장현, 『포스트모던 사회와 교회』(서울: 프리칭아카데미, 2006), 25 - 26.

제5장

평신도 사역의 활성화

1. 평신도란 누구인가?

평신도라는 말 '라이코스'(laikos)는 3세기 이후에 처음 교회 문헌에 나타난다. 라이코스라는 말은 신약 성서에 전혀 사용되지 않는다. 이 단어를 가장 먼저 사용한 사람은 로마의 클레멘트였다. 그는 신분적 계급적 의미가 아니라 장로들이 그 기능을 박탈당한 상황에서 예배 때에 평신도의 위치를 묘사하는 맥락에서 사용하였다. 그 후 알렉산드리아의 클레멘트와 터틀리안에 의해 다시 사용되었다.[178] 본래 평신도라는 말은 "선택된 하나님의 백성"을 의미하는 희랍어 라오스(λαος)에서 유래하였다. 이 말은 구약성서에서는 하나님의 선택과 계약에 근거해서 이스라엘이 하나님의 백성이 되었다는 사실과 관련해서 사용되며(출19:47, 신4. 7:6 – 12) 신약성서에서는 이방인과

---

178) R. P. Stevens, 홍병룡 역, 『21세기를 위한 평신도 신학』(서울: 한국기독학생회출판부, 2005), 37 – 38.

유대인을 포함한 교회에 적용되었다(엡 1:3 - 10, 벧후 2:9).[179]

신약성서는 하나님의 백성을 묘사할 때 라이코스와 이디오테스를 거부하고[180] 클레로스(κλῆρος)와 라오스를 사용한다. 그것은 신분적 구분이 아니라 다같이 하나님의 백성을 의미하는 말이다. 모든 교인들은 하나님의 백성으로서 진정한 의미에서 하나님의 성직자요 하나님의 평신도이다.[181] 그러나 교회가 종말신앙을 상실하고 성직자 중심으로 제도화되면서 로마의 국가제도와 사회의 영향을 받아서 클레로스와 라오스가 계급적으로 분리되어 서로 대립적 개념으로 사용되기 시작하였다.[182] 그래서 평신도는 일반적으로 성직자와 구별된 일반 신자를 지칭하게 되었다. 그것은 교회 전체를 라오스로 이해하는 성서적 개념으로부터의 이탈이다.[183]

따라서 목회자와 평신도는 예수 그리스도에게서 위임 받은 하나님 나라의 사역을 실현해야 할 동등한 주체이다. 평신도는 결코 안수 받은 목회자의 보조자와 선교대상이 아니다. 평신도는 목회자와 동등한 하나님의 백성들로서 하나님 나라의 사역을 담당하는 하나님 나라의 대리자들이다. 따라서 오늘날 평신도들은 예수 그리스도로부터 위임 받은 하나님 나라의 사역을 감당함으로써 사도 전통의 계승자가 되고 교회를 개혁하고 부흥시키고 선교를 확장시키는

---

179) H. Kraemer, 유동식 역, 『평신도 신학』(서울: 대한기독교서회, 1999), 172.

180) 앞의 책, 37 - 40.

181) H. Kraemer, 『평신도 신학』, 55.

182) 은준관, 『실천적 교회론』, 106. 주후 2세기 이후에 일어난 사역의 역사적 변화는 크게 두 가지이다. 하나는 단일 감독제의 출현이고, 다른 하나는 사역의 사제화이다. 특히 단일 감독제는 주후 325년을 기점으로 감독 - 장로 체제를 성직자(클레로스)와 제사장직으로 계급화하면서 평신도로부터 분리하는 결과를 가져왔다.

183) 앞의 책, 52 - 54.

주체가 되어야 한다.[184)

2. 평신도 사역 운동의 신학

  평신도 운동은 언제나 교회가 세속화되어 자신의 본질과 사명을
상실하였을 때 교회개혁의 역할을 해왔다. 이러한 평신도 운동은
1960년대에 신학적으로 논의되기 시작하였는데 그 신학적 동기는
크게 세 가지로 생각할 수 있다.[185)

  첫째, 성직자 중심의 제도적 교회가 비성서적이라는 교회의 본질
에 대한 새로운 이해이다. 교회가 어떤 건물이나 제도, 성직자나
조직이 아니라 하나님의 부름을 받은 "하나님의 백성"이라는 사실
을 깨닫게 되었다. 즉 교회는 목회자와 평신도가 함께 하나님의 부
름을 받은 하나님의 백성 공동체이다. 그 안에서는 어떤 신분적 구
분이 있을 수 없다. 구약성서에서 평신도들이었던 예언자(목자 아
모스, 예루살렘 시민 이사야, 농민 미가)들은 제사장과 대등한 입장
에서 주체적으로 하나님 사역을 담당하였고[186) 신약성서는 목회자
와 평신도를 신분적으로 구분하지 않는다.[187) 성직자와 평신도의
구별은 교회의 제도화의 결과일 뿐이다.

  둘째, 루터의 만인제사장론을 통한 교역(ministry)에 대한 새로운

---

184) 이장식, 『평신도는 누구인가?』(서울: 대한기독교출판사, 1980), 30.
185) 박근원, 『오늘의 교역론』(서울: 대한기독교서회, 1989), 157 - 159.
186) 서광선, "평신도와 교회갱신", 『기독교사상』(서울: 대한기독교서회 9월호/1976), 370이하.
187) H. Kraemer, 『평신도 신학』, 58.

이해이다.[188] 교역은 소위 특별 소명을 받은 목회자만의 사명이 아니라 전체 교인들의 사명이다. "세례 받은 사람은 누구나 교역자(Dienstträger)이다." 이 진술은 목회자와 평신도의 신분적 분리가 원칙상 불가능함을 말해준다. 교역 직분과 그 제도, 안수를 근거로 해서 평신도 신분에 대립되는 고정된 사제 직분은 있을 수 없다. 루터는 안수는 성례전이 아니며 안수보다 더 중요한 것을 내적 소명으로 보았다. 목회자와 평신도는 모두 하나님의 백성으로서 교역의 사명을 가지고 있다. 그러나 그 사명은 성령의 은사에 따라서 기능적 차이를 가지고 있을 뿐이다.

셋째, 전통적인 선교 신학과 방법에 대한 반성에서 요청된 새로운 선교 신학이다.[189] 곧 교회는 본질적으로 선교공동체라는 인식을 하게 되었다. 그 때문에 교회의 선교 사명은 하나님의 백성의 사명, 곧 목회자만이 아니라 평신도의 사명이다. 성직자 중심의 제도적 교회에서 교회의 선교는 언제나 목회자가 주체이며 교인은 그 대상이었다. 그러나 다원화되고 전문화된 사회에서 목회자가 혼자서 팔방미인이 되어 예수 그리스도로부터 위임받은 하나님 나라의 사역을 감당할 수 없다. 평신도의 전문성이 요구되는 시대이다. 이제 목회자의 가장 중요한 목회 활동은 평신도가 이 사명을 감당

---

188) 은준관, 『실천적 교회론』, 113-114. 그러나 루터의 만인제사장론은 재세례파로부터 '반쪽 개혁'이라는 비판을 받았다. 이유는 재세례파도 루터의 평신도 사역에는 공감하지만, 재세례파는 만인제사장론을 철저하게 실천함으로써 일체의 성직이나 안수를 거부하는 동안, 루터는 만인제사장론을 근간으로 하면서도 '구별된 사역'을 주장하고 또 실천하였기 때문이다.

189) 위의 책, 127-138. 지난 30-40년간 형성되어 온 평신도 신학은 크게 세 가지의 접근들로 구분되어 왔다. (1) 유기적 해석(organic view): 로마 카톨릭교회의 신학적 해석이며, 대표학자는 콩가르이다. (2) 자유교회의 접근(free church view): 좌파 종교개혁 운동에 의하여 발상됐으며, 퀘이커와 모라비안, 메노나이트 등이다. (3) 대변론적-선교신학적 해석(representative-missiological view): 대표적으로 헨드릭 크레머의 평신도 신학을 말한다.

하도록 봉사하는 일이다. 평신도 사역의 활성화와 관련해서 오늘날 목회자의 기능은 평신도의 은사를 촉진하고 조정하고 그 은사를 계발하도록 돕는 촉진자, 조정자, 돕는 자, 관리자가 되어야 한다.[190]

이러한 평신도 신학은 일반적으로 루터의 만인제사장론에 근거하며, 현대적 의미에서 평신도 신학을 처음으로 본격화 시킨 사람은 가톨릭 신부 콩가르(Yves M. J. Congar)이며, 그 후 크레머(H. Kraemer)와 스티븐스(R. Paul Stevens)에 의하여 발전하였다.

루터는 종교개혁 3대 논문에서 만인제사장론을 주장하였다. 루터는 "교회의 바벨론 포로"에서 교회는 "성도의 교제"를 의미하며 모든 그리스도인은 제사장이며 모든 제사장은 그리스도인이라고 주장하였으며, "독일 크리스챤 귀족에게 보내는 편지'에서 성직자와 평신도는 신분적 차이가 아니라 직무상의 차이만이 있음을 강조하였고, "그리스도인의 자유"에서 그리스도를 믿은 신앙에 의해서 모든 사람은 사제라고 주장하였다.[191] 즉 성직자와 평신도는 하나님 앞에서 신분적 차이가 없이 동일한 하나님의 백성이며 제사장이라고 주장했다(벧전2:9 - 10). 따라서 루터는 성직주의를 극복하고 평신도가 하나님 나라의 사역에 참여할 수 있는 길을 열어 놓았다. 그것은 성직자와 평신도의 구별이 없었던 초대교회로의 회복운동이었다.[192] 그러나 루터는 구원론에 치중하여 만인제사장론에 합당한 새로운 교회론을 제시하지 못했고, 소명론에 근거한 만인제사장론은 태생적 한계를 가지고 있었음으로 결국은 성공하지 못했다.[193]

---

190) 류장현, "평신도 운동의 신학적 고찰" 홍주민, 「한국개신교와 만인사제직」(청주: 한국디아코니아 연구소, 2006.), 29.

191) 심일섭, '평신도와 한국교회의 미래', 159 - 160에서 재인용. 루터, 종교개혁 3대논문.

192) 류장현, "평신도 운동의 신학적 고찰", 31.

평신도 운동에 대한 관심은 1960년대 이후 본격화되었다. 대표적인 신학자는 콩가르, 크레머와 스티븐스이다. 그들의 평신도 신학은 성직자 중심의 제도적 교회가 성서적 교회의 본질에서 이탈하였다는 인식을 바탕으로 교회의 본질에 대한 새로운 이해에서 출발한다. 20세기 평신도 신학의 새로운 장을 열어 놓은 가톨릭 신학자 콩가르은 "평신도는 언제나 교회 안에서 부수적 위치의 질서를 구성하고 있었다. 그러나 평신도가 교회의 유기적이며 적극적인 구성원이라는 의식과 그들의 권리와 활동을 회복하려는 기세가 오늘날 점차로 고조되어 가고 있다"고 성직자 중심의 제도적 교회의 문제점과 평신도 운동의 필요성을 정확히 지적하였다. 그는 총체적인 교회론에 근거해서 평신도 신학을 주장한다. 교회는 평신도로 구성되어 있는 "인류를 향하신 하나님의 계획"이다. 평신도는 인류와 세계를 향하신 하나님의 계획 안에서 그리스도의 목회에 참여하여 영적인 봉사의 사명을 감당한다. 콩가르에 의하면 이러한 평신도의 봉사는 전통적인 삼중직에 따라서 제사장적 기능(예배, 성례전 참여), 예언자적 기능(교육), 왕권적 기능(청지기적)을 가지고 있다.[194]

그러나 크레머는 콩가르가 여성의 하나님의 백성됨, 즉 신도됨과 목회자됨을 정확히 설명하지 못했고 그의 평신도의 삼중직이 그리스도의 목적과 사역을 올바로 요약하지 못하기 때문에 종의 직분(디아코노스)이 더 정확하다고 비판하면서 교회의 존재 이유(선교)

---

193) 위의 책.

194) Yves Congar, *Lay People in the Church* (Geotty Capman, London, 1957) 59, 이숙종, 「평신도를 위한 목회와 교육」, 357에서 재인용.

와 양식(봉사)에서 평신도 신학을 발전시켰다.[195] 그는 교회가 예배
와 설교와 성례전을 행하는 성직자 중심의 제도로서의 교회 이해
에 지나치게 집중하면 오늘날 절실히 요구되는 교회의 존재이유와
양식인 선교와 봉사를 상실하게 된다고 강조하면서[196] 평신도 신학
은 "평신도가 하나님의 백성으로서 그리스도교의 본질과 소명으로
말미암아 증거하고 봉사하기 위해 이 세상에 보냄을 받은 자라는
원칙 위에 서서 호소해야 할 것이다"라고 주장한다.[197] 즉 평신도
신학은 세상에서의 선교와 봉사를 통하여 구체화되는 교회의 본질
에서 찾아야 한다.[198] 교회는 그리스도를 통하여 이 세상으로부터
불러냄을 받은 하나님의 백성으로서 또한 그리스도로 말미암아 이
세상으로 보내심을 받은 예언자적, 제사장적, 왕같은 백성이다.[199]
목회자와 평신도는 원칙적으로 동등한 소명과 책임과 권위를 가지
고 있으며 교회의 사도적, 봉사적 성격과 소명에 참여하고 있다.
왜냐하면 그들은 모두 하나님의 백성과 종으로서 같은 하나님의
은혜로 살기 때문이다(롬 14:8).[200]

　　스티븐스는 크레머의 평신도 신학이 평신도가 사역의 주체가 아
니라 객체로 여겨지는 성직자 중심의 제도적 교회의 문제점을 명
백하게 지적하였으며 교회 자체가 사역이요 선교라는 중요한 사상

---

195) R. P. Stevens, 『21세기를 위한 평신도 신학』, 29.

196) H. Kraemer, 『평신도 신학』, 180 – 181.

197) 위의 책, 185.

198) 박근원, 『오늘의 교역론』(서울: 대한기독교서회, 2004), 58. 칼 바르트(Karl Barth)는 그의
　　『교회교의학』(Ⅳ.3.2)에서 교회의 세 가지 존재 양식을 말하고 있다. (1) 모이는 교회
　　(gathering) (2) 몸을 세우는 교회(upbuilding) (3) 보냄 받는 교회(sending forth)가 그것
　　이다. 평신도는 세상에서의 선교와 봉사의 전위대이다.

199) H. Kraemer, 『평신도 신학』, 180.

200) 위의 책, 177.

을 전개하였지만 교회론의 뿌리를 그리스도의 사역에만 배타적으로 두기 때문에 교회를 그리스도가 지배하는 공동체로 이해하는데, 그것은 성부와 성령을 근본적으로 무시하는 처사로서 백성됨의 삼위일체론적 기반(총체적인 교회론)을 결여하고 있다고 비판한다.[201] 그러므로 스티븐스는 평신도의 폐지를 주장하며 평신도와 성직자의 구별이 없는 삼위일체론적인 "한 백성의 신학"을 주장한다. 그것은 교회가 본래 성서적으로 사역을 하는 주체와 사역의 대상이 되는 객체, 곧 성직자와 평신도가 구분되지 않는 '한 백성'을 의미하며 교회는 한 명의 사역자를 가지고 있는 것이 아니라 그 자체가 사역체라는 교회 이해에 근거한다. 한 백성의 신학은 반성직자적인 신학이 아니라 기능상의 차이를 제외하고는 차별이 없는 한 백성, 기존의 성직주의를 초월하는 한 백성의 신학이다. 그것은 하나님의 백성이 함께하는 삶(교회 생활)뿐 아니라 삶의 현장으로 흩어지는 삶(사회생활)을 포함한다. 그것은 성직자 중심의 신학을 넘어서는 하나님의 온 백성의 신학, 비실천 신학을 넘어서는 하나님의 온 백성을 위한 신학 그리고 학문적인 신학을 넘어서는 하나님의 온 백성에 의한 신학을 의미한다.[202]

그러나 스티븐스는 교회가 선택받은 하나님의 백성이라는 교회의 본질 이해에 너무 집착하여 - 물론 스티븐스가 삼위일체론의 틀 속에서 부분적으로 강조하고 있지만- 교회의 종말론적-성령론적 본질, 곧 하나님의 백성이 하나님 나라를 실현하는 종말론적 희망의 백성으로서 메시아적 기능을 가지고 있으며 그 기능은 전

---

201) R. P. Stevens, 『21세기를 위한 평신도 신학』, 29.
202) R. P. Stevens, 『21세기를 위한 평신도 신학』, 10-25.

적으로 성령의 은사에 의존한다는 사실을 약화시키고 있다.[203]

상술한 현대 신학자들의 평신도 신학은 '교회는 성직자와 평신도의 구별이 없는 하나님의 백성 공동체로서 세상에 대해 선교와 봉사의 사명을 가지고 있는 선교 공동체와 섬김의 공동체이다'라는 교회의 본질에 대한 새로운 이해에 근거한다. 그러나 그들은 교회와 하나님 나라, 교회와 성령의 관계를 명확하게 설명하지 못한 한계가 있다. 루터의 소명론, 콩가르의 총체적 교회론, 크레머의 선교와 봉사 공동체로서의 교회, 스티븐스의 하나님의 백성으로의 교회 이해는 교회를 교회 되게 하는 성령의 역사와 교회가 실현해야 할 궁극적 목표인 하나님 나라와 그것을 위해 하나님의 백성들에게 부여되는 성령의 은사와 관련해서 보완되어야 한다. 왜냐하면 그리스도인들의 소명은 세속적 직업이 아니라 본질적으로 성령의 은사와 관련되어 있으며, 교회의 태동과 인도는 성령에 의해서 가능하며 그 선교적 사명은 성령의 능력이 없으면 불가능하며 교회는 궁극적으로 하나님 나라의 실현을 위해 존재하는 한시적 수단이기 때문이다.[204]

류장현은 평신도 신학은 교회의 종말론적 – 성령론적인 교회의 본질에서 출발해야 한다고 한다. 즉, 교회는 예수 그리스도로부터 하나님 나라의 사역을 위임 받았다. 그것은 구체적으로 잃어버린 양들을 찾아 가서 하나님 나라의 복음을 전파하고 병든 사람들을 치유하는 일이다. 바로 이 예수 그리스도의 위임에 교회의 본질과 사명이 있다(마 10:1 – 8).[205] 교회는 예수 그리스도의 십자가에 근

---

203) 류장현, "평신도 운동의 신학적 고찰", 33.
204) 위의 책.

거하며 성령의 능력 안에서 하나님 나라를 희망하는 종말론적 은사 공동체로서 예수 그리스도로부터 위임 받은 하나님 나라의 사역을 실현할 선교적 사명이 있다.[206] 그것은 모든 하나님의 백성들이 짊어져야 할 보편적 사역이다. 하나님은 이 사역을 감당하도록 모든 하나님의 백성들에게 성령의 은사를 주었다. 그것은 오순절 성령강림사건을 통해서 실현되었다(욜 2:28 - 29. 행 2:1 - 4). 이제 목회자와 평신도의 신분적 구분은 은사의 보편성을 통해서 완전히 폐지되었다. "모든 교인들은 신분과 연령과 성적 차이가 아니라 은사의 기능에 따라서 동등한 책임과 권위를 가지고 하나님 나라의 사역을 위해 일해야 한다. 실제로 초대교회에서 평신도들은 하나님의 말씀을 가르쳤고(행 7; 8:26 - 35), 구제와 봉사의 일을 했으며(행 6:3), 세례를 베풀었다(행 8:36 - 39)."[207]

이제 하나님 백성의 사역에서 새로운 평신도 사역의 지평을 열어가는 평신도 신학을 다음과 같이 요약할 수 있다.[208] (1) 평신도 신학은 '선교적 사건'으로 이해되어야 한다. 즉, 평신도 신학과 운동은 세계를 향한 하나님의 관심에서 조성된 선교적 상황 속에서 참여하는 선교 사건으로서의 신학적 운동이 되어야 한다. (2) 선교적 상황에 의하여 설정된 자리에서 성직자와 평신도가 각기 수행

---

205) 류장현, "교회의 본질과 사명" 김종무, 「기장회보」(서울: 한국기독교장로회 총회, 2월호/ 2002), 18 - 19.

206) 은준관, 『실천적 교회론』, 104 - 105. 성서적 사역은 크게 세 가지로 요약된다. 모든 사역은 (1) 하나님의 부르심에서 온 것이며, (2) 하나님과 하나님 백성 공동체와 세계의 관계 안에 있었다는 사실에 기인하며, (3) 궁극적으로 모든 민족들을 모아 한 회중으로 삼으시려는, 그리고 새 하늘과 새 땅을 이루어 가시는 하나님 나라와 그의 통치를 증언하는 것이기에 모든 사역은 역사 - 종말론적이었다.

207) 류장현, 『포스트모던 사회와 교회』, *op. cit.*, 45.

208) 앞의 책, 137 - 138.

해야 할 부르심들이 새롭게 설정되어야 한다. 성직의 자리는 선교를 위하여 부름 받은 교회와 공동체를 설교, 교육, 그리고 성례전을 통하여 이룩하는 것이라면, 평신도의 자리는 교회의 구조에 참여하는 일과 함께 세계의 구조 속에서 증언자로서 현존해야 하는 이중성을 갖게 된다. 그러기에 평신도는 세계 속에 현존하는 하나님의 구원의 전초지인 것이다. (3) 평신도 사역이라는 새로운 사역에로 모든 평신도는 부름 받았다는 사실의 발견이다. 그러기에 평신도는 성직자의 시종이나, 교회를 유지하기 위한 자원이 아니라 하나님의 선교를 대변하는 하나님의 사람들, 즉 선교를 위한 세계 안의 '준거집단'이다.

이제 21세기 다원화된 사회에서 교회는 예수 그리스도로부터 위임 받은 하나님 나라의 사역을 실현하기 위하여 평신도 운동의 중요성을 인식해야 한다. 그것은 성직자 중심의 제도적 교회를 올바른 교회로 만드는 새로운 종교개혁이며 그것을 통해서 교회의 참된 본질로 돌아가는 교회 회복운동이다. 따라서 교회는 전통적인 교회론을 통해서 신학적으로 정당화되어 온 성직주의, 곧 성직자와 평신도의 신분적 구분을 폐지하고 모두가 예수 그리스도 안에서 하나님의 백성이라는 인식을 해야 한다. 목회자와 평신도는 예수 그리스도 안에서 부름 받은 하나님의 백성으로서 하나님 나라의 사역을 위해 선택 받은 하나님의 백성이며 서로 협력하는 동역자임을 인식해야 한다.

3. 평신도 사역과 소그룹 목회

평신도 사역은 목회자와 평신도가 동역자로서 동등한 권리와 책임을 가지고 하나님 나라의 사역을 위해 함께 일하는 것을 의미한다.209) 따라서 평신도의 사역을 활성화 시키는 소그룹 목회는 교회의 본질을 회복하는 것이다. 소그룹 목회는 다양한 교인들의 은사와 재능에 알맞은 선교를 계획하기 때문에 평신도가 자발적 참여와 헌신적 봉사를 통해서 적극적으로 선교에 참여하게 된다.210) 그러므로 소그룹 목회에서는 평신도는 목회의 대상이 아니라 목회자의 동역자로서 선교의 주체이다.

그러므로 건강한 교회는 대중적 카리스마적 목회가 아니라 소그룹을 통한 평신도 중심의 목회 구조이다. 칼 조지(Carl F. George)는 성장과 목회자 중심의 메가교회(mega church)를 지양하고 소그룹 중심의 메타교회(meta church)가 미래교회의 대안이라고 주장한다.211) 그는 특별히 구역 조직에 대하여 많은 관심을 나타낸다. 그리고 그는 구역의 지도자들이 남녀 구분, 결혼 유무, 직분 차이 등이 문제가 아니라 권위 있고, 구역 전체를 감독 할 수 있고, 목회자들로부터 잘 훈련된 평신도여야 한다고 한다. 메타교회는 동화

---

209) 옥한흠, 『평신도를 깨운다』(서울: 두란노서원, 1987), 78 – 81. 옥한흠은 교회의 본질을 '하나님의 백성', '성령의 전', '그리스도의 몸'이라는 성서적 전거를 통해 평신도와 목회자가 동등한 사역자임을 강조한다.

210) 류장현, "21세기를 위한 교회론의 정립", 「21세기 목회」(서울: 21세기목회협의회, 가을호/ 2004), 126.

211) C. F. George, *Prepare Your Church for the Future*(Grand Rapids: Fleming H. Revell, 1992), 98.

(assimilation), 훈련, 목회적 돌봄 그리고 전도의 센터로서 기능을 하는 소그룹의 네트워크에 기초하고 있는 교회이다. 그러므로 메타 교회는 목회자의 역할보다 평신도의 역할이 중심이 된 교회이며, 평신도 훈련을 강조한다.

건강한 교회를 위하여 평신도를 동력화(mobilizing)하고, 평신도의 지도력을 개발해서 제자화(discipling)하는 동력적 평신도 교육과 훈련 그리고 관리가 필요하다. 특별히 평신도는 목회자와 동역자로서의 개념으로 사역을 해야 한다. 그러므로 '동역자'의 신학적 개념 정리가 필요하다. 사도 바울에게 그의 조력자인 평신도들은 '동역자'라는 개념으로 이해되었으며, 그의 사역은 그들에게 상당한 부분에서 평신도에게 의존적이었다. 사도행전에서는 사도, 예언자, 교사, 감독, 장로, 그리고 집사로 알고 있는 일곱 사람에 대하여 기록하고 있다. 바울은 그의 서신에서 공동체의 지도자들을 "동역자"(롬 16:3, 고후 8:23), "주의 일에 힘쓰는 자"(고전 15:58)라고 불렀다.[212]

이러한 바울의 동역자 개념은 목회자와 평신도의 협력 사역을 위한 좋은 근거를 제공하고 있으며, 소그룹 목회를 통하여 평신도 사역이 극대화 될 수 있다.

---

212) 이성희, 『미래 사회와 미래 교회』(서울: 대한기독교서회, 1996), 207 – 208. 헬라어에서 '동역자'란 '함께 일하는 자', 혹은 '도와주는 자'라는 의미이며, 경우에 따라서는 '한 부분을 담당하다'는 뜻으로 사용되기도 한다.

제2부

소그룹 목회의 실제

한국교회 소그룹 목회의 모델

본 장에서는 한국 교회에 나타난 다양한 소그룹 목회 중 대표적인 세 모델만을 다루고자 한다. 물론 한국 교회에는 다양한 명칭의 소그룹 목회가 있다. 예를 들면, 다락방, 구역, 목장, 셀 목회(G–12, D–12, 밴드), 속회, 가정교회(House Church), 가정교회(Home Church) 등이다. 그러나 본 장에서는 한국 교회에서 가장 오래된 전통적인 소그룹 목회인 구역과 최근에 나타난 셀 목회(D–12) 그리고 가정교회(House Church)만을 다루고자 한다. 그 이유는 본인이 목회를 하고 있는 신갈장로교회는 80년의 교회의 역사 가운데 소그룹 목회로서는 위의 세 가지 형태를 모두 경험하면서 변화 발전되어 왔기 때문이다.

1. 구역

1) 구역의 이해

한국 교회는 전통적으로 구역을 통하여 건강하게 성장했으며, 구역장을 통하여 만인 제사장직을 구현했다. 교회 성장의 중심에는 구역이라는 독특한 소그룹 조직과 구역장이라는 평신도 사역자들이 있었다. 그러나 구역은 한국 교회의 독창적인 목회 유형이 아니다. 구역 목회는 18세기 영국의 존 웨슬리가 시작한 소그룹 운동, 특히 '속회'(Class Meeting)에서 유래된 것이다.[213] 구역은 '교회안의 작은 교회'로서 한국 교회의 성장에 중추적인 역할을 해왔다. 한국의 대다수 교회들은 개척하여 몇 가정만 모이면 구역을 조직하고, 교회가 성장해 감에 따라 구역도 함께 확대해 가는 것을 당연시하고 있다. 따라서 한국 교회 목회는 처음부터 구역과 함께 했

---

213) 박용호, 『존 웨슬리의 속회론』(서울: 도서출판 kmc, 2008), 73. 104 - 105. 1742년 영국의 브리스톨에서부터 출발한 속회는 뉴룸(New Room)을 건축하면서 진 빚을 해결하고자 포이 선장(Captain Foy)은 11명의 신도들을 자신에게 맡겨 주면 친히 가정을 방문하여 1주일에 1페니씩을 모으겠다고 제안한다. 이를 허락받은 포이 선장은 가정을 방문할 때마다 헌금만 모은 것이 아니라 신도들의 영혼을 위해 기도하고 사랑으로 돌본 내용을 보고하였다. 이를 통해 신도들의 신앙과 삶의 정황을 구체적으로 파악하게 된 웨슬리는 이 조직을 좀 더 체계적으로 조직하여 전 신도회에 적용하였다. 이것이 바로 속회의 기원이며, 초기 속회는 한 영혼의 구체적인 성장을 목표로 한 것이었다. 웨슬리의 관심은 영혼의 구원에 대한 것이며 그들의 신앙을 잘 지도하여 성화를 이루게 하는 것이었다. 웨슬리의 속회는 그 뿌리를 성서와 초대교회 공동체 그리고 경건주의 전통과 신학적인 바탕에 두고 있으며, 교회의 외적 성장에 초점을 맞춘 것이 아니라 성숙과 양육에 초점이 맞추어져 있다. '속회'와 '밴드'(Band)는 차이가 있다. '속회'는 일반적으로 성도의 교제와 교육 중심의 신앙훈련 모임으로, 개인의 간증이나 권면의 말씀, 찬송으로 이루어져 모든 신도가 참여하도록 조직되었다. 그러나 계속적인 성장이나 성화를 이루어 나갈 수는 없었다. 웨슬리는 이러한 문제를 직시하고 좀 더 심화된 그룹의 필요성을 느꼈는데, 그것이 바로 '밴드'였다. 밴드에는 속회에 없는 상호 책임의식이라는 특징이 있다.

다고 해도 과언이 아니다.

2) 구역의 신학

구역의 신학을 이해하기 위해서는 무엇보다도 먼저 웨슬리의 '속
회론'을 알아야 한다. 그 이유는 한국교회 구역의 뿌리가 속회이기
때문이다. 웨슬리의 속회론의 핵심은 다음과 같다.[214](이하 '속회'
를 '구역'으로 바꾸어 표기한다).

(1) 리더의 중요성: 구역에 있어서 가장 중요한 것은 구역장의 역
할이다. 구역을 교회 안의 작은 교회라고 할 때, 구역장은 목사의
파트너이다. 그러므로 구역장의 리더십은 구역의 성패를 결정하는
요소가 된다. 구체적으로 구역장의 임무는 다음과 같다. ① 구역원
들을 최소한 주 1회씩 돌아보아 그들의 신앙의 상태가 어떠한지
살펴보고 경우에 따라서는 충고, 책망, 위로, 권면하고 가난한 자들
을 구제하려고 내어 놓은 것을 거두는 일이다. ② 주 1회씩 신도회
(지 교회)의 목사와 유사를 만나 목사에게는 병자, 무질서하게 행하
는 자, 책망을 듣지 않는 자에 대하여 보고하고, 유사에게는 구역
에서 거둔 것을 전달하는 것이다. 이처럼 구역장은 구역원들을 돌
보는 '영혼의 감독자', '영혼의 목자'의 역할을 담당하는 평신도 목
회자였다.

(2) 친교: 초대 교회처럼 삶을 나누고 고백하고 서로 돌보는 사랑
의 공동체를 형성하는 것이다. 그러기 위해서는 관심과 필요를 채

---

214) 박용호, 『존 웨슬리의 속회론』, 80 - 103.

워주는 것이 필요하다.

(3) 영적 기도: 구역에서 영적 기도는 무척 중요한 요소이다. 기도를 통해 영적인 깊은 교제와 신뢰를 쌓아 갈 수 있기 때문이다.

(4) 성화: 구역은 단순한 모임이 아니라 성화 지향적인 목표를 가지고 있다. 그래서 웨슬리 신학의 중심은 성화론(Sanctification Theory)이었다. 웨슬리가 구역을 통하여 성화를 추구하는 목표는 세 가지였다. ① '개인의 내면적 성화 훈련'으로 기도와 금식, 성경 읽기 등이었고, ② '공동체적인 성화 훈련'으로 서로 영적 책임을 지는 교제를 통하여 권면하고 격려하고 충고하는 영적 상호책임의식 공동체 형성이었다. ③ '선행 실천 훈련'이었다. 이렇게 웨슬리의 성화 운동은 개인의 성화에서 사회적 성화로 전이되는 훈련이었다.

(5) 교회 안의 작은 교회: 교회로서의 역할은 두 가지이다. ① 개인의 성화만 아니라 사회 성화도 강조하여 사회의 빛과 소금의 역할을 하도록 지도했다. ② 양육 구조로써의 역할이다. 양육 없는 성장은 없다. 그래서 구역에서는 양육이 중요한 역할을 했다.

웨슬리의 구역 목회는 크게 세 가지 목적을 가지고 있었다.[215] (1) 조직의 구성원들이 은혜 안에서 계속 성장해 가는 것이다. (2) 서로를 돌보는 것이다. (3) 사회에 거룩한 영향력을 끼치는 것이다. 반면 한국 교회의 구역 목회는 넓은 의미에서 세 가지 목적을 가지고 있다. (1) 하나님을 위한 것(예배와 기도), (2) 구성원들을 위한 것(친교와 신앙 성장), (3) 구성원들이 속한 세상을 위한 것(전도와 봉사)이다.[216]

---

215) 김한옥, 『셀 목회의 유형과 핵심』(부천: 실천신학연구소, 2006). 117.
216) 김찬종, 『교회성장을 위한 구역 운영 지침서』(서울: 무림출판사, 1991), 17.

3) 구역의 내용과 실제

구역을 조직하는 데는 세 가지 기본적인 원칙이 있다.[217] (1) 구역은 교인들의 거주지나 행정구역을 중심으로 조직한다. (2) 구역은 한 명의 구역장과 부구역장 그리고 약간의 임원을 둔다.[218] (3) 한 구역은 5명에서 12명, 혹은 세 가정에서 다섯 가정을 기준으로 한다.[219] 이러한 모습은 구역이 전통적인 농경문화 속에서 출발했다는 점을 보여주고 있다.

구역 조직은 그리스도의 몸을 이루는 기본 구조이다. 조용기 목사는 교회는 네 가지 기능을 가지고 구역 조직을 통해서 유기체적인 세포분열, 즉 성장이 가능하다고 말한다.[220] 그것은 (1) 교회 공동체의 '세포': 모든 생물체가 세포 분열을 통해 성장하듯이 교회도 구역조직으로 계속 분열되어야 한다. 그러므로 교회는 기본 조직인 구역을 건강하게 활성화하고, 영적인 영양분을 공급함으로써 세포분열을 통하여 성장하고 발전해 나가야 한다. (2) 전도를 위한 전진기지 '그물': 구역조직이라는 그물을 세상 속에 많이 쳐 놓으면 놓을수록 많은 심령들이 구역을 통하여 전도된다. 또한 구역이라는 그물을 통하여 새신자를 잘 관리할 수 있다.[221] (3) 교회의 의

---

217) 앞의 책, 122.

218) '부구역장'은 구역이 성장하여 분가할 것을 대비하여 반드시 세워야 한다.

219) 구역원이 너무 적으면 모임에 생동감이 떨어지고, 너무 많으면 친교가 잘 이루어 지지 않기 때문이다.

220) 조용기, 『희망목회 45년』(서울: 교회성장연구소, 2007), 214 - 217.

221) 조용기, 『나의 교회성장 이야기』(서울: 서울말씀사, 2007), 129 - 138. 그는 구역 조직의 장점을 4가지로 말한다. (1) 교제와 돌봄, (2) 사랑의 끈, (3) 담대한 복음전파, (4) 봉사 기회의 확대이다.

사소통 '신경': 목회자 혼자서 수많은 성도들의 갖가지 개인적인 고민이나 문제점을 다 파악하고 양육하는 것은 불가능하다. 그러나 구역조직을 돌보는 구역장의 도움을 통하여 개개인의 신상 문제들을 용이하게 파악하고 더 세밀히 양육할 수 있다. 구역장은 목회자의 도우미로서 목회자와 성도간의 의사소통을 할 수 있는 구체적인 신경조직이다. (4) 교회의 생명공급 '혈관': 혈관이 피를 통해 몸속에 영양분과 생명력을 전달하듯이 교회는 구역조직을 통하여 말씀을 공급하고 믿음을 든든히 세우게 된다. 목회자가 의사라면 구역장은 간호사가 되어 구역원들에게 세밀한 양육을 할 수 있다. 이상과 같은 유기적인 구역조직을 통하여 건강한 교회를 지향하고자 하려는 것이다.

조용기 목사는 성공적인 구역 조직을 위한 7가지 원리를 말하는데,[222] 그것은 (1) 성령으로부터 지혜를 구하고, (2) 성경의 원리를 이해하며, (3) 권한 위임에 대해 연구하며, (4) 평신도들에게 동기를 부여하며, (5) 여성 리더십을 적극 활용하며, (6) 담임 목회자의 권위에 대한 영적 질서를 세우고, (7) 구역 부흥에 대한 목표와 꿈을 전파하라고 한다. 여기서 특이점은 평신도 사역의 활성화와 여성 리더십을 활용하려는 그의 사고는 획기적이라고 볼 수 있다.[223]

또한 조용기 목사는 구역 조직이 성장하기 위해서는 3M, 즉 Man(사람), Message(설교), 그리고 Method(방법)이 있어야 한다고 본다.[224] (1) 사람(Man) 만들기: 패배적인 마음의 사고를 가진 사람

---

222) 조용기, 『희망목회 45년』, 93.

223) 김성국, 백기복, 최연 공저, 『CEO 조용기』(서울: ICG, 2007), 조용기 목사가 초창기에 여성을 리더로 활용하는 방안은 당시 교회의 분위기나 한국사회의 특징을 생각할 때, 매우 도발적이고 위험한 발상이었다.

은 절대로 성공하지 못한다. 하나님은 자신감 있는 승리의 고백을 하는 사람들을 사용하시고 그런 사람들을 부르신다.[225]

(2) 성령님으로부터 나온 설교(Message) 준비: 성령은 우리의 속사람을 훈련시킨다. 주일과 구역 모임의 예배를 통해 항상 소생되어야 한다. 그러므로 구역에서의 메시지도 철저히 성령으로부터 나와야 한다. (3) 성경 속 방법(Method) 찾기: 성경 속에는 모든 하나님의 방법이 있다. 사도행전 2장 1절은 "오순절날이 이미 이르매 저희가 다같이 한 곳에 모였더니"라고 말씀하고 있다. 기도와 일치, 이 두 가지는 하나님 나라의 참된 열매를 맺기 위한 중요한 요소들이다. 구역조직이 성장하기 위해서는 성령의 인도를 따라 성경의 원리를 적용할 수 있도록 지혜를 구해야 한다. 이렇게 긍정적인 사고를 가진 구역장,[226] 영감 있는 예배와 설교, 성경을 바탕으로 한 구역의 활성화가 구역 조직과 교회의 성장에 지대한 영향을 미치고 있다고 본 것이다.

구역조직의 기본 임무는 교회에서 행해지는 모든 예배와 행사를 통해 더 성숙한 성도를 만들고, 더 많은 성도들을 출석시켜 주님의 은혜를 충만히 받게 하려는 데에 있다. 이 기본 임무를 이루기 위해서는 여섯 가지 분명한 목적을 세워서 구역을 운영하여야 한다.

---

224) 앞의 책, 218 - 221.

225) 위의 책, 231 - 259. 조용기 목사는 구역을 부흥시키기 위해서는 무엇보다도 구역장의 리더십이 중요하다고 말하면서 '구역을 부흥시키는 구역장 십계명'을 강조한다. 그것은 (1) 소명의식을 가져라 (2) 모범을 보이라 (3) 강한 영적 군사가 되라 (4) 말씀을 연구하라 (5) 기도의 이슬로 살아라 (6) 믿음의 집을 지어라 (7) 사랑의 인내를 하라 (8) 인격으로 말하라 (9) 다른 사람을 성공시켜라 (10) 약속된 하늘의 상급을 바라보라.

226) 조용기, 『4차원의 영성』(서울: 교회성장연구소, 2005), 그는 영적인 세계인 4차원이 변화되어야 변화된 3차원의 인생을 살아갈 수 있다고 강조하면서, 4차원의 변화는 그것을 이루는 요소인 우리의 생각, 믿음, 꿈, 말을 긍정적으로 변화시켜야 함을 강조하고 있다.

그것은 신령과 진정으로 예배하고, 거룩한 말씀을 나누고, 뜨겁게 기도하며, 질병을 고쳐주고, 사랑의 교제를 나누며, 생명력 있는 전도를 하는 것이다.[227]

구역이 부흥하기 위해서는 7가지 원리가 있다.[228] (1) 분명한 목표를 세우고 기도하며 바라보라. 특별히 구역의 지도자는 구역 부흥에 대해 분명한 목표를 세우고 꿈을 꾸며 기도하고 입술로 선포해야 한다. (2) 예배를 은혜스럽게 준비하라. 그러기 위해서는 은혜 있는 '말씀요리'를 준비하고, 성령을 예배의 감독이 되게 하며, 감사와 찬양의 분위기를 연출하고, 축복의 메시지를 전해야 한다. (3) 구역원들이 성령세례를 받게 하라. 성령으로 세례를 받으면 근심과 걱정, 좌절과 낙망, 무기력과 우울증이 떠나가고, 기쁨과 감격, 감사와 소망, 담대함과 화평함이 넘치게 된다. (4) 영적 전쟁에서 승리하라. 따라서 성령 충만한 방언기도, 병을 이기는 신유기도, 사단을 제어하는 영적 기도가 중요하다. (5) 필요를 채워주는 전도를 하라. 특별히 심령이 가난한 자, 문제 있고 병든 자들을 먼저 찾아 전도하라. 그들 속에 있는 영혼의 갈급함과 필요를 채우는 것이야말로 부흥의 첩경이다. (6) 아름다운 팀워크를 만들라. 성령을 팀장으로 하는 동역과 남을 나보다 낮게 여기는 겸손, 그리고 이해관계 없는 순수함으로 하라. (7) 최상의 서비스를 제공하라. 교회는 일종의 사람들을 위한, 사회를 위한 영적 서비스업이다. 그러므로 말씀 서비스와 감동 서비스가 넘쳐나야 한다.

구역 목회의 성패는 먼저 좋은 구역장을 세우는 것이다. 그러므

---

227) 조용기, 『희망목회 45년』, 222 - 228.
228) 위의 책, 261 - 284.

로 성공적인 구역장이 되기 위해서는 다음의 열 가지의 확신을 가져야 한다.[229] (1) 소명의식을 가져야 한다. (2) 모범을 보여야 한다. (3) 강한 영적 군사가 되어야 한다. (4) 말씀을 연구해야 한다. (5) 기도의 이슬로 살아야 한다.[230] (6) 믿음의 집을 지어야 한다. (7) 사랑의 인내를 해야 한다. (8) 인격으로 말해야 한다. (9) 다른 사람을 성공시켜야 한다. (10) 약속된 하늘의 상급을 바라보아야 한다.

구역 모임(예배)은 주중에 한 번 구역원들이 가정을 돌아가면서 모인다. 먼저 예배를 드린다. 예배의 내용은 대개 교회에서 드리는 예배[231]와 비슷하다. 이어서 친교를 나눈다. 주로 간증이나 신앙적으로 유익한 대화들을 나눈다. 장소를 제공하는 사람이 음식이나 간단한 음료와 다과를 제공하기도 한다. 그 외에 전도와 봉사의 기회를 갖기도 한다.

이러한 구역 목회는 몇 가지 장단점을 가지고 있다.[232] 먼저 장점은 (1) 구역원들이 쉽게 만날 수 있으며, (2) 교회를 중심으로 묶어져 있어 관리가 용이하며, (3) 담임목사의 목회를 보조해 주는 기반이며, (4) 교회 행정력이 교회의 모든 구성원들에게 미치도록 한다. 그러나 교회가 구역을 제대로 운영하지 않아 여러 가지 부작용

---

229) 조용기, 『희망목회 45년』, 231 – 259.

230) 교회성장연구소, 『세계가 주목한 조용기 목사의 교회성장』(서울: 교회성장연구소, 2008), 397. 구역장이 되기 위해서는 예배에 정기적으로 출석해야 하며, 십일조를 드리고, 성령으로 충만하며 헌신적인 마음이 있어야 한다. 잠재적 리더는 반드시 3년 이상 교회를 출석한 사람으로 물과 성령세례를 받았으며(방언의 증거가 있어야 함), 예배에 성실하게 참여해야 한다.

231) 구역의 예배에서는 주로 교단의 구역공과나 소그룹을 위한 성서교재 등을 통해 말씀을 나눈다.

232) 김한옥, 『셀 목회의 유형과 핵심』, 133.

들도 나타나고 있다. 문제점들을 살펴보면 다음과 같다. (1) 구역의 구조가 피라미드식 구조라는 것이다. 이러한 조직은 개인의 은사보다 지도자의 지시에 그대로 따라하는 관료주의적인 조직의 특성이 강하다. (2) 지도자를 선별하고 훈련하는 일을 강화하지 않는다. 이유는 지도자에게 순종하기만 하면 되기 때문이다. 따라서 평신도의 활성화를 말하고 있지만, 실은 평신도 지도자는 교회 성장의 한 도구로서 수동적으로만 움직이게 될 수 있다.

4) 여의도 순복음교회와 구역

여의도 순복음 교회가 잘 알려져 있는 것은 세계에서 가장 큰 교회라는 것만이 아니고 조용기 목사의 소그룹 구역 목회가 큰 역할을 했다. 물론 구역 목회를 하지 않는 한국교회는 거의 없다. 그러나 구역 목회를 예술의 경지에 끌어 올려다는 것이 조용기 목사의 특별한 공헌이다. 여의도 순복음 교회가 오늘날 75만 성도라는 세계 최대의 교회로 성장하게 된 비결은 5명으로 시작된 구역조직이라는 소그룹 목회가 있었기 때문이다.[233] 그래서 조용기 목사는 "하나님께서 저에게 효과적 사역을 위한 성경의 비밀을 깨닫게 하셨는데, 그것은 바로 '구역'이라는 평신도 소그룹 사역이었다."고 말한다.[234] 그리고 "여의도 순복음교회는 75만 명 이상이기 때문에

---

233) 국제신학연구원 편, 『여의도의 목회자』(서울: 서울말씀사, 2008), 398 – 409. 조 목사가 구역을 시작하게 된 동기는 그의 질병과 과중한 사역 때문이었다. 그리고 '구역장'은 남자 제직들의 반대로 고민하다가 대신 과감하게 여자를 선택하게 된다.

234) 조용기, 『희망목회 45년』, 10.

세계에서 제일 큰 교회이다. 그러나 우리 교회는 또한 모든 교인이 15명 이하로 구성되어 있는 구역의 한 부분이기 때문에 세계에서 가장 작은 교회"[235]라고 말한다.

여의도 순복음교회가 세계에서 가장 큰 교회로 성장하게 된 원인은 카리스마 적인 목회자의 리더십과 '5중 복음과 3박자 축복'의 메시지,[236] 그리고 치유와 은사 중심의 사역 등 여러 가지가 있지만, 그 중 가장 중요한 요인은 교회 성장이라는 목표 설정과 구역 목회에 기반을 두었기 때문이다. 1980년 6월 당시의 교인은 12만 명이고, 8천 구역이었다. 단지 6개월 이전에 1980년의 새 성도 3만 명을 목표로 세웠는데, 6개월이 안되어 10만 성도는 목표의 2/3인 12만 명으로 늘어났다. 그래서 1980년 목표를 15만 명으로 늘려 잡았다. 구체적인 방법으로 교회는 각 구역에게 각자 그 해 나머지 시간에 한 가정을 전도 목표로 삼았다. 교회는 이것을 위해 선전이나 강요 혹은 광고할 필요가 없었다. 단지 목회자는 구역장들에게 동기 부여만 했을 뿐이었다. 이렇게 구역을 통하여 사람과 사람의 일대일 접촉을 통해, 1984년에는 50만 명의 성도에 도달할 수가 있었다.[237] 현재 여의도 순복음교회의 구역의 조직은 아래와 같다 (표 1 참조).[238]

---

235) 위의 책, 110.

236) 조용기, 『5중 복음과 삼박자 축복』(서울: 서울 서적출판부, 1987), 49. '5중 복음'의 내용은 중생, 성령 충만, 축복, 신유, 재림이며, '3박자 축복(구원)'은 요한 3서 2절의 내용처럼 (1) 영혼이 잘되고(영적 평강), (2) 범사에 잘되고(만사형통), (3) 강건하기를(육신건강)을 말한다.

237) 조용기, 『희망목회 45년』, 132 - 133.

238) 교회성장연구소 편, 『세계가 주목한 조용기 목사의 교회성장』(서울: 교회성장연구소, 2008), 60.

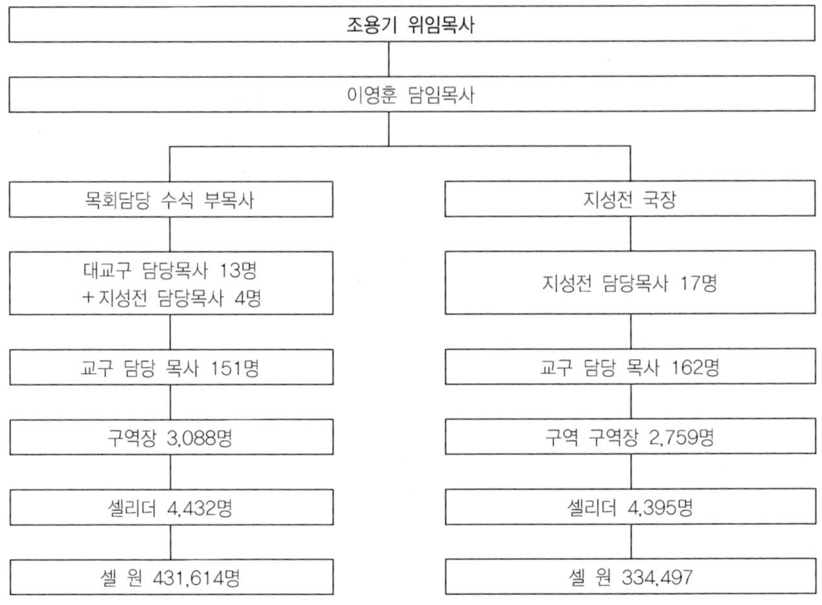

구역은 그물이다. 많은 성도들이 교회에서 흩어져서 각자 자기 지역으로 돌아가는데, 모든 구역이 넓은 그물망이 되어서 모든 성도들이 다 그물 안에서 관리되고 양육되는 것이다. 구역 조직이 한 쪽에서는 교회 중심, 다른 한 쪽에서는 구역 중심으로 연결이 됨으로 말미암아, 교회에서 신앙생활을 하던 사람이 자기 지역으로 돌아가서도 지속적으로 신앙생활을 잘 할 수 있는 시스템이 마련되는 것이고, 이러한 시스템이 말씀 안에서 양육되는 시스템으로 계속 부흥되는 것이다.

2. 셀 목회

1) 셀 목회의 이해

셀 목회는 교회를 셀(Cell) 형태로 조직하고, 각 셀들이 하나의 교회처럼 목회하는 것을 말한다. 셀 목회는 목회의 내용도 특이하지만, 교회의 조직이 목회지향적인 소그룹으로 구성되어 있어서 흔히 셀 교회라고 부른다. 이러한 '셀 교회'(Cell Church)의 개념을 처음으로 사용한 사람은 미국 침례교회의 목사 랄프 네이버(Ralph W. Neighbour)이다. 그는 자신의 책 「교회는 어디로 가야 하는가?」 (Where Do We Go from Here?)에서 셀 교회를 하게 된 세 가지 이유를 다음과 같이 밝히고 있다.[239] (1) 전통적인 교회의 한계: 대다수의 교회가 '프로그램 중심'이라는 병으로 서서히 죽어가고 있다. (2) 세계적인 인구 폭발: 폭발적으로 증가하는 인구를 감당하고 추수하기 위해서는 '단순 증가'의 개념이 아닌 '배가 증식'의 방식으로 전도하는 교회를 세워야 한다. (3) 지나치게 부적절한 교회의 구조들: ① 전통적인 교회 개념은 다양한 문화가 뒤섞여 있는 도시에는 부적합하다. ② 관할교구 또는 교단의 활동영역에 제한을 받고 있는 상태에서는 도시 지역의 교회 개척을 효과적으로 계속 늘려 나갈 수 없다. ③ 국제 수준의 도시에서는 지역마다 계속해서 교회를 건립할 수 없다. ④ 교회 건물, 목회자, 관할 교구에서 모여

---

239) Ralph W. Neighbour, 정진우 역, 『셀 교회 지침서』(서울: 도서출판 NCD, 2000), 31 - 37.

든 신자들로 구성된 전통주의 교회는 어느 시점에 이르면 성장을 멈춘다. ⑤ 인터넷을 통한 의사소통의 새로운 형태의 이점을 활용하지 못한다.

네이버는 이러한 이유들로 인하여 전통적인 목회 방식으로는 현대 교회의 목회적인 수요를 충족시킬 수 없다는 판단을 하였고, 그러한 판단 아래 '셀 교회'라는 새로운 목회 모델을 제시하였다.

셀 목회는 교회다운 교회, 진정한 교회, 성경에서 보여주는 교회를 모델로 한다.[240] 초대교회에서처럼 셀 목회는 그 안에서 진정한 친교가 일어나며, 각자의 은사가 활용되고, 치유와 기적이 일어나는 교회, 그리고 대다수의 구성원들이 열심히 복음을 전함으로써 새 생명이 끊임없이 탄생하는 그런 교회를 지향한다. 따라서 셀 목회는 소극적으로는 전통적인 목회의 한계를 극복하려는 의지에서 출발하였고, 적극적으로는 성경적인 교회의 모델을 추구하는데서 시작되었다 말할 수 있다.[241]

셀 교회는 예수 그리스도의 기초 위에 다음의 세 가지 기본적인 단위로 구성된다.[242]

(1) 셀(Cell): 셀 그룹의 일차적인 목적은 그리스도인 상호간과 불신자들이 사는 지역사회에서 역사하시는 하나님과 함께 하는 교제 공동체를 만드는 일이다. 그리하여 구성원 각자가 빛이 되는 삶을

---

240) 유충열, "새로운 패러다임의 셀 교회 운동", 「기독교사상」(서울: 대한기독교서회, 11월호/2000), 98 - 100. 저자는 셀 교회 운동이 필요한 이유를 다음과 같이 말한다. 셀 교회 모델은 (1) 신약성서 교회의 모델이기 때문이며, (2) 교회를 '그리스도의 몸'으로서 유기체적인 공동체임을 강조하기 때문이며, (3) 셀 교회 안에서는 실질적인 사랑의 돌봄이 가능하기 때문이고, (4) 셀은 복음전도의 통로가 되기 때문이다.

241) 김한옥, 「셀 목회의 유형과 핵심」, 18.

242) 박영철, 「셀 교회론」(서울: 요단출판사, 2009), 234 - 235.

통해 전도하는 것이다.

(2) 회중(Congregation): 셀의 사역과 성장을 관리하기 위해 지역 또는 동질의 그룹들을 하나의 조직으로 묶은 것이다. 이것은 사실상 하나의 지역교회를 의미한다.

(3) 축제 예배(Celebration): 하나님을 경험하고 예배하기 위해 모인 교인들(모든 회중들)의 모임이다.

여기에 훈련사역(Equipping Ministry)을 통해 교회가 목적을 달성하기 위해 필요한 물리적, 영적 자원들과 함께 지식, 관계, 섬김과 성경공부, 기도, 교제, 사역, 교회행정 등을 한다.

셀 교회의 세 가지 기본 구조를 담당하는 지도자로는 목자, 지역 사역자, 지역목사, 그리고 담임목사(또는 수석목사)가 있다. '목자'는 셀을 책임지는 리더이며, '지역 사역자'는 이 셀들을 5개 단위로 묶어서 돌보며(5개의 목장을 돌봄), '지역 목사'는 이러한 지역 사역자 5명을 돌보는 책임을 맡은 사람이다. '담임목사'는 지역 목사들이 하나의 목회자 팀을 이루게 되며 이들 목회자 팀을 책임지는 사람이다.

2) 셀 목회의 신학

셀 목회는 목회의 본질을 중시하며 성서적인 원칙에 근거한 목회를 주장한다. 즉, 성서적인 목회 원리들을 개념으로만 수용하지 않고 목회현장에서 그대로 실천하고자 하는 것이다. 예를 들면, 셀 목회는 교회론과 만인제사장의 원리를 신학적인 원칙에 입각하여 신학적인 논제뿐만 아니라 목회에도 구체적으로 적용한다. 또한 구성원 개개인의 책임과 상호 의존성을 강조하며, 성령의 능력에 의존한다는 것이 또 다른 셀 목회의 원칙이다. 즉, 셀 목회는 개개인의 책임과 상호 의존성에 있어서도 그것이 단순히 구성원의 의무감이나 제도적인 완벽함에서 나오는 것이 아니라 성령의 역사하심에서 비롯된다는 신념을 지니고 있으며, 이러한 확신 때문에 셀 목회는 구성원들의 기도를 소중하게 여긴다. 그러므로 우리는 셀 목회를 성서와 신학적인 원칙에 기초하며, 기독교의 본질을 벗어난 것들을 가능하면 배제하고, 성서에서 나타난 기독교 공동체의 원리를 실천하는 목회라 말할 수 있다.[243]

셀 목회의 신학은 구체적으로 다음과 같다.[244]

(1) '공동체' – 셀 그룹을 존재케 하는 이유: 셀 그룹 교회의 주된 임무는 '그리스도인의 기초 공동체'를 발전시키는 데 있다.[245] 그리고 공동체는 오직 소그룹들을 통해서만 가장 온전한 형태로 형성되기 때문에 셀 그룹을 15명 내외로 유지하는 것이 가장 중요하다. 공동체를 이루는 본질적인 요소들 중에는 서로에 대한 헌신과 소속감이 포함된다.

교회의 이러한 존재 양식은 성경에 나타난 초대 교회의 모습을 따르는 것이며, 삼위일체 하나님의 존재 형식을 모방하는 것이다. 하나님의 공동체적 특성은 진정한 공동체가 인간적인 의지의 소산이 아니라 하나님께서 인간에게 부여하신 선물임을 알게 한다. 따

---

243) 김한옥, 『셀 목회의 유형과 핵심』, 18 – 19.

244) Ralph W. Neighbour, 『셀 교회 지침서』, 149이하.

245) 박영철, 『셀 교회론』, 181. 박영철은 "모든 교회가 셀 교회가 되어야 하는 이유 중 하나는 교회가 공동체의 본질을 회복하기 위함이다."라고 말한다.

라서 이러한 공동체는 구성원들로 하여금 자신을 발견하게 하고 진정한 행복을 찾을 수 있도록 한다.

(2) '오이코스' 중심의 교회 생활: 셀 교회의 삶은 '오이코스'를 중심으로 이루어진다. '집, 가족, 가정을 형성하는 모든 사람들'을 나타내는 헬라어 오이코스(οικος)는 70인 역과, 특히 신약성경 전반에 걸쳐 자주 사용되는 용어로 그리스도인의 기초 생활 공동체와 깊은 연관이 있다.[246] 기독교 공동체는 하나님의 사랑 안에 뿌리를 내린 한 가족이며 인격적인 공동체였다. 초대 교회는 건물에서 모이지 않고 가정에서 모였으며, 조직을 만들지 않고 공동체를 형성했다. 이러한 생활은 예수님으로부터 시작되었다. 예수님은 직접 세상 사람들의 오이코스 안으로 침투해 들어 가셨다. 그는 각 가정을 방문하여 복음을 함께 나누었다. 이러한 예수님의 전도방식을 본받아서 초대교회의 전도자들도 이교도들의 오이코스에 들어가서 복음을 전하였다. 복음을 듣고 그리스도인이 되기로 결단한 사람은 과거에 자신이 속해 있던 오이코스에서 떠날 수밖에 없게 되었고, 결국 그는 주님의 몸, 곧 교회라는 새로운 오이코스의 구성원이 되었다. 만일 그가 이 믿음을 견고하게 잡으면 '신령한 오이코스'의 구성원이 되며, 더 나아가서 그 자신이 바로 하나님의

---

246) Gerhard Friedrich, hg. *Theologisches Worterbuch zum Neuen Testament*, Bd., 5. Stuttgart: Kohlhammer Verlag 122ff., 김한옥, 『셀 목회의 유형과 핵심』, 23 재인용. '오이코스'는 여러 가지 의미로 사용된다. (1) 구약성경에서 '집' 그리고 '하나님의 집'이라는 뜻으로 사용했다. (2) 예수님과 복음서 기자들은 그것을 '하나님의 집'이라는 뜻으로 사용했다. (3) 영지주의자들과 필로는 오이코스를 천상의 '아버지 집'이라고 가르쳤다. (4) 원시 기독교에서는 그것을 세상에 있는 성전으로 보았다. (5) 오이코스는 원시 기독교가 회중을 상징하는 의미로 사용한 '하나님의 집'에 해당된다. (6) 후기 기독교 묵시문학과 랍비들이 사용한 상징 언어였다. (7) 가족과 일가라는 의미에서 '집'으로 사용되었다. (8) 혈통이라는 의미에서 기독교 회중을 '집'이라고 불렀다.

오이코스가 된다. 초대교회는 이러한 오이코스들이 여러 개로 연결된 상태였다.

초대교회 오이코스에는 오이코노모스(οικονομος)와 오이코도메오(οικοδομεω)라는 두 종류의 구성원이 있었다. 전자는 오이코스의 종으로서 집안에서 물질적인 필요를 감독하는 임무를 부여받은 자였다. 후자는 영적인 필요를 돌보는 일을 하였다. 영적으로 연약한 사람을 돌보는 이 직책은 반드시 신령한 은사가 있어야 했다. 오이코스를 중심으로 생활하는 교회는 이처럼 물질적인 필요가 발생하면 자신의 소유를 나누어주었으며, 영적인 필요가 발생하면 약한 자를 돌보며 살았다. 초대교회 그리스도인의 오이코스는 영적인 필요와 육적인 필요가 모두 충족되는 곳이었으며, 오이코스 가족의 구성원을 볼 때 초대교회 삶의 중심은 성전이나 회당 또는 교회 건물이 아닌 가정이었음을 알 수 있다.

(3) 성령의 은사로 세워지는 셀 그룹: 셀 목회는 교회를 움직이는 원동력을 교회의 조직이나 제도가 아니라 성령의 은사라고 가르친다. 이는 셀 목회가 셀 그룹 안에서 활발하게 일어나는 목회이기 때문에 교회의 조직이나 직제를 앞세우지 않고 개개인에게 주어진 은사를 중요시 여기는 것이다. 전통적인 목회도 성령의 은사를 교회의 원동력이라고 하지만 성령의 역사와 은사의 활용을 지극히 제한한다. 즉, 주로 목회자를 비롯한 소수의 봉사자들에게만 허용되는 것이 사실이다. 그러나 셀 목회는 모든 그리스도인들이 거듭나는 순간 성령의 은사를 받게 되며, 이 은사를 활용함으로써 자기의 기능을 발휘하게 된다고 주장한다.[247] 은사란 "그리스도인의 몸

---

247) 김한옥, 『셀 목회의 유형과 핵심』, 26.

속에 흐르는 영적인 피"이며, 이 "특수한 피"에 교회의 생명이 있다. 따라서 교회의 구성원들이 자신의 은사를 적극적으로 사용할 때 그리스도의 몸인 교회는 개개인의 건강을 지키며 공동체의 성장을 도모할 수 있다. 이것이 셀 목회의 생명력이다. 그리스도의 몸 된 지체들에게 부여된 다양한 은사들은 그리스도의 사역을 완수하기 위해 성령께서 교통하시는 통로이다. 성령은 은사를 사역을 위한 도구로 사용하시며, 교회의 다양한 사역은 이 은사들을 통해서 이루어진다. 따라서 셀 그룹은 은사들의 활용을 통해 운영되어야 한다. 그러나 셀 그룹이 지성만을 강조하는 성경공부에만 치중한다든지, 감성에 너무 치우쳐 사람들의 필요들로만 시작해서도 안 된다. 셀 목회는 성령의 은사를 목회 사역을 위한 것으로 이해한다. 그렇기에 셀 목회는 철저하게 성령의 역사를 의지하며, 개개인에게 주어진 성령의 은사를 적극적으로 활용한다.

(4) 영적인 과제를 준비하는 '경청의 방'(Listening Room): 셀 그룹 안에서 서로를 세우기 위해 성령의 은사들을 적절히 사용하기 전에, 신자들은 먼저 경청의 방을 마련하고 하나님의 음성을 듣는 법을 배워야 한다. 경청의 방은 곧 개인 기도실이다.[248) 기도실에서 잠잠히 하나님의 뜻을 기다리고, 그분의 뜻에 순종하려는 생활

---

248) Ralph W. Neighbour, 박영철 역, 『셀 리더 가이드』(서울: 도서출판 NCD, 2001), 101. 예수님도 행동을 하기에 앞서 '경청의 방'을 통하여 하나님의 음성을 들어야 하는 중요성을 보여 주셨다(요 12:49). 야고보는 우리에게 다음과 같은 사실을 상기시킨다. "너희 중에 누구든지 지혜가 부족하거든 모든 사람에게 후히 주시고 꾸짖지 아니하시는 하나님께 구하라 그리하면 주시리라"(약 1:5). 기도의 첫 번째 측면으로 훌륭한 경청의 습관을 기르는 것은 그리스도인의 여정에 중요한 진보이다. 하나님의 음성을 잘 듣기 위한 세 가지 단계는 (1) 하나님께 마음을 고정하기 위한 신중한 선택과 노력을 하라. (2) 마음의 초점을 하나님께 고정하는 연습을 위하여 정규적인 시간을 가지라. (3) 하나님께 마음을 고정하도록 연습하는 일을 삶의 모든 영역에 적용하도록 하라.

이 익숙하지 않은 성도는 주어진 은사를 바르게 사용하지 못하기 때문이다.

셀 목회가 경청의 방을 강조하는 이유는 첫째로, 교회가 이 세상의 왕국에서 예수 그리스도의 사역을 수행해야 하기 때문이다. 이 세상에서 그리스도인의 삶은 영적인 전쟁이다. 이 전쟁에서 승리하기 위해 그리스도인은 서로를 세워주며, 사단의 왕국을 무너뜨리고, 예수 그리스도의 능력으로 대적하는 일을 해야 한다. 그렇기에 셀 목회는 그리스도인이 적당한 영적 생활 하는 것을 용납하지 않는다. 둘째로, 셀 구성원들이 서로를 세우는 일은 상령의 초자연적인 개입으로 일어나는 결과이다. 따라서 서로를 세우기 위해 노력하기 전에 성령께서 자신들을 그 일에 사용하시도록 내어드리는 일이 선행되어야 한다.

그리고 주님의 말씀을 경청하는 시간은 반드시 셀 그룹 생활의 필요와 의심과 무거운 짐과 영감 등을 함께 나누는 방법을 간구해야 한다. 사람들이 서로에게 사랑과 이해로 더 친밀하게 다가갈수록, 모든 개인의 실수들이 더욱 분명하게 보여 진다. 이러한 방법으로 서로를 세우는 것은 상호간의 사역이 되는 것이다.

이러한 셀 목회는 목회의 본질과 성서적인 원칙에 충실하고자 노력한다. 이것은 초대교회의 목회 모습과 오늘날의 전통적인 교회의 목회 모습을 비교해 보면 알 수 있다[249](표 2 참조).

---

249) David Finnell, 박영철 역, 『셀 교회 평신도 지침서』(서울: NCD, 2000), 15 - 26. 핀넬은 셀 교회를 전통교회와 비교하여 다음과 같이 정의하였다. (1) 셀은 프로그램 중심이 아니고, 사람을 중심으로 사역한다. (2) 셀은 건물 중심이 아니라, 유기체적인 공동체를 중시한다. (3) 셀은 '오라'가 아닌, '가라'의 구조를 갖는다. (4) 셀은 교회 교육을 조직화하기보다 섬기는 사역에 더 치중한다. (5) 셀은 비기독교인들과 관계를 맺으며 전도하는 일에 열심한다. (6) 셀은 서구적인 형식보다는 초대교회의 형식을 더 따른다. (7) 셀은 관계중심의 전도를

<표 2> 비교연구: 초대 교회와 오늘날의 전통주의 교회[250]

	초대 교회	오늘날의 교회
모임장소	가정에서 가정으로 이동	교회 건물에서 모임
그룹의 규모	소규모의 친숙한 그룹	대규모의 개인적으로 서로 친숙하지 않은 그룹
활 동	매일 교제	주일예배
도움방식	서로를 세워 줌	문제가 있으면 목사님과 상담
관 계	친밀한 관계: 서로 도움	떨어진 관계: 서로 솔직하지 못함
제자훈련	‘입에서 귀로’하는 모델링: 개인의 가치 형성	강의와 공책: 모델은 거의 없음, 가치 형성 부재
지도자들의 주된 사명	모든 신자가 사역을 할 수 있도록 양육	‘프로그램 중심’을 감독하는 것
기도생활	매일 몇 시간, 매우 강조 됨	개인의 선택에 맡김, 제한적임
목사의 임무	신자의 생활을 모델로 제시	훌륭한 설교
신도들의 당연한 임무	다른 이들을 보살핌: 전적으로 섬기는 자세와 청지기 사명	교회에 출석: 십일조: ‘프로그램’ 참여
시각(관점)	셀 그룹 중심	회중 전체 중심
주요말씀	‘가서 제자를 삼으라.’	‘와서 우리와 더불어 성장하자.’
가르침(교육)	성경을 현실적 필요들과 인간관계에 적용	해당 교회의 구분된 믿음에 순종
영적은사	셀 그룹 모임을 통하여 모든 신자들이 덕을 세움으로써 계속 개발됨	경시되거나 종종 공식예배에서 ‘대중을 기쁘게 하는 수단’으로 사용
헌신의 대상	하나님 나라의 확장, 하나 됨, 교회의 몸 된 생활	제도의 확장, 획일성
평가대상	‘당신은 어떻게 섬기는가?’	‘당신은 무엇을 아는가?’
스태프 확보수단	섬김 사역을 자체적으로 육성, 사역을 위해 파송되기 전에 검증을 받음	졸업생, 직업 목회자

3) 셀 목회의 내용과 실제

셀 목회 가운데 한국적으로 토착화시켜 목회적으로 응용하여 성장한 교회가 바로 부산 풍성한 교회의 김성곤 목사(예장 합동)이다.

적극적으로 실시한다.
250) Ralph W. Neighbour, 『셀 교회 지침서』, 98.

그는 빌 벡햄과 랄프 네이버의 셀 이론을 응용하여 '셀 그룹'을 만들었다. 김성곤 목사가 정의한 '셀 그룹'이란 '예수 그리스도의 임재와 능력과 목적을 체험하며 전도, 정착, 양육, 훈련, 번식이 지속적으로 일어나 2천 2만 세계비전을 이루는 예수 생명의 가족모임'이다.251) 한 마디로 정의한다면, '예수 생명의 가족모임'이다. 육신의 가족이 혈육으로 맺어졌다면, 하나님의 가족은 예수 그리스도의 피로 맺어진 사람들이다. 성령의 능력으로 거듭나서 새로운 가족에 속하게 된 사람들이다. 이러한 가족은 다음과 같은 특징을 가지고 있다.252)

(1) 가족은 서로 사랑한다. (2) 가족은 함께 모인다. (3) 가족은 시간을 함께 보낸다. (4) 가족은 서로를 책임진다. (5) 가족은 기쁨, 슬픔, 고통, 아픔 등 모든 것을 함께 나눈다. (6) 모이지 않고 간섭을 받으려 하지 않는 사람은 암세포이다.

셀 그룹을 통해 가장 중요하게 여기는 것은 그리스도의 임재와 능력과 목적이다. 그리스도의 임재는 찬양과 나눔, 말씀, 기도 등을 통해서 다양하게 체험되며, 그리스도의 능력은 기도 응답을 통해, 치유를 통해, 말씀 능력을 통해 체험된다. 주님이 원하시는 것은 그리스도의 임재와 능력을 체험한 그리스도인들이 증인으로서의 삶을 사는 것이다. 그래서 불신자들을 열린 모임에 초청하고, 그들에게 그리스도를 소개하여 영접하도록 돕고, 셀 그룹을 통해 지속

---

251) 김성곤, 『다시 쓰는 두 날개로 날아오르는 건강한 교회』(고양시: 도서출판 NCD, 2007). 128. 여기서 말하는 '2만 2천 세계비전'이란 2천 명의 선교사를 각 민족과 열방에 파송하며, 2만 명의 셀 리더를 세워 지역과 민족을 복음화시켜 세계 복음화를 감당코자 하는 풍성한 교회의 비전이다.
252) 김성곤, 『다시 쓰는 두 날개로 날아오르는 건강한 교회』, 129.

적으로 하나님 나라를 확장해 나가는 것, 그것이 그리스도의 목적
이다.

셀 그룹의 사역은 구체적으로 다음과 같다.[253]

(1) 전도활동이다. 이것은 열린 모임[254]을 통한 전도와 백지 전도
법을 활용한 지역 전도이다. (2) 새 가족 섬김이 사역을 통한 정착
사역이다.[255] (3) 양육 훈련과정이다. 4주간의 새 가족반을 마치면
12주 과정의 양육 과정 소그룹에 참여한다. 양육반 개강 수양회인
전인적 치유수양회와 양육반은 4개월마다 개강한다. (4) 다양한 훈
련이 세계비전대학에서 이루어진다. 1년 과정으로 총 3학기로 4개
월마다 개강한다. (5) 번식 즉, 재생산이 일어난다. (6) 교제와 돌봄
이 일어난다. 영적인 부모인 셀 리더는 지체들 간에 교제가 풍성하
도록 하며, 돌봄을 통해 어린 그리스도인이 잘 성장하도록 한다.

셀 그룹의 사역과 더불어 셀 생활의 6가지 요소가 있다.[256]

(1) 공동체: 가족으로서 그리스도 안에서 함께 거하는 것이다. (2)
양육: 새 가족 양육이다. (3) 상호책임: 셀 안에서도 성령의 임재로
서로 돕고 격려하며 일하도록 도와주어야 한다. (4) 리더십: 가르치

---

253) 위의 책, 134-135.

254) 김성곤, 『전도소그룹, 열린 모임비전』(부산: 도서출판 두날개, 2008), 저자서문. '열린 모
임'은 전도 소그룹 모임이다. 이것은 한 지역을 거점으로 하여 누룩처럼, 겨자씨처럼 그 지
역을 장악해 가는 일종의 침투 전도(Saturation Evangelism) 방법이다. 주님의 전도방법
(마 28:18-20)과 바울의 전도방법(행 16:14, 18:1-3)이기도 했다. 열린 모임은 3-4
명이 팀을 이루어 전도하는 소그룹 전도 방법으로써 인도자 외에 셀 가족과 새 가족을 포
함한 3-4명이 12주 동안 한 팀이 되어 관계를 맺으며 사역한다. 실제로 풍성한 교회의
등록교인의 70% 정도가 열린 모임을 통해 인도되었다.

255) '새 가족 섬김이 사역'은 새 가족을 정착시키는 사역으로써 새 가족을 돕는 도우미를 '새
가족 섬김이'라고 한다. 이 사역은 3주 동안 이루어지며, 4주째는 새 가족반에서 담임목사
를 만난다. 이 때 담임목사는 목회철학과 비전을 소개한다.

256) 김성곤, 『다시 쓰는 두 날개로 날아오르는 건강한 교회』, 136.

거나 통제하는 리더십이 아니라 섬김의 리더십이다. (5) 전도: 잃어버린 영혼을 찾아 가는 것이 셀이 목표이다. (6) 중심의 DNA는 그리스도: 건강한 셀 그룹은 반드시 번식한다. 예수 그리스도가 하셨던 것처럼 셀 리더의 죽음을 통해 예수 생명의 가족이 되면 번식이 일어난다.

셀 가족 모임에서는 다양성을 인정하고 서로 세워주는 것에 초점을 맞춘다. 그러므로 위로해 주고 격려해 주고 치유하고 회복되는 곳이 바로 '셀 가족 모임'[257]이다. 군중 속에서의 고독으로 인해 고립되어 있는 현대인들은 저마다 가면을 한 두 개씩 쓰고 있다. 그래서 자신의 모습을 있는 그대로 드러내지 않는다. 그러나 진정한 가족이 되기 위해서는 이러한 가면을 벗어야 한다. 가면을 벗기 위해서는 첫 번째 사랑과 용납이 필요하다. 두 번째는 안정감과 신뢰이다. 그러므로 셀 모임에서 나눈 이야기는 절대 비밀로 해야 한다. 세 번째는 공감과 위로이다. 셀 가족 모임 안에서는 무슨 이야기를 하든 공감해 주고 위로해 주어야 한다. 네 번째는 희망과 격려이다. 다섯 번째는 영향력과 자제력이다. 좋은 영향력과 자제력을 나타낼 때 셀 가족들은 열린 마음과 정직함을 가질 수 있다. 마지막으로 은사에 따라 섬기는 곳이다.

셀 그룹은 5W로 인도한다.[258] (1) Welcome(환영): 간단한 게임이나 질문 등으로 분위기를 부드럽게 한다(Ice brake). (2) Worship(찬

---

257) '셀 가족' 모임이란 성서에서 교회를 하나님의 집으로 그리고 있는 것처럼 각자의 셀 그룹도 하나님의 권속 곧 가족으로 보는 개념이다. 그러므로 셀 그룹의 모임이 곧 셀 가족 모임이다.

258) Ralph W. Neighbour, 박영철역, 『셀 리더 지침서: 셀 리더를 강한 군사로 훈련시키는 안내서』(서울: 도서출판 NCD, 2001), 245이하.

양과 경배): 서로에 대한 관심에서 하나님께로 초점을 옮기는 시간이다. (3) Word(말씀): 서로를 세워 주는 과정으로 하나님이 우리에게 말씀하시는 시간이다. 이 때 셀 리더는 가르치는 자가 아니라 진행자이다. 셀 리더는 셀 가족들이 마음을 열고 그리스도의 음성을 듣도록 해야 한다. 그리고 말씀의 결과는 그리스도의 임재를 통하여 서로를 세우는 것이다. (4) Witness(증거): 셀 모임 안에서 그리스도의 목적이 이뤄지는 시간이다. 잃어버린 영혼에게 나아가는 것인데, 이 때 열린 모임의 진행현황과 베스트(태신자)와의 관계 맺기에 대해 나눈다. (5) Work & Prayer(돌봄과 기도): 중보기도 대상자와 서로의 문제를 놓고 기도한다.

4) 풍성한 교회와 셀 목회

김성곤 목사는 부산의 풍성한 교회(예장 합동)를 개척하면서 처음부터 전통적인 구역 같은 소그룹을 만들지는 않았다. 오히려 20여명의 성도들을 오픈 셀(Open Cell)인 '열린 모임'으로 편성한 것이 소그룹의 시초였다. '열린 모임'이란 전도 소그룹으로서, 주중에 가정이나 대학, 직장에서 모임을 갖는다. 열린 모임은 말 그대로 누구에게나 열려 있어 예수를 믿지 않는 사람, 갓 예수를 믿은 어린아이와 같은 사람, 장성한 청년과 같이 신앙이 성숙한 사람에 이르기까지 다양한 수준의 사람들이 참석하여 복음을 듣는다. 그곳에서는 전도뿐만 아니라 말씀을 통한 양육과 교제가 이루어지고, 또 다른 열린 모임으로 번식되기도 한다. 이러한 열린 모임 위주의 소그룹 목회를 해 오다가 1997년에 다시 구역을 조직한다. 이유는 성도 수가 늘어나면서 소외되는 사람이 없도록 하기 위해서였다. 그리고 그 기능을 기존 교회처럼 돌봄과 예배에 두었다. 그러나 시간이 지나면서 좀 더 건강한 소그룹의 필요성을 느꼈고, 빌 벡헴과 랄프 네이버의 셀 이론을 접하면서 열린 모임과 순 모임을 하나로 묶어 강력한 셀 그룹을 만들게 된 것이다.[259]

특히 풍성한 교회는 두 날개 양육시스템(일명 D12 다이아몬드 양육시스템, 표 3 참조)[260]을 통해 성서적인 건강한 사역자를 세우려고 노력한다. 즉 잃어버린 영혼의 아비, 셀 리더가 세워지는 것이다. 셀의 번식은 바로 이러한 셀 리더들을 얼마나 배출해 내는가에 달려 있다. 그러므로 셀의 번식이 아니라 셀 리더의 번식이다. 그리고 모든 성도는 셀 리더이다. 한 사람의 거듭난 그리스도인을 영적 아비인 셀 리더로 세워 재생산 사역자로 세워가는 것이 사명이다. 따라서 셀 리더와 예비 셀 리더인 인턴들은 매주 금요 기도회 전에 한 시간 반 정도 담임목사와 모임을 갖는다. 이것이 바로 리더반이고 교회의 중요한 결정사항에 대해 가장 먼저 알게 되는 곳이기도 하다.

---

259) 김성곤. 『다시 쓰는 두 날개로 날아오르는 건강한 교회』, 127-128.

260) '두 날개 양육 시스템'은 전도, 정착, 양육, 훈련, 재생산의 구조를 이루고 있다. D12는 목회 종합시스템으로서 새 가족이 80-90% 이상 정착하는 놀라운 결과를 가지고 있다. 또 4개월마다 번식하는 셀 그룹과 새 가족이 9개월 안에 리더로 세워지는 경험을 할 수 있으며, 모든 성도들이 전도하는 교회로 변하게 된다. 목회자와 성도들이 하나가 되고 같은 말, 같은 마음, 같은 뜻, 같은 열매를 맺는 탁월한 평신도 사역자가 세워진다.

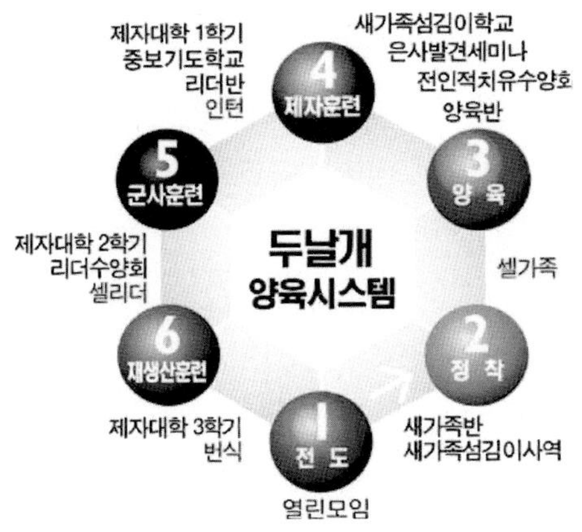

〈표 3〉 두 날개(D 12) 양육시스템

디렉터 그룹은 담임목사의 직계 12제자 모임이다. 이들은 일주일에 한 번 모여 말씀을 나누고 사역을 점검한다. 그리고 수시로 자신의 삶이나 사역에 대해 담임목사와 의논하도록 열려 있는 그룹이다. D12 그룹은 디렉터들 밑의 12명의 셀 리더 그룹이다. 동일하게 일주일에 한 번 모여 셀 그룹에서 나눌 말씀을 공부하며 사역을 점검한다. 디렉터들은 전임 사역자이므로 12명의 셀 리더를 세워야 하지만, 평신도인 셀 리더들은 4명의 셀 리더를 세우면 된다. 그것을 'D12 · 4 비전'이라고 한다.[261] D12 비전은 주님이 하셨던 것처럼 12명의 제자를 세워 '가서 모든 족속으로 제자 삼으라'는 세계 복음화의 비전이다. 그러나 평신도는 분주함과 시간의 한계로 인하여 4명의 셀 리더를 세우고, 풀타임인 디렉터들은 12명의 셀 리더를 세우도록 한다. 이것이 'D12 · 4 비전'이다(표 4 참조).[262] 4

---

261) 김성곤, 『다시 쓰는 두 날개로 날아오르는 건강한 교회』, 146 - 147.

262) 김성곤, 『독수리처럼 날다』(부산: 도서출판 두날개, 2007), 164. D12는 랄프 네이버의 G4 모델(참여 - 성장 - 섬김 - 나눔)과 같은 형식이다. 그래서 김성곤 목사는 D12 양육시스

개의 셀을 번식시킨 셀 리더를 '슈퍼 셀 리더'(Super Cell Leader)라고 한다. 즉 4명의 셀 리더를 세운 평신도인데 모든 셀 리더들의 목표이기도 한다. 슈퍼 셀 리더는 셀 모임을 인도하지 않으나 D4 모임[263]과 열린 모임을 인도해야 한다. 그러나 디렉터는 12개의 셀을 번식시킨 후에도 셀을 인도하는 것을 원칙으로 한다.

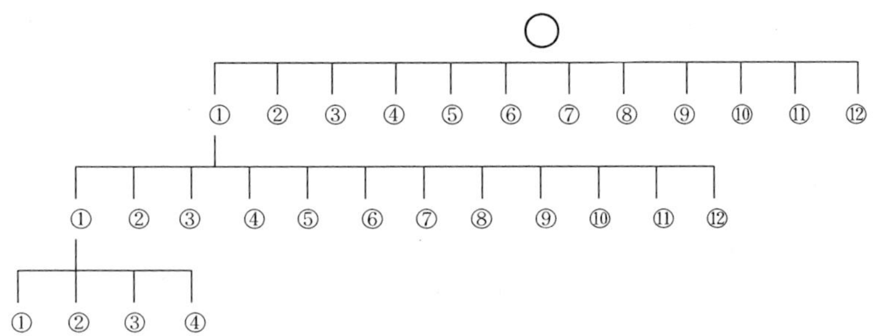

〈표 4〉 D12 · 4 도표

셀 리더는 모체 셀 리더의 추천으로 디렉터, 담임목사의 결재 후 임명 받는다. 또한 셀 리더는 담임목사의 리더십에 철저히 순종해야 하며, 같은 말, 같은 뜻, 같은 생각, 같은 열매가 보이는 자여야 한다. 그리고 셀 모임 한 달 평균 출석이 12명이 되면 분가할 수 있다.[264]

두 날개 양육 시스템을 적용하여 셀 그룹 목회를 하고 있는 부산 풍성한 교회는 현재 교세에 비해 한국 교회에 강력한 영향력을 끼치고 있다. 그 이유는 (1) 담임목사(김성곤 목사)의 열정적인 복

템에 대해 구체적으로 설명할 때 'D12.4비전'이라고 소개한다.
263) 슈퍼 셀 리더와 자신의 4명의 셀 리더들과의 모임으로 본인이 직접 인도하는 것이 원칙이다.
264) 김성곤, 『다시 쓰는 두 날개로 날아오르는 건강한 교회』, 150.

음전도의 열망 (2) 리더의 복음에 대한 열정이 각 소그룹 안에 그대로 전달되는 점 (3) 소그룹 안에서 말씀을 통한 변화를 경험 (4) 열린 모임과 같은 전도 소그룹을 통해 영적 재생산이 이루어지기 때문이다.

그러나 두 가지 비평적 평가가 필요하다. (1) 두 날개 양육 시스템은 전도 - 정착 - 양육 - 제자훈련 - 군사훈련 - 재생산 훈련의 6단계 양육 훈련과정이다. 체계적인 양육 훈련시스템이라고 말하지만, 좀 복잡하다.[265] 이 양육 시스템은 이것만 있는 것이 아니다. 각종 수양회(전인적 치유수양회, 리더 수양회)와 세미나(은사발견 세미나, 새 가족 섬김이 학교, 중보 기도학교) 등 다양한 하부 프로그램들이 있다. 사람들은 인위적인 시스템에 항상 불편해 한다. 그리고 복잡한 시스템은 장애가 발생할 가능성도 있다. 사람은 천차만별이기 때문에 일률적으로 적용하기는 쉽지 않다. 예수님의 소그룹은 '양육 훈련 소그룹' 보다 '삶을 나누는 소그룹'이었음을 상기할 필요가 있다. (2) 두 날개 양육 시스템의 목표는 영적 재생산이다.[266] 그러나 새들백 교회의 양육과정은 소그룹에 참여 - 성장 - 섬김 - 나눔이라는 다이아몬드 양육과정을 거쳐 모든 성도들이 하나님을 진정으로 예배하는 자로 만드는 것(worship)을 목표로 한다. 소그룹 사역의 일차 목표는 소그룹을 통한 교제이고, 다음은 양육과 훈련이며, 마지막으로는 흩어지는 교회로서 전도와 섬김 그리고 봉사와

---

265) 김성곤, 『양육의 기쁨』(부산: 도서출판 두날개, 2008), 저자는 서문에서 "진정한 영적 성장은 체계적인 양육을 통하여 이루어진다."고 말하면서 "양육은 영적으로 어린 그리스도인을 그리스도의 장성한 분량에 이르기까지 성장하도록 돕는 일이다."고 주장한다.

266) 김성곤, 『재생산의 삶』(부산: 도서출판 두날개, 2008), 저자는 서문에서 제자훈련의 진정한 열매는 재생산을 해내는 사역자이며, 그러한 제자를 훈련해 내는 것이 양육훈련의 궁극적인 목표라고 말한다.

선교를 지향해야 한다. 그러나 두 날개 양육 시스템의 마지막 단계
가 재생산에만 그쳐 소그룹을 통한 교회의 양적인 성장은 가져올
지 모르지만, 세상을 향한 교회의 사명은 도외시되는 경향이 있다.
이것이 과연 건강한 교회의 모습이며, 초대 교회의 본질을 회복하
는 것인지 묻지 않을 수 없다.

3. 가정교회

1) 가정교회의 이해

가정교회는 오늘날 셀 목회와 함께 새로운 소그룹 목회의 모델
로 자리를 잡아가고 있다. 특히 다양한 소그룹 목회 가운데 가정교
회가 관심이 큰 이유는 다음과 같다.[267] (1) 언어적으로 원형 교회
라는 인식(행 2:42 - 47). (2) 구성원들의 성숙이 일어날 수 있는 최적
의 구조 (3) 상호 나눔과 돌봄에 대한 책임감을 가질 수 있는 구조
(4) 평신도들의 은사와 지도력을 함양할 수 있는 구조 (5) 새 가족의
안정감 있는 정착구조 (6) 열린 구조 등으로 이해되기 때문이다.

일산 화평교회의 최상태 목사는 가정교회를 정의하기를 가정교
회는 "초대 교회 그리스도인들이 가정에 모여서 예배와 교제와 사
도의 가르침과 나눔과 전도 등에 힘썼던 사역을 지역 교회의 형태

---

267) 이상화, "소그룹으로서의 가정교회 운동", 「목회와 신학」(서울: 두란노서원, 11월호/2007),
　　 104.

로 행하는 것"268)이라고 말한다. 즉 초대 교회처럼 훈련된 평신도 사역자들을 세워서 그들이 리드하는 소그룹으로 하여금 교회의 기능을 다하게 하는 것이다. 그러나 초대 교회의 스타일과 방식을 그대로 따르는 것이 아니라 초대 교회의 정신과 생명의 역동성을 계승 발전시키는 것에 역점을 둔다.

로버트 뱅크스(Robert Banks)는 가정교회를 교회 내부의 '회중에 기초를 둔 가정교회(Home Church based Congregation)'와 '교회와 병행하는 가정교회(Home Church)'의 두 가지 유형으로 나누다.269) 가정교회(Home Church)는 미혼자, 기혼자 그리고 그들의 자녀들을 포함하는 일종의 확대된 그리스도의 가족을 말한다(그리스도인의 기초 공동체/소규모 신앙공동체/에클레시아). 회중에 기초를 둔 가정교회는 보다 넓은 지역교회(큰 공동체)를 말한다. 이 두 가정교회의 목적은 (1) 공동체적으로 함께하는 그리스도인의 삶을 살기 위해서, (2) 구성원의 신앙을 일상생활에 적용하기 위해서, (3) 하나님과의 깊은 관계를 위해서이다.

로버트 뱅크스는 가정교회와 셀 교회는 나눔이나 찬양, 성경공부, 식사, 서로 섬기는 일 등에서는 유사하지만, 공동체성을 추구하는 데에는 상당한 차이가 있다고 지적한다.270) 즉 셀 교회는 재빠른 변화와 초대 교회 구조를 지나치게 강조하여 깊은 관계를 형성

---

268) 최상태, 『21세기 신 교회론, 이것이 가정교회다』, (서울: 국제제자훈련원, 2006), 66.

269) Robert Banks, *Paul's Idea of Community: "The Early House Churches in their Historical Setting*(Peabody: Hendrickson Publishers, 1995), 22 - 23. 최상태, 『21세기 신 교회론, 이것이 가정교회다』, 67. 재인용.

270) 셀 교회가 공동체의 기본 단위로서 소그룹의 크기에 중점을 두어 붙인 명칭이라면, 가정교회는 모이는 장소에 중점을 두어 붙인 명칭이다. 두 그룹의 차이점은 셀 교회의 키워드가 '번식'이라면, 가정교회는 '가족'이다. 셀 교회가 성장과 효율에 중점을 둔다면, 가정교회는 관계와 섬김이라는 교회 본질 회복에 중점을 둔다.

할 만한 시간을 줄 수 없기 때문에 수준 높은 유기적 공동체의 삶을 발전시킬 수 없을 뿐만 아니라, 경영적인 조직과 계급적 사고방식을 갖게 할 위험이 따른다고 지적한다.[271] 반면 랄프 네이버는 가정교회에 대해서 소극적으로 표현한다. 가정교회는 "셀 그룹과 다르게 고정된 장소에서 매 주일 15 - 25명씩 모이기 때문에 그룹 내의 교인들끼리의 교제에만 머물러 폭넓은 교제가 힘들다"고 지적한다. 뿐만 아니라 "가정교회는 전도활동이나 비전을 갖고 있지 않기 때문에 부흥이 되지 않고 정체한다"면서 "셀 교회는 가정교회에 비해 더 큰 구조를 가지며 수많은 세포를 가지고 있어 많이 움직이고 외부에 복음을 전함으로 비개종자들을 안으로 끌어들이는데 전력하며 모든 개개인의 지체들을 훈련시키는 일에 관심이 크다"며 셀 교회가 가정교회보다 더 효과적인 사역의 강점을 가지고 있음을 주장하고 있다.[272]

미국 휴스턴 서울 침례교회의 최영기 목사는 가정교회를 이렇게 정의한다.[273] (1) 개척교회와 같다. (2) 그 자체가 교회이다. (3) 지역 중심보다는 관계 중심이다. (4) 성경 공부보다는 삶의 나눔을 중요시 한다. (5) 전도에 역점을 두는 사역이다. (6) 교회의 기능을 다 하게 하는 교회이다.

이러한 가정교회에 대한 정의들을 살펴보면, 가정교회는 '자발성'과 '독립성' 그리고 '유기성'[274]이 강조되어야 함을 알 수 있다.

---

271) 최상태, 『21세기 신 교회론, 이것이 가정교회다』, 67 - 68.
272) Ralph W. Neighbour, 장학일 역, 『셀 목회 지침서』(서울: 서로사랑, 1999), 269 - 270.
273) 최영기, 『가정교회로 세워지는 평신도 목회』(서울: 두란노, 1999), 71.
274) 이상화, "소그룹으로서의 가정교회 운동", 103.

2) 가정교회의 신학

　가정교회 역시 신약 성서가 말하고 있는 원칙에 의해 운영되고 있다. 특히 최영기 목사는 가정교회가 가진 세 가지 성서적인 축을 다음과 같이 말한다.[275]

　(1) 주님이 주신 대 사명(마 28:19 - 20): 이 명령 중 가장 중요한 것은 "제자를 삼아"라는 말이다.[276] 즉 교회는 제자를 만드는 곳이다. 그리고 예수께서 제자들이 배우고 전수하기를 원하셨던 것은 단순히 그의 가르침이 아니라 그의 삶이었다. 예수님과 같은 삶을 사는 사람을 키워 내고 이런 사람을 전수할 사람을 만들어 내기를 원하셨다. 이러한 제자를 만들어 내는 사명을 위하여 주님은 "가서, 세례를 주고, 분부한 모든 것을 지키도록 가르치라"는 것이다.

　(2) '듣고'가 아닌 '보고' 배우게 하는 가르침(막 3:13 - 15): 마가는 주님이 제자들을 부르신 목적을 "같이 있게 하사"라고 말하고 있다. 즉 예수께서는 생활을 같이 함으로 제자를 만드셨다. 그래서 제자들로 하여금 보고 배우게 하시고 때때로 그들을 둘 씩 짝지어 보내셔서 보고 배운 것을 실습하도록 하셨고, 돌아와서 보고하도록 하셨다. 듣고 배우는 것이 아니라 보고 배우도록 하신 것이다.

　(3) 성서적인 사역 분담(엡 4:11 - 12): 목회자는 "성도를 온전케" 하는 일, 즉 평신도의 은사를 발견해 주고, 훈련시켜 주며, 은사를 발휘할 기회를 만들어 주는 일에 집중한다. 그리고 평신도는 교회

---

275) 앞의 책, 45 - 60

276) 이 명령에는 동사가 넷 나온다. '가서', '제자를 삼아', '세례를 주고', '지키도록 가르쳐라' 이다. 이 중 명령형은 '제자를 삼아' 하나이고, 나머지는 분사이다

의 모든 봉사활동 및 교회를 세우는 일, 즉 전도, 심방, 상담 등을 담당해야 한다. 이러한 사역의 분담으로 인해 목회자는 기도와 말씀 선포와 성도를 온전하게 하는 사역에 집중하여 탈진하지 않으며, 평신도는 보람 있는 행복한 사역을 할 수 있다.

주님의 소원을 이루려면 교회는 성령의 인도하심에 민감해야 한다. 전통과 습관에 매여서 주님의 인도하심을 놓쳐서는 안 된다. 현 세대에 불어오는 성령의 바람은 다음의 세 단어로 표시할 수 있다.[277] (1) 평신도: 가정교회는 평신도 사역이 활성화 되는 장이다. (2) 공동체: 가정교회 사역은 공동체 운동이다. 영적인 필요뿐만 아니라 물질적인 필요까지 채워 줄 수 있는 확대 가족이다. (3) 기도: 가정교회 사역은 기도 사역이다. 기도가 사역의 가장 중요한 위치에 놓여 있다. 불신자 전도를 사역의 목표로 삼기 때문이다.

이러한 가정교회가 가지는 철학을 목회적 차원에서 살펴본다면 다음과 같이 세 가지로 정리할 수 있다.[278] 첫째, 교회의 사역은 평신도와 성직자의 구분은 없어야 한다는 철학이다. 둘째, 신앙과 생활의 일치를 이루어야 한다. 셋째, 건강한 교회, 건강한 그리스도의 몸을 이루는 목회 철학이다.

그러나 가정교회가 단순히 교회 성장의 한 방법이나 수단으로 이해하고 활용하게 되면 실패할 수밖에 없다. 그러므로 가정교회는 신앙의 본질과 교회의 본질을 회복하고 실현시키려는 노력으로 이해되어야 한다.

---

277) 최영기, 『가정교회로 세워지는 평신도 목회』, 63－66.

278) 박영철, "가정교회 운동의 목회적 가치와 철학", 『목회와 신학』(서울: 두란노서원, 11월호/ 2007) 89－90.

3) 가정교회의 내용과 실제

최영기 목사는 "가정교회는 개척교회와 같다."고 말한다.[279] 이유는 한국에서는 보통 목사 스스로 교회를 개척한다. 그러나 미국에서는 보통 평신도들이 교회 개척을 시작하기 때문이다. 그러므로 평신도로서는 이 개척의 기간이 교회 생활 중에서 제일 재미있고 보람 있는 기간이다. 교회를 시작한다는 기쁨이 있고, 어떤 목회자가 오실지에 대한 기대도 있다. 이 때는 직분이 필요 없다. 누구나 다 교회 일에 열정적으로 동참한다. 이것은 교회의 운명이 자신에게 달렸다고 느끼기 때문이다. 모든 교인이 다 한 가족 같기 때문이다.[280] 가정교회의 이해를 위해 먼저 다른 소그룹을 비교해 볼 수 있다.[281]

비교항목	구역	순 모임	가정교회
개념	교회의 부속 기관	제자훈련 모임	그 자체가 교회
사역 목적	친교	성경 공부	교회의 모든 사역 포함
조직	지역 중심(기존 신자)	지역 중심(기존 신자)	동질 집단(불신자 포함)

가정교회는 초대 교회처럼 집에서 모이는 교회이다. 그리고 예수님이 12명의 소수 인원을 뽑아 훈련시켰듯이 12명 이하의 인원으로 조직한다. 12명이 초과되면 지도자를 세워 분가시킨다.[282] 성경

---

279) 최영기, 『가정교회로 세워지는 평신도 목회』, 68.

280) 김순성, "가정교회 소그룹 구조와 기능의 실천신학적 의의", 「복음과 실천신학」(한국복음주의실천신학회, 제 16권 봄호/2008), 11 - 14. 저자는 가정교회 사역의 특징을 다음과 같이 말한다. (1) 공동체적 관계를 경험. (2) 평신도 중심의 사역, (3) 목양기능을 지닌 사역, (4) 삶의 나눔을 통한 친교와 치유사역, (5) 영혼구원 중심의 전도와 선교사역.

281) 앞의 책, 69 - 71.

282) 최상태, 『21세기 신 교회론, 이것이 가정교회다』, 90. 그러나 최 목사는 분가에 역점을 둔

공부보다는 삶을 나눔으로써 제자를 만들려고 노력한다.

가정교회는 지도자의 선출로 시작된다. 지도자는 가정교회에 대한 목회비전을 공유할 수 있고 섬기는 사람이어야 한다. 지도자의 선출은 두 가지 방법이 있다. (1) 작은 교회에서는 공개적으로 선출할 수 있으며, (2) 목회자가 지도자 후보를 선정하고 교인들로 하여금 그들 중에서 자신의 목자를 선정하도록 하는 것이다. 어느 방법이든지 교인들에게 선택권을 주는 것이 중요하다. 그리고 가정교회 지도자는 매년 신년 초에 다음의 해야 할 일들을 열거하고 서약한다.[283]

(1) 가정교회의 책임자로서 구성원들의 영적 성장과 가정교회의 전반적인 운영을 책임진다.

(2) 매 주일 예배 후에 있는 정기 훈련에 참석한다.

(3) 새로 온 사람들이 자신의 가정교회에 할당되면 그 주일에 심방하고, 가정교회에 정규적으로 참석하고 교인으로 등록할 때까지 특별한 관심을 쏟는다.

(4) 일주일에 닷새 이상 매일 20분 이상씩 기도한다.

(5) 일주일에 닷새 이상 매일 성경을 3장 이상씩 읽는다.

(6) 일주일에 두 번 이상 구성원들의 이름을 하나하나 불러 가며 기도한다.

(7) 온전한 십일조를 본 교회에 드린다.

구성원의 숫자가 12명이 넘으면 분가를 위해서 가정교회를 둘로 나눈다. 이러한 분가를 대비해 '예비 지도자'를 세워 훈련을 시킨

나머지 그룹의 멤버나 환경이 자주 변하면 공동체로서의 친밀감이 잘 형성되지 않아 공동체 붕괴의 원인이 된다고 말한다.

283) 최영기, 『가정교회로 세워지는 평신도 목회』, 91.

다. 예비 지도자들은 구성원들이 추천하여 교회가 임명한다. 또한 '교사'를 임명하여 가정교회 모임시 성경을 가르치도록 한다. 교사의 위치는 지도자보다 높아서는 안된다.

가정교회 모임의 진행은 다음과 같다.[284]

(1) 보통 주말 저녁에 모인다.

(2) 식사: 가족 같은 분위기를 위해 절대적으로 필요하다.

(3) 찬양: 각자 결정하여 찬양한다(약 25분 정도).

(4) 연합 교회의 광고: 가정교회가 독립된 존재가 아닌 큰 연합의 지체라는 것을 강조하는 의미로 교회 광고를 한다.

(5) 성경 공부: 지도자가 인도하지 않고, 교회에서 임명받은 교사가 인도한다. 이것은 사역의 분담을 위한 의도이다(약 20분 정도 교사의 전달로 마친다).

(6) 나눔의 시간: 이것이 모임의 핵심이다. 지난 주간에 자신에게 일어났던 감사거리 등을 나누며, 한 사람도 빠짐없이 한 마디씩 하도록 한다. 이 시간에 문제를 노출시킨 사람은 자유롭게 자신의 생각과 느낌을 표현할 수 있도록 하며, 조언을 할 때는 간증과 질문의 두 가지 방법만을 사용한다. 그러나 나눔은 강요해서는 안된다.

특별히 부상되는 문제가 없으면, 지난 주일 설교를 생활에서 어떻게 적용하였는가를 나눈다(약 1시간 - 1시간 30분 정도).

(7) 중보기도: 삶의 나눔을 통해 중보 기도할 내용과 기도 제목을 놓고 기도한다.

(8) 선교 도전: 구성원들의 시선이 세상으로 향하도록 하는 시간이다. 후원하는 선교지에 대한 보고와 전도 대상자 심방 보고, 선

---

284) 위의 책, 75 - 80.

교 회비를 걷기도 한다.

가정교회의 성장을 막는 장애 요인과 그 해결 방안은 다음과 같다.[285]

(1) 공동체에 시간을 투자하라: 구성원들의 분주함으로 인해 건강한 가정교회를 만드는 사역에 지장을 받는다. 그러므로 지도자는 가정교회 모임을 우선순위에 두도록 지도해야 한다.

(2) 구성원들의 유동성: 분가에 역점을 둔 나머지 구성원이나 환경이 자주 변하다 보면 공동체로서의 친밀감 형성이 잘 이루어지지 않는다. 그러므로 가정교회가 처음 형성될 때 목회자는 숙고하여 미래를 내다보고 구성원들의 형편을 고려해서 가정교회를 세워야 한다.

(3) 자기중심적 사고를 버려라: 개인주의적 사고가 만연하면 가정교회는 기능을 발휘하기가 어렵다. 그러므로 지도자부터 헌신적으로 섬김과 나눔을 실천해야 한다. 또한 비판적 사고와 지식적인 성경연구 등이 두드러지면 깊은 나눔은 사라지므로 상상력과 감정을 이끌어 내도록 해야 한다.

(4) 프로그램 중심이 아닌 사람 중심: 성령의 인도하심에 맡기며 사람을 세우고 개발하는데 초점을 맞추어야 한다.

(5) 목회자의 지나친 간섭이나 통제 지양: 사역의 위임을 통해 책임감을 갖고 일하도록 해야 한다.

(6) 갈등의 시기를 극복하자: 사역을 하다보면 기쁨과 감격의 때가 있는가 하면, 갈등의 시기도 있다. 경건 생활에 힘씀으로써 극복해야 한다.

(7) 헌신, 과하거나 부족함이 없이: 가정교회에 대한 취지나 동기,

---

285) 최상태, 『21세기 신 교회론, 이것이 가정교회다』, 89 - 100.

방향과 목적 등을 잘 점검하고, 모범적인 가정교회를 참관하거나 방문하고 상담함으로 문제를 해결 받을 수 있다.

현재 한국교회 안에서 일어나고 있는 가정교회 운동의 온전한 정착을 위해서는 몇 가지 넘어야 할 사항들이 있다. 그것은 (1) 용어의 문제이다. 미국의 휴스턴 한인 침례교회가 지향하는 가정교회 체제만이 곧 가정교회라는 인식은 문제가 있다.[286] 화평교회처럼 초대교회의 정신은 이어가되 현실에 맞추어 창조적으로 변화를 시키는 것도 타당하다고 본다. (2) 일부 목회자들이 가정교회를 교회 부흥의 수단으로 편협하게 이해하는 경향이 있다. 물론 가정교회는 분가(재생산, 양적 성장)를 지향하지만, 분가 그 자체가 목적이 아니다. 무엇보다도 '구성원 서로 간에 삶을 나누고 돌보는 곳'이다. (3) 가정교회가 기존의 교회 권위와 위계질서를 파괴시킬 것이라는 우려이다. 실제로 교회 공동체 전체를 전제한 '유기성'을 간과하고 가정교회의 특징 가운데 하나인 '독립성'만을 강조한다면, 이런 우려는 현실로 나타날 수 있다.[287] 따라서 가정교회가 온전하게 정착하려면, 교회 공동체가 가지고 있는 변화시킬 수 없는 신앙고백과 교리, 그리고 교회 내적인 전승과 전통을 인지하면서 가정교회의 원리를 적용해야 한다. (4) 가정교회는 그 자체가 프로그램이기에 분파주의에 빠질 수 있다는 우려이다. 따라서 교회 공동체 안에서 유기성을 적극 강조해야 만 한다.

---

286) 목회와 신학 대담, "가정교회는 신약교회를 회복하는 것입니다", 『목회와 신학』(서울: 두란 노서원, 11월호/2007), 73. 최영기 목사는 '가정교회 특별대담'에서 가정교회라는 용어의 상징성 때문에 용어 변경은 양보할 수 있는 사안이 아니라고 단호히 말한다.

287) 이상화, "소그룹으로서의 가정교회 운동", 105.

4) 화평교회와 가정교회

일산 화평교회(최상태 목사, 예장 합동, 1988년 1월 30일 개척)는 제자훈련과 가정교회를 통해 성장한 대표적인 교회이다. 최상태 목사는 "제자훈련은 동력을 전달하는 축과 연결된 톱니바퀴이고, 가정교회는 제자훈련이란 톱니바퀴를 통해 동력을 전달받아 또 다른 톱니바퀴에 힘을 전달한다. 쉽게 말하면, 제자훈련이라는 '토양'이 잘 갖춰져야 가정교회라는 '씨앗'이 뿌리를 내릴 수 있고, 건강한 교회라는 '열매'를 수확할 수 있다"고 말한다.[288]

이러한 목회 철학으로 인하여 꾸준한 제자훈련을 실시한 결과 훈련된 성도들의 수가 늘어나기 시작했다.[289] 그러면서 몇 가지 목회자로서 고민을 하게 된다. (1) 전체 성도들을 어떻게 효율적으로 돌보며 섬길 수 있을까? (2) 훈련된 성도들이 힘껏 일할 수 있는 현장이나 환경은 무엇일까? (3) 제자훈련을 마친 성도들이 지속적인 훈련을 원하는데 어떻게 해야 할까? (4) 형편상 제자훈련을 받지 못한 사람과 받은 사람이 어떻게 조화롭게 공동체를 발전시켜 나갈 수 있겠는가? (5) 제자훈련을 받지 못해도 받은 은사대로 헌신 봉사하며 그리스도를 닮아가는 제자로서의 삶을 살 수 있는 환경이 무엇일까? 이러한 고민은 건강한 교회와 목회를 지향하는 모

---

288) 최상태, 『21세기 신 교회론, 이것이 가정교회다』

289) Ralph W. Neighbour, 『셀 리더 지침서: 셀 리더를 강한 군사로 훈련시키는 안내서』, 20 – 46. 가정교회는 평신도 목회를 지향하는 운동이며 이 사역의 핵심에는 '목자'(평신도 리더)라는 직책이 있다. 랄프 네이버는 좋은 목자의 자질에 대해서 다음과 같이 말한다. (1) 주님의 본을 따르는 목자 (2) 안내자로서의 목자 (3) 자기를 높이지 않는 목자 (4) 양육하는 목자 (5) 보호하는 목자 (6) 양들의 필요를 돌보는 목자 (7) 제사장들을 훈련시키는 목자 (8) 모든 자원들을 머리되시는 예수님께 의지하는 목자이다. 가정교회는 직분 중심 체제가 아니라 철저히 목자중심(훈련된 평신도 지도자)의 체제이다.

든 목회자의 공통적인 고민일 것이다. 최상태 목사는 이에 대한 해답을 소그룹 목회에서 찾게 된다. 훈련된 평신도들에게 사역을 위임하여 소그룹 지도자로 마음껏 헌신하게 하는 일이 중요함을 깨닫게 되었다. 그 후 교회 창립 10주년을 맞이하면서 두 가지 비전을 제시한다. 그것은 '평신도를 지도자로 세우는 교회'와 '소그룹 중심으로 성숙해 가는 교회'이다. 그리고 그는 자신의 목회 철학을 7가지로 정리한다. (1) 공동체(관계)를 중요시하는 교회, (2) 성경에 기반을 둔 사역에 힘쓰는 교회 (3) 평신도를 훈련하여 동역자로 세우는 교회 (4) 훈련받은 사람이 사역하는 교회 (5) 균형 있는 삶을 살도록 하는 교회 (6) 주님 닮은 사람을 많이 만들어 내는 교회 (7) 주님의 지상명령에 적극 순종하는 교회이다.290)

최상태 목사는 화평교회가 지향하는 가정교회를 이렇게 말한다.291) (1) 초대 가정교회를 모델로 하되 그 정신과 역동성에 역점을 둔다. (2) 성숙한 공동체의 삶을 발전시키는 것을 목표로 한다. (3) 훈련된 평신도 사역자가 목회하게 한다. (4) 사람을 변화시키는 말씀의 사역을 소홀히 하지 않는다. (5) 전도와 선교에 역점을 둔다. (6) 매주 1회 모이는 것을 원칙으로 한다. (7) 분담사역을 중요시한다. (8) 제자훈련을 기초로 한 가정교회를 지향한다.

이러한 화평교회의 가정교회는 '모이는 교회'만이 아니라 전도와 선교를 통해 '흩어지는 교회'의 사명을 감당하고자 노력한다. 또한 셀 교회의 특징인 재생산뿐만 아니라 성숙한 공동체적 삶을 지향하려고 노력한다. 가정교회는 교회 안의 작은 교회로서 독립적이

---

290) 최상태, 『21세기 신 교회론, 이것이 가정교회다』, 54.
291) 위의 책, 69 - 70.

고 다른 교회들과 동일한 권리를 소유하며, 상호 유기적 관계로서 작은 가정교회가 모여 큰 공동체인 화평교회를 이루고 있다.

지금까지 상술한 한국교회의 대표적인 소그룹 목회의 유형인 구역과 셀 그리고 가정교회의 차이점을 살펴보면 다음과 같다.

먼저 구역과 셀의 차이점은 구역은 일정한 지역을 중심으로 활동하며, 기존의 신자들을 중심으로 모이는 일종의 닫힌 그룹(closed group)인 반면에, 셀은 비기독교인이 기독교인과 만날 수 있는 열린 공간을 제공하는 열린 그룹(open group)이라는 점이다.

셀과 가정교회를 비교해 보면, 두 소그룹 모두 많은 유사점을 가지고 있지만, 가장 큰 차이점은 셀 목회는 '재생산'에 강조점을 두고 있는 반면, 가정교회는 '관계 중심의 공동체성'에 강조점을 두고 있다는 점이다.

제2장

신갈장로교회의 소그룹 목회의 평가

1. 지역사회 및 신갈장로교회의 역사와 상황

1) 지역의 유래

신갈장로교회는 경기도 용인시 기흥구 신갈동 40 – 22번지에 소재하고 있으며, 교인의 소재 분포 지역은 기흥구 전체를 포함하고 있다(일부는 수지구와 수원 그리고 동탄 신도시에도 소재함).

용인(용인시)은 1413년 태종 13년 용구(龍駒), 처인현(處仁縣)을 합쳐 용인현(龍仁縣)이라 했으며, 1895년 5월 26일 충주부 용인(龍仁)이 되었다가 경기도로 이속되었다. 1979년 5월 1일 용인면(龍仁面)이 용인읍(龍仁邑)으로 승격되었고, 그 후 1996년 3월 1일 용인군(龍仁郡)이 도농복합형태의 시로 설치되었으며, 2005년 10월 31일 처인구, 기흥구, 수지구로 3개 구청을 설치하였다.[292]

---

292) http://www.yonginsi.net 용인시 홈페이지(2009년 10월 31일 현재).

기흥(기흥구)은 고려시대의 용구현(龍駒縣)과 조선시대의 용인현(龍仁縣)에 속해 있던 역참(驛站) 지역의 하나로서 중요한 교통거점으로서의 역할이 주어졌던 고장으로, 1914년 4월 1일 개편당시 지내면(枝內面)의 영통리(靈通理)지역과 기곡면(器谷面) 일원을 합치고 구흥면과 내읍삼면 일부를 합친 지역으로서 기곡에서의 첫 글자와 구흥(駒興)에서의 끝 글자를 합쳐서 '기흥'(器興)이라 하였다.[293]

'신갈'(신갈동)은 본래 용인현 구흥면 지역이었으나 1914년 행정구역 개편할 때 역촌일부, 신촌, 미동, 갈천, 상촌, 상관곡리 등을 합치고, 신촌과 갈천의 첫 자를 따서 '신갈동'이라 하였다.[294]

2) 지역적 특성

(1) 지리적 특성: 경기도 및 수도권 남부에 위치하여 용인의 서부 생활권에 위치하며, 동쪽으로는 처인구, 북쪽으로는 수지구, 서쪽으로는 수원시와 경계 용인의 서쪽 관문이자 고속도로가 분기하고 있는 교통의 요충지이다. 경부고속도로, 영동고속도로 진입로, 국도 1호선, 42호선 등 주요 간선도로가 도심부를 통과한다.

(2) 도시 구조적 특성: 용인은 IT산업의 메카도시이자 첨단산업 중심의 미래지향도시이다. 특히 삼성의 기흥반도체, 연구원, 연수원 등 첨단기업과 연구시설이 있으며, 대학 및 연구소를 중심으로 교육 연구타운 조성 및 첨단산업을 육성하는 곳이다. 또한 편리한 교

---

293) http://www.giheunggu.go.kr 기흥구 홈페이지(2009년 10월 31일 현재).

294) http://www.giheunggu.go.kr/dong/singal/ 신갈동 홈페이지(2009년 10월 31일 현재).

통접근성으로 배송단지, 물류단지 유치 등을 통한 유통기능이 강화된 도시이며, IT산업의 메카도시이자 첨단산업 중심의 미래지향 도시를 지향하고 있다.

(3) 생활환경 및 문화적 특성: 동백, 흥덕 지구 등 대규모 택지대발에 따른 현대적인 주거기능 중심의 개발지역으로 전형적인 도시권역. 기흥호수공원, 도립박물관, 한국 민속촌, 백남준 박물관 등이 연계된 휴식 및 문화 공간이 겸비되어 있다.

(4) 통계: 기흥구의 인구는 329,614명(용인시 전체 인구의 39.3%, 2009년 6월 30일 현재)이며, 세대수는 119,817세대(1년간 평균증가율 4.6%)이다. 현재 초등학교 35개소, 중학교 17개소, 고등학교 5개소, 대학교 5개소가 있다.[295]

3) 신갈장로교회의 역사와 상황

신갈장로교회는 1930년 3월 3일 신갈리 상미부락 김학로 씨 조모님 댁에서 정종윤 전도사의 인도로 모여 첫 예배를 드렸다.[296] 그 후 1946년 현 위치(신갈동 40 - 22)로 교회당을 이전하여 1990년 11월 11일 현 교회 건물을 건축하였다(연 건평 750평, 지하 1층, 지상 3층). 지금까지 15명의 담임 목회자가 부임하여 사역을 하였고, 본인이 제16대 담임 목사로 2008년 6월 15일 부임하였다. 현재 교인의 수는 재적교인 약 1,280명(장년 900명, 청년 70명, 청소

---

295) http://www.giheunggu.go.kr 기흥구 홈페이지.
296) 신갈장로교회, 『2009년 교회수첩』, 10.

년 110명, 어린이 200명)이며, 매 주일 출석교인은 약 830명(장년 600명, 청년 40명, 청소년 70명, 어린이 120명)이다.

신갈장로교회의 소그룹 목회의 역사를 살펴보면, 먼저 2005년 말까지는 '구역'을 중심으로 한 전통적인 소그룹 목회를 진행하다, 2006년 1월부터 '제자를 세우는 건강한 교회'라는 표어로 '셀 그룹 목회'를 시작하였다. 그리고 본격적인 '셀 그룹'의 소그룹 목회는 그 다음 해에 실시하였다. 이렇게 전임자가 부산 풍성한 교회의 '두 날개 양육 시스템'을 도입하여 열린 모임, 양육훈련, 셀 가족 모임(소그룹 목회)등의 새롭고 역동적인 목회를 시작하였다.[297] 그리하여 교회는 영감이 넘치는 예배와 체계적인 양육훈련 그리고 열린 모임을 통한 전도가 활발하게 이루어지기 시작하였다.

그러나 새로운 소그룹 목회 '셀 가족 모임'을 시작하였지만, 몇 가지 문제점이 노출되었다. 첫째로 명칭에 대한 이해 부족으로 인한 오해이다. 역사가 깊은 교회에서 '구역'이란 전통적인 명칭 대신에 '셀 가족 모임'이라는 생소한 외래어를 사용하자 노년층과 보수적인 일부 교인들은 거부반응을 보였다. 둘째로 '셀 가족 모임'의 편성을 남녀로 구분하여 조직하였다. 그 후 여자의 모임은 활발하게 진행이 되었지만, 남자들은 거의 모이지를 못해 와해 직전에 놓이게 되었다. 셋째로 '양육훈련 시스템'에 대한 반발이다. 풍성한 교회의 '두 날개 양육 시스템'을 도입하여 그대로 실시하였는데, 일부는 신앙의 새로운 각성과 함께 많은 변화를 경험하였다. 하지만, 많은 사람들이 시간의 분주함과 이해 부족으로 인해 거부반응을 보이기 시작하였다.

---

297) 신갈장로교회, 『2006년 교회수첩』, 10 - 12.

　　이러한 상황에서 본인이 담임목사로 새로 부임하게 되었고, 제일 먼저 한 것이 '비전미팅'(Vision Meeting)이었다.[298] 흔히 하는 '부임 심방'을 미루고 먼저 '비전 미팅'이라는 이름으로 교회 내의 모든 사역 팀과 기관들의 임원 및 교인들과 면담을 갖기 시작하였다. 이러한 면담을 통해 각 팀과 기관의 지금까지의 활동을 듣게 되었고, 현재의 문제점이 무엇인지 그리고 미래 어떠한 모습으로 변화되기를 원하는 지, 교회에 대한 바람은 무엇인지 등을 듣게 되었다. 약 2개월 동안 약 30여 팀과의 만남을 통해 본인은 교회의 현 상황과 문제점을 빨리 인식하게 되었고, 교인들과 소통을 할 수 있는 기회를 얻었으며, 미래의 목회 방향을 새롭게 계획할 수 있게 되었다.

　　그 이후 첫 번째로 '개인과 가정 그리고 교회의 비전 찾기 여행'을 통해 각자　개인과 가정의 비전을 만들었고[299], 교회도 '건강한 교회, 멋있는 성도, 행복한 사역'의 장기적 비전을 수립하게 되었다.[300] 그리고 장기발전위원회(추후에 '비전위원회'로 전환됨)를 구성하여 교회의 구체적인 비전을 세워 2009년 3월 '교회창립 79주년'을 맞이하면서 '신갈 비전 2030'을 선포했다.[301] 그 내용은 다

---

298) 박근원, 『오늘의 교역론』, 197 – 210. 박근원은 현대의 목회는 '폐쇄적인 목회'가 아니라 '개방적인 목회' 구조로 전환해야 한다고 강조하면서, 개인적인 욕구 충족을 위한 목회가 아니라 '그리스도의 몸'을 세우는 공동체 중심의 목회를 강조한다. 따라서 본인도 전통적인 개인 심방보다 공동체성 회복을 위해 먼저 '비전미팅'을 실행하게 되었다.

299) '개인과 가정 그리고 교회의 비전 찾기 여행'의 '20일 특별 새벽기도회'를 통해 개인과 가정의 비전을 찾고, 그 내용을 교회 게시판에 전시하여 공유하게 하였다.

300) '건강한 교회'란 모이는 교회, 세우는 교회, 흩어지는 교회의 균형을 지향하는 것이며, '멋있는 성도'란 삶속에서 성령의 9가지 열매(갈 5:22 – 23)를 맺는 성숙한 성도가 되자는 뜻이고, '행복한 사역'은 각자의 삶의 자리에서 기쁘고 즐겁고 자원하는 마음으로 행복하게 하나님과 이웃을 섬기는 자가 되자는 의미이다.

301) 명성훈, 『당신의 교회를 진단하라』(서울: 교회성장연구소, 1996), 227 – 237. 그는 기획 목회의 8단계를 말한다. 그것은 (1) 비전수립의 단계, (2) 현실분석의 단계, (3) 목표설정의 단계, (4) 프로그램과 방법의 단계, (5) 예산정책의 단계, (6) 일정표 작성의 단계, (7) 계획

음과 같다(표 5 참조).

〈표 5〉 신갈 비전 2030

[신갈 비전 2030]

우리 교회는 내년이면 [교회 창립 80주년]이며, 20년 후인 2030년에는 [교회 창립 100주년]을 맞이한다. 먼저 우리는 지나간 교회의 역사 속에서 세상에 빛과 소금의 역할을 다하지 못한 것과 지역에 그리스도의 사랑을 제대로 전하지 못한 것 그리고 하나님 나라의 일꾼으로서의 역할을 충분히 감당하지 못한 것을 겸허하게 고백하며 회개한다.

이제 새로운 시대에 새로운 패러다임으로 '건강한 교회'를 지향하며, 하나님이 이 땅에 교회를 세우신 목적인 '생명살림 운동'(전도와 선교)과 '*사랑나눔 운동*'(섬김과 봉사)을 통하여 이 땅에 '하나님 나라'를 이루고자 한다. 그리고 이 모든 사역을 [신갈 비전 2030]이라 칭하며, 아래와 같은 구체적인 일을 추진하고자 한다.

1. [복지 문화선교센터 건립] – 가칭 '쉴만한 물가'
 – 목표: 지역에 그리스도의 사랑을 나누고 기독교 문화를 선도해 가는 열린 교회 추구.
 – 내용: 복합 복지문화 공간을 건축하여 평일은 지역 사회의 복지 문화선교센터(청소년문화 공간, 노인대학 공간, 무의탁 노인 무료급식, 다양한 문화공연 공간 등등)로, 주일은 교회학교 교육공간으로 활용하고자 한다(사랑나눔 운동) .
2. 교회 지경의 확보: 지경 확보를 통한 원활한 출입 공간 및 주차장 확보
3. 본당 리모델링: 오래되고 낡은 본당을 밝고 온화한 실내 분위기로 리모델링을 하여 새로운 환경의 예배 분위기 조성 필요.
4. 지 교회 개척: *생명살림운동*의 일환으로 신흥개발 지역에 지 교회를 개척한다(가칭 '90주년100주년 기념교회').
5. 새로운 교회 비전: 지역이 새롭게 개발이 될 경우를 대비한 [2단계 사업추진]을 준비한다(교회 이전문제).
6. 재정 확보 방안: 비전헌금(전교인 참여), 경상비의 효율적 운영, 금융권 대출

이 비전을 교인들과 함께 공유하고 기도하던 중 2009년 10월에 우선적으로 교회의 지경(신갈 비전 2030의 2번 항목)을 확보하게 되었다. 그동안 주차 공간의 협소함 때문에 어려움을 겪던 중에 교회 전면의 대지 330평(시가 22억 원)을 모든 교인들이 기쁜 마음으로 동참하면서 구입하게 되었다. 이것은 단지 주차 공간으로만 사용하는 것이 아니라 추후에 지역사회를 위한 복지문화선교센터를

실행의 단계, (8) 평가 및 추후관리의 단계이다.

건립하기 위한 전 단계라고 볼 수 있다.

두 번째로 새로운 소그룹 목회를 시작했다. '비전 미팅'을 통한 진단을 통해 새로운 패러다임의 소그룹 목회를 실시할 수밖에 없었다. 가장 큰 이유는 남자들의 소그룹이 전멸하고 있었기 때문이다. 그리하여 2008년 9월 초부터 준비 기도를 하면서 다음과 같이 '가정교회 소그룹 목회'를 준비하기 시작했다(표 6 참조).

〈표 6〉 가정교회 준비일정

날 짜	일 정
11월 2일(주일)	가정교회 비전 세미나
11월 9일(주일)	섬김이(총무) 수련회
11월 9일 – 14일	가정교회 지도자(섬김이, 총무) 특별 기도주간
11월 16일(주일)	가정교회 섬김이 소개 및 선택을 위한 유인물 배부
11월 16일 – 11월 30일	가정교회 섬김이 선택 신청 접수
11월 30일(주일)	가정교회를 위한 전 교인 기도회
12월 7일(주일)	가정교회 편성표 배부 및 파송예배
12월 14일(주일)	가정교회별 모임
12월 19일(금)	가정교회 시작

물론 새로운 패러다임으로 목회를 시작할 때는 적어도 1 – 2년 이상의 철저한 준비기간이 필요하지만, 본인은 부임한 지 1년도 채 안되어 새로운 소그룹 목회를 시작한 것이다. 그 이유는 첫째로 상술한 대로 남성 소그룹의 빠른 회복을 원했고, 둘째로 본인이 이미 전임지에서 오랫동안 가정교회 소그룹을 경험해 왔기 때문이다. 그래서 교역자 회의를 통해 가정교회 섬김이[302] 41명을 선발했고, 41 가정교회 소그룹을 만들어 12월 19일(금)에 첫 출발을 하였다.[303]

---

302) 본 교회에서는 소그룹 리더를 '섬김이'라고 부른다(이하 '섬김이')

그리고 첫 가정교회 섬김이 교육을 통해 세 가지를 당부했다. 첫째
는 섬김이 교육에 철저히 참석하기,[304] 둘째는 1분기에 한 번씩 평
가회를 통해 점검하기,[305] 마지막으로는 우리 교회의 상황에 꼭 맞
는 가정교회의 모습은 연말에 가서 만들겠다는 것이다.[306] 그리고
각 가정교회별로 전도와 선교 그리고 섬김과 봉사는 지속적으로
해 나가기로 했다.[307] 가정교회의 구체적인 비전과 목적 등은 다음
과 같다(표 7 참조).

〈표 7〉 신갈장로교회 가정교회

<table>
<tr><td>
1. 가정교회 비전 선언문

(1) 공동체 회복 운동
  우리는 가정교회를 통하여 하나님이 원하시는 아름다운 공동체를 회복합니다.
(2) 평신도 사역 운동
  우리는 가정교회를 통하여 전 교인이 함께 동등한 사역을 합니다.
(3) 전교인 제자 운동
  우리는 가정교회를 통하여 예수님의 참된 제자가 되기를 원합니다.
(4) 하나님 나라 운동
  우리는 가정교회를 통하여 생명살림 운동과 사랑 나눔 운동을 합니다.
</td></tr>
</table>

---

303) 가정교회 소그룹의 편성은 크게 세 가지 형태로 구성했다. (1) 부부중심의 가정교회, (2) 여
성 싱글 중심의 가정교회(오전반, 저녁 직장인반) (3) 부부중심＋싱글의 가정교회이다. 여기
서 (1)번이 약 70%이고, (2)은 약 20%, (3)은 약 10% 정도이다. '섬김이'의 성별은 남자
가 22명, 여자가 19명이다. 섬김이들은 최소한 양육훈련과 제자훈련을 마친 사람들을 우선
선발했다.

304) 매 주일 점심식사 후 섬김이 교육을 했다. 그러나 2009년 9월 이후에는 격주로 같은 시간
에 교육을 한다.

305) 1분기별로 1회씩(주일 오후 5시 – 9시까지) 모든 섬김이가 참석하여 평가회를 갖는다. 문제
점과 대안 그리고 간증과 나눔을 통해 가정교회를 새롭게 회복시켜 가고 있다.

306) 틀에 박힌 형태로 시작할 경우 많은 부작용이 우려되며, 우리 교회의 현실과 안 맞는 경우
도 있게 되어 유연성을 갖고 시작하였다. 언제든 문제가 되는 부분은 평가를 통해 변화시키
며, 섬김이들의 제안들은 기초(원칙)가 흔들리지 않는 영역에서 많은 부분 수용하기로 하였다.

307) 현재 각 가정교회별로 선교지를 1개씩 선정하여 정기적으로 기도와 물질로 지원하고 있으
며, 직접 찾아가 섬기기도 한다.

2. 가정교회의 10대 사역

(1) 나눔: 매주 모일 때마다 뜨거운 마음으로 생명의 말씀을 나눕니다.
(2) 교제: 매주 모일 때마다 삶의 희로애락(喜怒哀樂)을 나눕니다.
(3) 기도: 매주 모일 때마다 서로를 위해 중보 기도합니다.
(4) 치유: 매주 모일 때마다 서로를 세우고 안아 상처를 치유하고 회복합니다.
(5) 전도: 매주 모일 때마다 빈 방석(태신자)을 채우기 위해 힘씁니다.
(6) 정착: 매주 모일 때마다 새 가족을 섬기기 위해 최선을 다합니다.
(7) 양육: 매주 모일 때마다 서로에게 배워 함께 성숙해 갑니다.
(8) 섬김: 매주 모일 때마다 따뜻한 손길로 이웃을 사랑합니다.
(9) 선교: 매주 모일 때마다 세상을 향한 주님의 사랑을 전합니다.
(10) 분가: 매주 모일 때마다 재생산의 비전을 이루기 위해 노력합니다.

3. 우리는 이러한 마음으로 참석합니다.

(1) 항상 사모하는 마음으로 참석합니다.
(2) 항상 열린 마음으로 참석합니다.
(3) 항상 긍정적인 생각으로 참석합니다.
(4) 항상 서로를 세워주고 살리는 말로 참석합니다.

가정교회 소그룹 모임으로 매 주 모일 때마다 이러한 비전과 목표 그리고 실천방안을 가지고 섬김이와 구성원들이 함께 공동으로 구호를 외치면서 공동의 비전과 목표를 위해 힘쓸 것을 다짐한다. 또한 매 주 가정교회로 모일 때마다 구체적인 진행 순서는 다음과 같다(표 8 참조).

〈표 8〉 가정교회모임 진행순서

순 서	시 간	내　　　　용
찬 양	10분	찬송과 CCM곡을 사용하여 찬양
마음의 문 열기	20분	지난 한 주간 동안 '감사하고 기뻤던 일, 슬프거나 힘들었던 일' 등을 서로 나눔.
기 도	10분	① 서로 나눈 이야기를 가지고 서로 기도해 줌. ② 가정교회의 사역을 위해 기도: 빈 방석(전도), 섬김, 선교 등등의 문제를 놓고 기도 ③ 교회의 비전과 기도 제목들을 위하여, 나라와 민족을 위하여 등등.

순 서	시 간	내 용
말씀과 삶의 나눔	30분	설교나 성경공부가 아니라 말씀과 삶을 나눔 (교재: 교단의 구역 공과 사용) (양육과 훈련은 교회의 '양육 훈련 프로그램'을 활용)
봉헌과 광고	5분	교회소식과 가정교회 그리고 선교지 소식 나눔
주기도문		다 같이 기도
교 제	30분	준비된 다과를 나누며 서로 친교

위의 형식을 기본으로 하지만, 가정교회의 상황에 따라 가감하기도 하며, 특히 말씀은 가르침이 아니라 '나눔'을 강조한다. 그리고 양육과 훈련은 교회를 통하여 목회자에게 배울 수 있도록 한다.[308]

세 번째로는 '제1회 전 교인 사랑캠프'를 실시했다. 2차에 걸쳐 실시된 전교인 사랑캠프(1차: 2009년 6월 27 – 28일, 2차: 9월 5 – 6일)[309]는 특히 2개 교구의 가정교회로 나뉘어 개최됐고, 모든 가정교회 구성원들이 한 마음으로 준비하여 친교 공동체를 회복하는데 노력을 했다(총 약 400여 명 참석). 이 캠프를 통하여 그동안 친밀하지 못했던 교인들 간에 서로의 마음의 문을 열 수 있는 기회가 되었고, 갈등과 분열의 모습 속에서 용서와 화해의 장을 마련할 수 있는 좋은 출발점이 되었다. 그후 교인들의 평가는 너무 좋았고, 계속 이어지기를 원했다. 그러나 내년에는 2개 교구로 나누지 말고, 전 교인이 함께 하는 사랑캠프가 되기를 원했다. 이에 대한 자세한 프로그램 안내와 진행과정은 다음과 같다(표 9 참조).

---

308) 본 교회의 '양육 훈련 시스템'은 다음과 같다. (1) 새가족 훈련반 (2) 양육 훈련반 (3) 제자 훈련반 (4) 사역자 훈련반 (5) 성서대학반

309) 2차 모두 토요일에 시작하여 주일까지 개최하였다.

<표 9> '09 2차 신갈장로교회 사랑 캠프 행사 기획안(1)

1. 주제: 나＋너＝우리 2. 주제가: "우리는 사랑의 띠로 하나가 되었습니다."
3. 일시: 2차 캠프 2009년 9월 5일(토)－6일(주일)
4. 장소: 충남 보령 동백관
5. 대상: 1순위－1교구/2순위－2교구 때 미 참석자 3순위－참석 원하는 2교구 가정
6. 예상인원: 2차 200명 예상(교회학교, 청년, 장년, 노년층 포함)
7. 숙소: 동백관(150명 예상) 민박(50명 예상)
8. 참가비: 어른 1인 3만원(텐트 사용 시 성인 1인당 5천원 할인)아이 1인 2만원(만 5세 이하 무료) 청년 2만원(봉사자 포함)

일 정 표

시 간 \ 날 짜	첫째 날(5일, 토요일)	둘째 날(6일, 주일)
06:30～07:30		기상 및 자유 시간
07:30～09:00		아침식사
09:00～10:00		주일예배(실내/솔밭)
10:00～11:00	출 발	공동프로그램
11:00～12:00		
12:00～13:00	17:00까지 장소 도착	점심식사
13:00～14:00		자 유 시 간
14:00～15:00		
15:00～16:00		집으로 출발 3시/4시 버스출발
16:00～17:00		5시 교회차량 출발
17:30～19:00	저녁식사	
19:00～20:30	하나 되는 시간(실내/해변백사장)	
20:30～22:00	캠프화이어(해변백사장)	
22:00～22:30	나눔의 시간(해변 백사장)	
22:30～	그룹별 시간(어르신, 학생)－실내	

'09 2차 신갈장로교회 사랑 캠프 행사 기획안(2)

1. 팀별 사역 및 팀원 안내

부분	담당자	팀원	사역내용	예산/비고
총괄	김경종 목사 신준섭 집사 (준비위원장)	이병호 청년	1. 전체기획 및 행사총괄진행 2. 인원점검 및 인원동원 3. 예산관리 및 집행 4. 조장선정 12개조 　구덕자, 김갑식, 조창래, 안덕기 　김화순, 양용승, 김효숙, 박양숙 　서영주, 윤여선, 민정호, 이상봉	
재정 행정 약품	강신숙 집사 심순철 집사 손현덕 집사		1. 주일헌금관리/바구니 2. 신청서정리/신청인원정리/여행자보험/신청 　금정리 3. 신청자인원보고/의약품준비	
홍보	장용일 집사	박문수 집사 박진환 청년 명소미 청년	1. 신청서 배부 　– 7월19일; 1교구 섬김이 2. 현수막 날짜 수정; 7월19일 3. 홍보 동영상 작업 　– 7월26일까지 초안 　– 8월2일 1차 방송 　– 8월9일 2차 방송 　– 컨셉; 사진 및 인터뷰	
진행 안내	김대식 목사 신현정 집사	이병호 청년 명재우 청년 김숙향 집사 손현덕 집사	1. 사전 접수 및 인원확인 　– 1차접수; 7월26일 　– 2차접수; 8월9일 　– 3차접수; 8월16일 　– 최종접수; 당일 2. 사전 접수 확인/담당자연결 　– 방배정 및 탑승안내자 　– 차량 탑승 리더 당일선정 　– 김대식 목사 3. 당일 동백관 접수인원 파악 　숙소배정 안내 　– 사전 오전 10시 출발 　– 당일 배차탑승자와 연락 　　인원파악/숙소배정확정 　　방장선정; 김대식 목사 　– 방키관리; 계속보관/관리 　　이병호 청년 　– 어르신민박숙소안내/ 　　불편사항 점검/윷놀이 진행 　　보일러가동확인/명재우 청년	선발대 명단 이병호 청년 명재우 청년 손현덕 집사 김대식 목사 김영생 전도사 이경로 청년 윤순옥 집사 이순규 권사 이상엽 집사 문제현 집사 박영완 집사 조용현 청년 이승욱 집사 윤영민 청년 14명

부분	담당자	팀원	사역내용	예산/비고
진행 안내	김대식 목사 신현정 집사	이병호 청년 명재우 청년 이경로 청년 김숙향 집사 손현덕 집사	- 숙소안내/유인물배포/ 　손현덕 집사/이경로 - 당일회의실 안내/교회띠 　착용/손현덕 집사 4. 명찰만들기 　- 8월 마지막주일 　- 신현정 집사 이경로 청년 5. 방배정 　- 8월23일 1차안 발표 　- 8월30일 최종안 발표 　- 9월5일 최종 방배정 　　김대식 목사 6. 당일 배차탑승안내 　- 총3 - 4대 　- 2시 출발차; 관광버스차량 　- 3시 출발차; 교회차량 　- 배차시 인원 확인 후 명단 　　김대식 목사님께 연락 후 　　차량 출발 　- 신현정 김숙향 집사 담당 　- 차량 간식 배부	
차량	노상범 집사		1. 차량섭외 및 차량비 지불 　- 차량 대수 확인/3대 　- 섭외 날짜 확인/1대 60만원 2. 봉고 2대 선발대 출발 　- 1대 음향설비 　- 1대 식사선발대 3. 이상엽 집사님 포터 대여 　- 전날, 당일 대여 - 30만원 4. 당일 차량운행 안내 　- 오후 2시:관광버스1대 　　오는 인원보고 교회25인승발 　- 오후 3시: 관광버스 2대 　　교회15인승발 　- 인원 따라 2시 버스 2대발	노상범 집사 당일 버스 연락
식사	윤순옥 집사	이순규 권사	1. 선발대 오전 10시 출발 2. 간식 및 주방용품 챙김 3. 간식 차량갈 때, 올때, 캠프 　파이어 때; 감자, 쥐포, 수박, 　다음날 1시 정도 간식 4. 매식(3끼)	매식 식권 3끼 자체제작 매식 식권 확인 윤순옥집사 매끼확인 식사비 지출
숙박	김경종 목사 김영생 전도사		1. 숙박시설 신청/확인 　- 동백관 A동 전체 　- 동백관 B동 전체 　- 민박집 3숙소 18명	

부분	담당자	팀원	사역내용	예산/비고
숙박	김경종 목사 김영생전도사		2. 수용인원 안내 - 동백관 164명 - 민박집18명 - 총 182명 예상	

설비	김영생전도사	이상엽집사
		문제현집사
		박영완집사
		박문수집사
		조용현청년
		이승욱집사
		윤영민청년
			1. 우비준비
			- 2~3일전 날씨 확인
			- 일회용 우비 대형마트구입
			2. 전기시설
			- 화장실에서 무료로 뺌
			- 화장실은 보령시 관리
			- 발전기 1대(만약을 대비)
			3. 음향시설
			- 1차때와 같이 준비
			- 2개조 음향시설 준비
			4. 당일 무대세팅
			- 캠프파이어때 철판과 드럼
			  통을 가지고 모래가 상하는 것을
			  최소한으로 줄임
			- 해변을 보면 계단 옆에 무
			  대 설치
			- 캠프파이어때 건축 폐자제
			  보다는 통나무, 강목준비
			- 캔들파이어 양초.컵 준비
			- 레터파이어 준비
			- 폭죽 준비
			5. 당일 솔밭깔판설치
			- 보온 덥게 깔판(은박지)
			  짤라서 사용. 더 구입
			6. 당일 캠프파이어후대화시간
			- 간식 준비 때 신문지 준비
			  대량 준비 등	

프로
그램
기획
진행
	박은정집사	김영환집사
		이재간집사
			1. 첫째날 프로그램
			- 무조건 강당에서 모여서
			  오리엔테이션 상황설명
			- 1차캠프보다 서로를 알수
			  있는 프로그램 진행 준비
			- 공동체놀이는 이재간집사
			  캠프파이어는 김경종목사
			  음향은 김영환집사
			- 캠프파이어 후 장년층대화
			  시간갖기: 주제 대화
			  김경종 목사
			2. 둘째날 프로그램
			- 오전 공동체 놀이 30분
			- 조개잡기조별대회1시간30분	

교회 학교	최다연전도사	청년교사들	1. 캠프파이어를 마친 후 저녁 프로그램 준비 2. 조별 나눔 및 관리	

철저한 준비를 위해 먼저 '준비위원회'를 구성하였다. 준비위원회에는 총괄팀, 재정팀, 행정팀, 홍보팀, 진행팀, 차량팀, 식사팀, 설비팀(음향과 무대설비 담당), 생활 담당팀 등 구체적으로 팀을 구성하여 착오 없이 준비하도록 했다. 그리고 수 차례의 준비위원회 모임을 통하여 각 팀의 준비사항을 점검하도록 했다. 이러한 계획과 준비 덕분에 사랑캠프가 은혜롭게 마칠 수 있었다.

2. 사역 달력 안내

7월 달력						
주일	월	화	수	목	금	토
19일	20일	21일	22일	23일	24일	25일
1. 1교구 섬김이들에게 신청서 배부 2. 현수막 날짜수정: 장용일집사 3. 홍보 동영상 작업: 장용일집사 4. 사랑캠프 준비위원 모임						
26일	27일	28일	29일	30일	31일	1일
1. 홍보동영상 초안완성: 장용일집사 2. 1차 접수: 사무실, 김경종목사						
8월 달력						
2일	3일	4일	5일	6일	7일	8일
1. 홍보영상 1차방송: 장용일집사						
9일	10일	11일	12일	13일	14일	15일
1. 홍보영상 2차방송: 장용일집사 2. 2차 접수: 사무실, 김경종목사						
16일	17일	18일	19일	20일	21일	22일
1. 3차 접수: 사무실, 김경종목사 2. 사랑캠프 준비위원 모임						
23일	24일	25일	26일	27일	28일	29일
1. 방배정 1차안 발표:김대식목사 2. 차량대여 준비:노상범집사 3. 사랑캠프 준비위원 모임						

30일	31일					
1. 방배정 최종안 발표: 김대식목사 2. 명찰 작성: 신현정집사 3. 설비팀 최종준비사항 점검: 　　김영생전도사, 김경종 목사 4. 식사팀,차량팀 최종준비 점검: 　　각팀장 및 김경종 목사						
9월 달력						
		1일	2일	3일	4일	5일
					설비팀 현지설 치출발	진행 콘티 참고
6일						
진행콘티참고						

　‘준비위원회’의 모든 위원들은 사역 달력을 통하여 모든 준비와 진행 사항의 일정을 공유하도록 했다. 특히 제 2차 사랑캠프 때에는 전 교인에 대한 홍보를 위해 1차 사랑캠프의 내용을 영상으로 제작하여 홍보하도록 했다. 1차의 성공적인 캠프와 영상 홍보를 통하여 2차 사랑캠프에는 더 많은 인원이 참석하게 되었다.

3. 사랑 캠프 9월 5일(토) 행사 진행 흐름표

시각	사역내용	담당자	비고
오전10시	1. 선발대 출발 　－식사팀/장비팀 전원 출발 　－음향설비/식사자재/준비물 　－이상엽 집사 포터대여/전날 설비팀 　　준비차/당일 설비 　－출발:이병호 명재우 손현덕(안)/강신숙 2. 차량운행 　－봉고차 2대(12인승)/ 포터 1대 　－팀원 확인 요청/총(14)명 출발	김대식목사 김영생전도사 윤순옥집사 팀원전원 김대식목사 출발인원 확인요청	1. 사진담당 이은혜/김정민 2. 비디오담당 박문수/조용현
오후1시	1. 선발대 도착 확인/ 2. 매식준비 확인 3. 식사준비/윤순옥집사/ 4. 방키:이병호 5. 접수/방배정 준비/회의실 　준비/김대식목사;김영생전도사 6. 민박확인 청결상태 준비사항 점검 　윷놀이/김대식목사;명재우청년 7. 유인물 준비/명찰준비/안내 준비/ 　손현덕집사, 이경로청년 9. 캠프파이어 및 음향장비 설비시설 　김영생전도사	김경종목사	
오후 1시45분 － 3시20분	1. 1차 2시 관광버스 탑승준비 　－신현정 김숙향 집사 관광버스 인원 　　방배정 명단보고 확인/김목사님께연락 　－입차: 간식, 명찰식권배부: 김숙향, 박희 　－신현정 김숙향집사 축산물장터 맞은 　　편에서 1시45분부터 대기 　－김경종 목사 노상범집사 교회 대기 　－관광버스 총3대; 1대출발, 25인승교회 　　축산물장터에서 출발 　－신현정집사,김나영선생 선탑 출발 2. 2차 3시 교회차량 탑승출발 　－버스2대,15인승/운전자/차량부 결정 　－김숙향집사 김경종목사 교회차량 　　인원 확인 후 출발시킴 　－김대식 목사님께 보고/김대식목사님 　　방결정/인원최종파악 　－입차:간식,명찰식권배부:김숙향,박희 　－상황에 따라 2시 관광버스2대 출발 3. 명찰식권배부관련 － 입차시 어른명찰 　식권배부, 학생청년:최다연전도사배부	신현정집사 김숙향집사 노상범집사 김경종목사 박희청년	25인승; 15인승 이성근안수집사 윤여선집사 김광철성도 중 섭외,담당 노상범집사 선탑자선정 1차버스:　신현정집사/25 인승: 김나영선생 2차버스: 최다연전도사/김 숙향집사/15인승: 전유라 교회차량간식교회에서선탑 자와입차자가챙김
3시30분	1. 1차방인원 동백관 통보 2. 방키수령; 전체 방문 열어놓기: 이병호	김대식목사 이병호청년	

시각	사역내용	담당자	비고
4시00분	1. 안내데스크 준비 - 이경로 손현덕 집사님 준비 - 동백관 회의실 안내 안내데스크 - 회의실 음향장비 세팅 등 준비 - 여분의명찰식권, 팜플렛준비:회의실 - 간식 세팅 완료	김대식목사 김영생전도사 윤순옥집사	

4시30분
-
5시30분
	1. 동백관 환영안내(1차,2차 차량)
	 - 장년층안내; 하차 하자마자
	 - 동백관 현관 입구:손현덕 집사님
	 - 올라가는 계단:이병호
	 - 회의실 입구:이경로
	 - 회의실집결 후 안내
	  팜플렛수령 후 의자에 착석,방안내,
	  방장발표, 방장이 있을 시 키수령
	  후 같은 방 사람끼리 바로 이동.
	  5시 50분까지 회의실 집결 안내
	  이때 6시 식사 안내 /7시까지 회의실
	  로 집결 안내 방송
	  담당: 신현정 집사님/ 이병호청년
	 - 매식: 식권수거,식비계산:윤순옥집사
	2. 민박 환영안내(하차 하자마자)
	 - 손현덕집사, 명재우청년 명단18명 확인
	 - 1차 하차시 명재우 청년 명단 확인
	  방장 본인소개 후 바로 민박이동이 때
	  식당 안내 후 이동/ 5시50분까 지 회
	  의실로 집결안내 및 인솔/ 7시 까지
	  회의실에 집결안내 및 인솔/
	  항상 명재우 청년이 인솔
	 - 2차 하차시 1차와 동일하게
	3. 교회학교 어린이(최다연전도사)
	 - 2시출발 김나영 한주용 인솔교사
	  하차시 102호에로 아이들 인솔
	 - 3시출발 최다연 전도사님 중심
	 - 명찰식권/조별안내/방안내/식사안내/
	  키관리/교회학교12개조 학생교사배치
	 - 프로그램시 장년조와 학생조 연결
	 - 7시15분 동백관 입구 앞마당에서
	  12개조로 정리 안내
	 - 부모와 같이 온 아이들은 부모와
	  같은 조가 되도록 준비
	4. 매식: 윤순옥집사, 신현정 집사
		김대식목사
		최다연전도사
		신현정집사
		이병호청년
		명재우청년
			1. 교인들은
			들어오는데로 회의실에집결
			
			2. 어르신들은
			101호로집결
			
			3. 아이들은
			102호대기

6시	1. 저녁식사/파이어 장비 세팅 확인 2. 휴식 - 교회학교 자체놀거리 준비 3. 7시까지 회의실 입실		캠프파이어 리더리허설

시각	사역내용	담당자	비고
6시45분 – 7시	1. 조장 회의실 모집 　– 조원 명단 발표 안내 　– 장년/어르신 중심 　– 회의실 10개줄 의자/옆 복도 2개줄 　　총12줄로 조별 좌석 형성 　– 조장 깃발들고 기립/10개좌석/뒷부분에 　　1명씩 총12명씩 회의실 입실 　– 회의실 144장 예상인원 입실 　– 김숙향집사: 회의실 앞 입구에서 　　입장시 조를 알려주고 서 있는 　　조장에게 가서 그 줄에 앉게 함 　– 손현덕집사: 회의실 뒷 입구에서 　　입장시 조 알려주고 앉게 함 2. 교회학교 조별 선정 안내 　– 최다연 전도사님	김경종목사 김대식목사 신현정집사 최다연전도사	12조장 구덕자,김갑식, 조창래,안덕기, 김화순,양용승, 김효숙,박양숙, 서영주,윤여선, 민정호,이상봉 안내역할 문자발송 신현정집사
7시 – 7시20분	1. 오리엔테이션 2. 7시20분에 동백관 앞에로 출발	김경종목사	
7시20분	1. 교회학교가 장년층 조 뒤에 붙음 2. 간단한 안마놀이 인사놀이 3. 캠프파이어장으로 이동	김경종목사	
7시30분 – 10시	1. 공동체놀이 2. 캠프파이어 3. 캔들레터파이어 4. 진행 콘티 첨부	이재간집사 김영환집사 김경종목사	비올 경우 공동체놀이실내 캠프야외 논의
10시 – 11시	1. 권사님이상 어르신 중 숙소입실 　희망자 모시고 민박 입실 　– 신현정 집사/명재우 청년 　– 명재우 청년 윷놀이 판 5개 준비 　– 신현정 집사/윷놀이 진행 　– 윤순옥집사/명재우청년 간식 확인 2. 교회학교 어린이 숙소 이동 　– 최다연 전도사님 　– 자체 놀이 1시간 30분 이상 　– 청년 선생님들과 함께 3. 장년층 대화의 시간 진행 　– 프로그램임을 명시함 　– 신문지 깔고 간식 나눔 　– 신문지:설치팀대기 후 조장에게 줌 　– 간식:식사팀대기 후 나눠 줌/팀장과 　– 김경종 목사님 진행 　　주제 놓고 대화 진행 후 자유대화		
11시	1. 자유대화 2. 자유취침	조장	

4. 사랑 캠프 9월 6일(주일) 행사 진행 흐름표

시각	사역내용	담당자	비고
8시00분	1. 아침식사	윤순옥집사	
9시00분	1. 주일예배 － 담임목사님 인도 － 헌금함 준비/심순철 집사/김경종목사 － 솔밭에서 예배 － 음향장비 설치팀 준비 － 신디준비 : 이은혜 반주 － 회의실에서 예배(우천시) 2. 주일예배순서 － 인도 : 이광수 목사 － 기도 : 신승석 장로 － 성경 : 요일4:7－11 － 말씀 : 이광수 목사 － 알림 : 김경종 목사 － 축도 : 이광수 목사	김경종목사	
10시 － 10시30분	1. 공동체놀이	이재간집사	
10시30분 － 12시	1. 조개잡이놀이 － 조별로 잡기 － 조별로 시상 － 시상품 준비	박은정집사 이재간집사 김영환집사	
12시	1. 점심식사	윤순옥집사	
1시	1. 자유시간	각자	
3시	1. 고속버스 차량 출발(2대) － 선탑자 선정 : 당일 2. 간식배분(식사팀) : 윤순옥/박희 배분	김경종목사 신현정집사	
4시	1. 고속버스 차량 출발(2대) － 선탑자 선정 : 당일 2. 교회차량 출발(2대)/설비식사차량출발 3. 간식배분(식사팀) : 윤순옥/박희 배분	김경종목사 신현정집사	
5시	1. 교회25인승 15인승 출발(2대) － 선탑자 선정 : 당일	김경종목사	

 2차 사랑캠프 당일에도 모든 준비위원들은 시간대별로 행사 진행의 흐름을 공유하여 서로 긴밀하고 유기적인 협조가 이루어지도록 했다.

5. 예산안

<table>
<tr><th colspan="6">2차 사랑캠프 예산안</th></tr>
<tr><th></th><th>항목</th><th>예산</th><th>내역</th><th>담당자/비고</th></tr>
<tr><td rowspan="3">수
입
안</td><td>회비</td><td>4,500,000원</td><td>- 28일 현재 180명/4,130,000원
- 200명 예상/ 4,500,000원</td><td></td></tr>
<tr><td>교회예산</td><td>5,310,000원</td><td></td><td></td></tr>
<tr><td>총계</td><td>9,810,000원</td><td></td><td></td></tr>
<tr><td rowspan="9">지
출
안</td><td>식사비</td><td>3,000,000원</td><td>- 1끼5천원*3끼*200명 = 3,000,000</td><td>윤순옥집사
신현정집사</td></tr>
<tr><td>간식비</td><td>950,000원</td><td>- 가는날:음료수 + 빵/1300*200 = 260,000
- 오는날:음료수 + 과자/1300*200 = 260,000
- 5일 저녁간식: 수박/12*12,000 = 144,000
- 5일 캠프파이어 간식: 고구마, 감자, 쥐포 1상자
  씩/50,000*3상자 = 150,000
- 6일 점심간식: 포도/10*10,000 = 100,000
- 기타 잡비/36,000</td><td>윤순옥집사</td></tr>
<tr><td>숙박비</td><td>1,860,000원</td><td>- 민박: 3개방*6명씩*18명/180,000원
  선지급: 9만원/ 잔금: 9만원
- 동백관 A동: 114명/선지급: 930,000원
- 동백관 B동: 50명/선지급: 430,000원
- 회의실: 120명수용/선지급: 275,000원
  사용시간: 5일(토) 4시 - 10시
        6일(주일) 9시 - 1시
- 총182명 수용/ 28일(금)현재 180명
- 선지급액: 1,725,000원
- 잔금지급액: 90,000원
- 추가예상비:45,000원</td><td>김대식목사</td></tr>
<tr><td>진행비</td><td>550,000원</td><td>- 명찰: 5만원 - 핸드북:20만원
- 여행자보험: 20만원 - 선발예비비:10만원</td><td>김대식목사</td></tr>
<tr><td>설비비</td><td>650,000원</td><td>- 자제구입: 30만원 - 폭죽: 10만원
- 식사가스설비: 5만원 - 우비구입: 20만원</td><td>김영생전도사</td></tr>
<tr><td>차량비</td><td>2,300,000원</td><td>- 버스3대여: 190만원
- 포터대여: 30만원
- 통행료 + 주유: 10만원
- 봉고2대: 선발대투입/ - 인원: 200명예상</td><td>노상범집사</td></tr>
<tr><td>프로그램
비</td><td>300,000원</td><td>- 게임선물: 20만원
  30개*5천원/상품권 5천원*10장
- 게임소품: 5만원 - 포장/잡비: 5만원</td><td>박은정집사</td></tr>
<tr><td>예비비</td><td>200,000원</td><td></td><td>김경종목사</td></tr>
<tr><td>총액</td><td>9,810,000원</td><td></td><td></td></tr>
</table>

충남 보령시에서 운영하는 동백관(약 250명 수용의 숙소) 전체를 빌려 사용했으며, 경비는 타 수련관에 비해 저렴했다. 교인들은 안전 문제로 자신의 자가용을 이용하는 것보다 버스를 이용하기를 원하여 대형 버스 3대와 교회버스 3대가 동원되었기에 차량 대여비가 상대적으로 많았다. 식사는 1차 사랑캠프에는 직접 준비하여 경비 지출이 적었지만, 2차에는 식당을 이용했기에 지출이 많았다.

[캠프파이어 점화순서]

사회자: 우리 다함께 눈을 감고 주변의 파도소리, 바다냄새, 바람의 숨결을 느끼며 하나님이 창조하신 아름다운 세상을 느끼며 묵상하겠습니다.
(1분간 묵상의 시간을 가지면서 조용한 분위기 유도(플룻 배경음악) 동백관에서 솔밭을 지나 계단으로 오는 지점에서 담임목사님께서 점화 봉 1개를 들고 서계심)

사회자: 우리 함께 앞 전면을 바라보겠습니다.
　"오래전 지금으로부터 79년 전 신갈지역에 작은 불씨 하나가 있었습니다."
(이때 이재간 집사님이 불을 담임목사님께 점화함. 아래 "이 불씨는" 이란 멘트가 나오면 담임목사님께서 천천히 걸어서 계단 밑에까지 내려감).

사회자: 이 불씨는 무릎으로 기도하는 기도의 불씨요 전도하는 전도의 불씨요 희망을 전하는 희망의 불씨요 사랑의 불씨 였습니다. 오래지 않아 작은 불씨가 하나가 결실을 맺어 이제 두 개가 되었습니다.
(계단 밑에는 곽정용 장로님이 서계심 "둘이 하나가 되어" 라는 멘트가 나오면 담임 목사님께서 장로님께 불을 점화)

사회자: 둘이 하나가 되어 또 다른 불씨가 되고 둘이 또 다른 하나의 결실을 맺어 더 많은 불씨를 이루었습니다.
(이 말이 끝나면 담임 목사님과 장로님이 10m 뒤에 대기하고 있는 남녀 성도님들과 남녀 청년학생에게 가서 각각 2명씩에게 점화)

사회자: 이제 신갈지역을 환하게 비출 커다란 불씨가 이루어 졌습니다. 우리 모두 한명 한명이 작은 불씨가 되고 이 작은 불씨가 하나가 되어 커다란 불씨를 이루듯 오늘 이 자리에 모인 우리 모두 나와 너가 하나가 되어 기도의 불씨, 전도의 불씨, 사랑의 불씨, 희망의 불씨로 하나가 됩시다. 그리하여 이 어두운 밤을 환하게 비추도록 합시다.
(이때 불의전차 OR 성화봉송 음악시작 하고 6명의 점화자는 원 밖으로 한 바퀴 돌고 나서 원 안으로 들어와 장작더미로 둥글게 작은 원을 만들어 떨어져 선다. 이때 성령의 불을 환영하는 "성령의 불이여 오소서" 다함께 소리치면서 박수로 점화자들을 격려한다)

(원 밖으로 돌 때, 멘트가 들어간다)
　　　우리는 그리스도 안에서 한 형제요 한 자매입니다.
　　　서로가 서로를 사랑하고 이해하고 용서하는 나 너 우리가 하나 되는 교회
　　　이러한 교회가 되길 함께 기도합니다.

(장작 주변으로 점화자들이 섰을 때)
　　　자 이제 빛으로 오신 예수님께서 어두운 세상을 밝히듯
　　　(우리도 이 어두운 세상을 환하게 밝히도록 합시다. (음악off)

(점화자 모두 점화봉을 높이 들고 점화 준비를 한다)
(큰목소리로) 모두 함께 힘차게 외칩시다

　　　"나 너 우리 사랑합니다"
(빅토리 음악과 함께 연발 폭죽 점화)

[축하파티]

사회자: 타오르는 불꽃처럼 이 열기를 모아 모아서 다같이 댄싱파티를 하도록 하겠습니다. 앞에
　　　무대에 있는 레크댄싱 강사를 소개합니다. 다같이 힘찬 박수로 맞아 주시길 바랍니다.
　　　(인사 팡파레 음악)

<u>레크 댄싱음악 시작</u>
1. 킨더폴카
2. 2 - 4 - 8 - 16 - 조별로 모이세요.
3. 조별게임
　- 가장 어린 친구가 원 안으로 들어오세요. 이 친구를 먼저 축하 행가래
　- 자 가장 어린 친구가 댄스를 춥니다. 박수로 환영해주세요.
　- 보셨죠. 그 춤을 다 같이 따라 춥니다(댄스곡).

　- 이번에는 가장 나이가 많은 어르신이 원 안으로 들어가세요. 다 같이 원안에 계신 어르신께
　　사랑의 하트 발사. 포옹하기 발사.
　- 어르신 댄스를 다 같이 따라 춥니다(민요풍의 노래, 어르신들 좋아하는 곡).

　- 기대되는 순간, 팀장의 댄스를 보겠습니다. 팀장은 혼자 추면 쑥스럽죠.
　　그래서, 같이 출 분 아무나 데리고 원 안으로 들어갑니다. 함께 춥니다(댄스곡).

　- 팀장은 조원들 번호를 불러주세요. 1번부터 집사님은 1번, 옆에는 2번
　- 이제 제가 번호를 부르는 사람들은 나와서 서로 가위 바위 보를 합니다.
　- 이기면 들어가세요, 팀원들이 환영해 주고, 안아주고, 손바닥 쳐주고, 박수 쳐주고, 할 것입니다.
　- 예행연습 후 실전하기(기독교 경쾌한 메들리 음악).

4. 함께 댄스: 이 세상 사람들이 모두가 천사라면
　- 돌아다니면서 인사하고 악수하고 안아주고 싶은 사람 안아주고
5. 다시 조별모입니다. - 생일 맞은 분들, 결혼기념일, 새 가족 등을 위한 축하시간

[캔들파이어순서]

사회자: 이제 이 밤을 마무리하는 시간을 가지겠습니다.
         조장님들은 나와서 초를 받아 가시기 바랍니다.

(계속 은은한 음악)
         담임목사님께 먼저 촛불을 붙이겠습니다.
         장로님들과 피택 장로된 되신 안수 집사님들 나와 주시기 바랍니다.
         담임목사님으로부터 촛불을 붙이시기 바랍니다.
         조장들 나와서 이분들에게 불을 붙이기 바랍니다.
         이제 모든 분들이 조로 돌아가서 서로 붙여주시기 바랍니다.
(당신은 사랑받기 위해 태어난 사람……음악이 잔잔히 나온다.)

(다함께 노래가 끝난 후 담임목사님의 멘트 시작 - 경음악)

담임목사님: 하나님은 당신을 사랑하시며 당신을 향한 놀라운 계획을 가지고 계십니다.
            하나님께서는 우리에게 또 다른 계명도 주셨습니다.
            "네 이웃을 내 몸 같이 사랑하라"
            우리는 우리의 이웃을 사랑하길 소원합니다.
            "나 너 우리" 라는 주제를 가지고 캠파이어를 진행했습니다.
            캠프파이어 주제처럼 이제 우리 신갈장로교회도
            나와 너가 아닌 우리가 되길 원합니다.
            나와 너가 함께 우리가 됩시다.
            너와 네가 모여 하나가 됩시다.
            이 마음을 함께 나누고 싶은 사람에게 찾아가서
            초를 바꾸고 서로를 위해 기도하겠습니다.
            (찬양곡이 잔잔하게 흘러나온다)

김 목사: 계속 기도회를 인도(10분 정도) (잔잔한 음악/ 계속 담임목사님의 멘트)

담임 목사님: 다 함께 이 말씀을 듣길 원합니다.

            나 너 그리고 우리/ 우리가 되어 서로 사랑하길 원합니다.
            이제는 너의 아픔이 나의 아픔이요, 나의 아픔이 우리의 아픔입니다.
            어제나 오늘이나 변함이 없으신 주님 안에서 십자가로 맺어진 한 지체
            신갈장로교회 모두 성도는 한지체가 되길 소원합니다. 하나가 되길 소원합니다.

            그리스도의 이름으로 모이는 우리의 만남이 바로 교회의 모습입니다.
            오늘 여기가 바로 교회입니다. 우리서로 사랑합시다. 우리서로 아껴 줍시다.

            신갈장로교회 공동체 여러분!
            십자가 안에서 하나된 여러분은 이제부터 그리스도의 빛을 전하는
            사자가 되어 보지 않겠습니까?
            이제는 부활의 소망을 바라보며 환난과 고난을 이기며 전진하는
            믿음의 사자가 되시지 않겠습니까?
            이제부터 영원까지 주님과 함께 하시길 바랍니다.

(이때 레터 파이어에 불이 붙는다. 잠시 보고난 후)

김목사: (촛불 위로 흔들면서 함께 "주님은 너를 사랑해" 찬양)
    -주님은 너를 사랑해 주님은 너를 사랑해 우리를 사랑하신 주
     널 사랑해, 주님은 너를 사랑해 주님은 너를 사랑해
     우리를 사랑하신 주 널 사랑해!
    -주님은 우릴 사랑해 주님은 우릴 사랑해 우리를 사랑하신 주
     참 감사해, 주님은 우릴 사랑해 주님은 우릴 사랑해 우리를
     사랑하신 주 참 감사해.
(끝난 후 사회자 멘트)
   한 사람씩 나와서 초를 모래에 꽂도록 하겠습니다.

(레터 파이어 옆 3－5m 떨어진 곳에 초를 놓는다. "당신은 사랑받기 위해 태어난 사람 찬송 곡
노래 나옴" 초가 다 꽂아지면 조별로 모임 찬양)

    "아름다운 사랑을 나눠요"
   -아름다운 사랑을 나눠요. 주님의 사랑을 우리 모두 사랑을 나눠요.
    내 맘에 기쁨이 넘치게 사랑을 심어요. 온 세상의 주님 사랑 넘치도록
    사랑을 나눠요. 우리 이 사랑을 모두 모두에게 전해요.
   -아름다운 사랑을 나눠요. 주님의 사랑을 우리 모두 사랑을 나눠요.
    내 맘에 기쁨이 넘치게

   인사하면서 '프리 허깅'하는 시간(5분간 잔잔한 찬양음악)

(번외: "사랑합니다. 나의 예수님! 사랑합니다! 아주 많이요." 함께 찬양)
사랑합니다. 나의 예수님. 사랑합니다. 아주 많이요. 사랑합니다. 나의 예수님 사랑합니다. 그것뿐
예요. 사랑한다. 아들아 내가 너를 잘 아노라 사랑한다. 내 딸아 네게 축복 더 하노라

[마음의 문을 열고 대화하기]

(캠프파이어 장작불 주변에서 둘 씩 짝을 지어 대화한다)

   -대화 방법: 먼저 지금까지 한 번도 대화를 안 해본 교우들을 찾아가 만나 인사한다.
             그리고 서로를 소개한다. 가족관계, 취미 등, 알고 싶은 것들을 물어본다.
             약 10분간 대화 후에 다음의 사람을 만난다(방법은 동일하게).

사랑캠프의 하이라이트는 역시 캠프파이어이다. 특히 장소가 바
닷가였기에 더욱 분위가가 고조되었다. 모든 순서가 마친 후 노인
과 어린이들은 숙소로 옮겨 윷놀이(노인)와 레크리에이션(어린이)을

했으며, 어른들은 바닷가에서 조별로 나누어 밤 12시까지 마음의
문을 열고 대화를 통해 서로를 알아가는 시간을 가졌다.

2. 설문조사 방법과 내용

본 교회의 설문조사는 2009년 9월 20일(주일)부터 두 주간에 걸
쳐 실시되었으며, 한국통계정보연구원(경기도 구리시 수택동 370,
대표: 박종상)에 위임하여 통계 분석을 하였다. 그리고 본 설문조사
는 신갈장로교회 역사상 최초로 실시되었으며, 설문 대상은 교인
가운데서도 현재 가정교회 소그룹에 참여하는 교인을 중심으로 실
시하였고, 총 256명이 응답에 참여하였다(단, 통계수치가 100%로
정확하게 맞지 않는 이유는 무성의한 반응을 보인 응답자는 통계
수치에서 제외했기 때문이다).

구체적인 설문조사의 내용은 아래와 같다.
(가설 1) 가정교회 소그룹 참가 정도(경력, 횟수)에 따라서 자아
존중감에 차이가 있을 것이다.
(가설 2) 가정교회 소그룹 참가 현황에 따라서 교회 건강정도에
대한 인식에 차이가 있을 것이다.
(가설 3) 가정교회 소그룹 참가 정도(경력, 횟수)에 따라서 신앙
정도에 차이가 있을 것이다.
(가설 4) 가정교회 소그룹 참가 관여도에 따라서 자아 존중감에

대한 인식에 차이가 있을 것이다.

(가설 5) 가정교회 소그룹 참가 관여도에 따라서 교회 건강정도에 대한 인식에 차이가 있을 것이다.

(가설 6) 가정교회 소그룹 참가 현황에 따라서 신앙정도에 차이가 있을 것이다.

(가설 7) 일반적인 사항에 따른 소그룹 선호도는 차이를 보일 것이다.

[자료처리방법]

본 연구를 수행하는데 있어서 회수된 자료 중 무성의한 반응을 보인 응답자는 통계처리에서 제외시켰으며, 여기서 사용된 구체적인 실증분석방법은 다음과 같다.

첫째, 조사대상자의 일반적인 특성을 알아보기 위하여 빈도분석(Frequency Analysis)을 실시하였다.

둘째, 타당도 분석으로 주성분 분석(Principle component analysis)을 실시하여 문항의 요인으로 묶어서 분석을 실시하였다.

셋째, 소그룹의 참가정도, 참여경력, 관여도에 따른 자아존중감과 교회의 건강정도를 살펴보기 위하여 일원변량분석(One way Anova)을 실시하였다.

넷째, 소그룹의 참가정도, 참여경력, 관여도에 따른 신앙의 차이와 일반적인 사항에 따른 소그룹 선호도를 살펴보기 위하여 교차분석 x^2(p)을 실시하였다.

다섯째, 본 연구의 실증분석은 모두 유의수준 $p<.05$, $p<.01$, $p<.001$에서 검증하였으며, 통계처리는 SPSSWIN 12.0 프로그램[310]을 사용하여 분석하였다.

〈표 10〉 자아개념 요인 분석

		1	2	3	4	5	6	7	공유치
일반적 자아개념	가치있는 사람이라 생각	**.709**	.030	.064	.205	.165	−.131	.323	.681
	살아갈 자격이 있음	**.702**	.096	.096	.193	.108	.059	.348	.814
	필요 한것 중요하게 생각	**.680**	.153	.045	.035	.104	.252	.008	.656
	스스로 훌륭하다 생각	**.572**	.337	.094	.079	.227	.364	.079	.557
	보고 아는 것을 그대로 말	**.554**	−.006	.349	.237	.210	.085	−.159	.556
	공평하게 남을 대접	**.550**	.025	.144	.458	.080	−.009	.132	.520
	내 마음을 믿음	**.506**	.247	.343	.071	.147	.233	−.066	.561
	일을 끝까지 해냄	**.470**	.271	.241	.271	.254	.053	.383	.688
	어려움을 이겨냄	**.441**	.023	.073	.218	.085	.379	.414	.721
자기 책임	행복과 불행에 대한 책임	.168	**.732**	.098	.065	−.168	.351	.103	.670
	행복,성공은 마음에 달림	.161	**.677**	.164	.211	.186	.268	.071	.602
	하고 싶은 일하는 즐거움	.050	**.659**	−.048	.375	.223	.022	.119	.643
	목표가 분명	−.02	**.655**	.074	.118	.457	.026	.058	.524
	존중감에 대한 책임	.161	**.558**	.388	.097	.228	−.064	.273	.668
	시간활용에 책임	.136	**.547**	.246	.172	.010	.202	.247	.662
의식적 삶	남에게 친절하고 공정	−.06	.070	**.753**	.106	.140	.232	.161	.644
	일관된 도덕성	.164	.079	**.704**	.149	.108	.122	.173	.628
	모든 결과에 책임	.257	.120	**.634**	.190	.055	.165	−.084	.538
	생각과 신념 표현	.212	.421	**.520**	.152	.133	.291	.128	.566
	좋은 점을 지킴	.142	.260	**.470**	−.137	.230	.318	.238	.647
개인적 성실	자신의 생각을 믿음	.260	.170	.186	**.802**	.115	.112	.118	.526
	선택과 행동에 책임	.080	.157	.129	**.727**	.237	.132	.178	.551
	욕구성취는 나의 책임	.337	.262	.216	**.631**	.101	.085	.104	.634
	행복해질 수있는 사람임	.275	.376	.234	**.535**	.320	.097	−.026	.572
	나 자신에 대해 만족	.440	.251	−.103	**.451**	.223	.283	.027	.510
자기 주장	어려움을 이겨냄	.104	.181	.148	.256	**.745**	.180	.059	.740
	일을 끝까지 해내는 능력	.373	.060	.201	.169	**.682**	.023	.100	.628
	실패할경우 극복	.216	.201	.085	.376	**.599**	.220	.021	.640
	독립심이 강함	.341	.052	.161	.142	**.538**	.302	.142	.698
	자신의 생각을 주장	.220	.405	.248	−.022	**.415**	.127	.298	.684

310) SPSS는 Statistical Package for the Social Sciences(사회과학 통계패키지)의 준말로서 Norman H. Nie와 C. Hadlai Hull에 의해 개발되어 1968년에 첫 번째 버전이 공개되었다.

		1	2	3	4	5	6	7	공유치
자기 수용	스스로 책임	.162	.279	.363	−.096	.367	**.341**	.173	.570
	잘못을 인정	.102	.240	.227	.028	.109	**.684**	.170	.610
	실수를 인정	.165	.134	.203	.095	.179	**.629**	−.035	.639
	약속을 지킴	.040	.063	.371	.202	.108	**.606**	.147	.724
	행동에 대한 명예를 지킴	.154	.143	.438	.227	.181	**.493**	.307	.725
목적 적 삶	욕망 성취	.033	.166	.104	.214	.358	.291	**.653**	.585
	삶을 스스로 설계	.187	.307	.212	−.107	−.123	.072	**.636**	.686
	생각을 행동으로 옮김	.223	−.040	.001	.361	.271	.351	**.589**	.608
	계획을 실천, 발전	.092	.424	.242	.212	.043	−.012	**.587**	.658
설명분산		10.9	10.4	9.40	8.814	8.113	8.081	7.105	−
누적분산		10.9	21.2	30.63	39.45	47.56	55.65	62.75	

(표 10)과 같이 자아존중감에 관한 문항으로 요인분석을 실시한 결과 요인 1은 분산이 10.9, 요인 2는 10.4, 요인 3은 9.4, 요인 4는 8.81, 요인 5는 8.11, 요인 6은 8.08, 요인 7은 7.11점으로 나타났다. 또한 이들 요인의 전체 설명력은 62.5%로 자아 존중감 요인을 잘 측정하고 있음을 알 수 있다.

〈표 11〉 신뢰도 분석

구 분		크론바하 알파
자아 존중감	일반적 자아 개념	.7589
	자기책임	.8534
	의식적 삶	.6435
	개인적 성실	.6105
	자기 주장	.7541
	자기 수용	.7551
	목적적 삶	.7562
	전체	.6555
건강상태		.8451

조사를 통하여 수집된 설문지의 각 항목에 대한 안정성, 일관성
및 예측가능성을 알아보기 위하여 본 연구에서는 크론바하 알파
(Cronbach's α)계수[311]를 신뢰도 계수로 사용하였다(표 9 참조). 그
러나 사회과학에서 신뢰성에 대한 정확한 기준이 없이, 일반적으로
0.6 이상을 측정지표의 신뢰성에 커다란 문제가 없다고 인정하므
로, 본 연구에서도 0.6 이상을 기준으로 신뢰성을 평가하기로 하겠다.

본 연구에서는 이와 같은 크론바하 알파계수를 이용하여 내적
일관성에 의한 측정도구의 신뢰도를 검증하였으며, 그 결과는 자아
존중감과 건강상태의 모두에서 0.6 이상과 비슷한 수치로 나타나
신뢰수준을 만족한다고 할 수 있다.

<표 12> 응답자의 일반적인 특성

		빈도	퍼센트
회에 나온 기간	1년 미만	20	7.9
	1 - 5년 미만	57	22.5
	5 - 10년 미만	82	32.4
	10 - 20년 미만	44	17.4
	20년 이상	50	19.8
성별	남자	68	26.9
	여자	185	73.1
나이	30 - 39세	40	15.8
	40 - 55세	133	52.6
	55 - 65세	46	18.2
	65세 이상	34	13.4

---

311) 신뢰도분석에 의한 신뢰도 계수이다. 크론바하알파계수법의 크론바하알파 값은 통계학에서
　　　신뢰성을 검증하는 데 있어서 내적 일과성을 측정하는 도구로 활용되고 있다.

		빈도	퍼센트
직분	평신도	49	19.4
	집사	162	64.0
	권사	33	13.0
	안수집사 및 장로	9	3.6
교회모습 묘사	전통적	41	16.2
	보수적	47	18.6
	복음 중심적	42	16.6
	개혁적	59	23.3
	진보적	28	11.1
	자유분방	27	10.7
	기타	9	3.6
신앙에 영향을 준 것	목사님의 설교말씀	152	60.1
	가정교회 소그룹 모임	34	13.4
	기도 생활	35	13.8
	봉사 활동	11	4.3
	양육 훈련 프로그램	21	8.3

(표 12)와 같이 응답자의 일반적인 특성에 대하여 살펴보면 교회에 나온 기간에 따라 5-10년 미만이 32.4%로 가장 높게 나타났고 1-5년 미만이 22.5%, 20년 이상이 19.8%로 나타났다.

성별로는 여자가 73.1%로 남자 26.9%보다 높게 나타났고, 나이별로는 40-55세가 52.6%로 가장 높게 나타났으며 55-65세가 18.2%, 30-39세가 15.8%로 나타났다.

직분별로는 집사가 64.0%로 높게 나타났고 평신도가 19.4%, 권사가 13.0%로 나타났으며, 교회모습을 묘사한 표현에 대하여 개혁적이라는 표현이 23.3%, 보수적이 18.6%, 복음 중심적이 16.6%로 나타났음을 알 수 있다.

예배를 드리면서 하나님의 임재를 경험하고 하나님의 은혜를 받

아 감격스러운 경험이 있는가에 대해 정말 그렇다는 응답이 60.1%
로 높게 나타났고 가끔 그렇다는 응답이 13.8%, 그렇다는 응답이
13.4%로 나타났다.

교회의 양육과 훈련프로그램에 대해 이미 훈련을 받아 신앙이
정립 내지는 성숙되었다는 응답이 46.7%, 기회가 나면 훈련을 받고
싶다는 응답이 35.2%로 나타났으며, 교회에서의 신앙생활에 대해
비교적 만족한다는 응답이 53.0%로 가장 높게 나타났고 그저 그렇
다는 응답이 24.5%, 아직 불완전하지만 현재의 교회생활을 통해 하
나님 나라를 경험하고 있다는 응답이 20.9%로 나타났음을 알 수 있다.

교회가 앞으로 가장 힘써야 할 부분에 대해 구제와 봉사 등을
통한 이웃사랑 확대가 37.6%로 가장 높게 나타났고 교인상호간의
친교확대가 21.4%, 선교중심의 교회지향이 21.0%로 나타났다.

<표 13> 소그룹 참가 정도 및 실태에 관한 특성

		빈도	퍼센트
소그룹 참여	세 그룹 모두에 참여	140	55.4
	두 그룹 참여	44	17.4
	한 그룹 참여	57	22.5
	참여 안함	12	4.7
소그룹 참여경력	6개월 미만	36	14.2
	6개월-2년 미만	54	21.3
	2년 이상-4년 미만	53	20.9
	4년 이상-7년 미만	34	13.4
	7년 이상	76	30.0
두 그룹만 참여한 경우	구역과 셀	38	28.4
	셀과 가정교회	38	28.4
	구역과 가정교회	58	43.3

		빈도	퍼센트
세 그룹 참여시 선호도	구역	69	35.4
	셀 그룹	16	8.2
	가정교회그룹	84	43.1
	모두 그저 그럼	26	13.3
형제애	정말 그렇다	77	30.4
	그렇다	155	61.3
	아니다	19	7.5
	전혀 아니다	2	0.8
우선순위	나눔과 돌봄을 통한 공동체의 회복	193	76.3
	전도를 통한 재생산	16	6.3
	선교를 통한 하나님 나라 확장	16	6.3
	구제와 봉사를 통한 이웃사랑	28	11.1
가정교회 참여관여도	1 – 20%	23	9.1
	21 – 40%	27	9.9
	41 – 60%	46	17.4
	61 – 80%	45	17.0
	81 – 100%	112	44.3
구성원편성	지역별	121	47.8
	남녀성별	34	13.4
	부부중심	51	20.2
	부부중심에 싱글포함	35	13.8
	기타	12	4.7
모임하기 가장 좋은 시간	금요일 낮이나 저녁	137	53.2
	토요일 낮이나 저녁	24	9.5
	주일 오후	26	10.3
	주중 아무 때나	49	19.4
	기타	17	6.7
가정교회의 날 (현재는 한 달에 한 번씩, 주일 오후에 모임)	지금대로	184	72.8
	매월 두 번의 주일오후	13	5.1
	매 주일 오후	14	5.5
	안 했으면 함	34	13.4
	기타	8	3.2
합계		253	100.0

(표 13)과 같이 소그룹 참가 정도 및 실태에 관한 특성에 대하여 살펴보면 구역, 셀, 가정교회라는 이름으로 진행되는 소그룹 목회에 참여해 본 적이 있는가에 대해 세 그룹 모두에 참여하고 있다는 응답이 55.4%, 한 그룹에 참여하고 있다는 응답이 22.5%, 두 그룹에 참여하고 있다는 응답이 17.4%로 나타났으며, 소그룹에 참여한 경험의 경력에 대하여 7년 이상이 30.0%, 6개월-2년 미만이 21.3%, 2-4년 미만이 20.9%로 나타났다.

두 그룹에만 참여한 응답자의 경우 구역과 가정교회에 참여한 응답자가 43.3%로 높게 나타났으며 셀과 가정교회, 구역과 셀에 참여한 응답자가 각각 28.4%로 나타났다.

세 그룹에 참여한 응답자의 경우 세 그룹 중 가장 선호하는 그룹이 가정교회그룹이라는 응답이 43.1%로 높게 나타났고 구역이라는 응답이 35.4%로 나타났다.

가정교회 내에서 형제애를 느끼는가에 대해 그렇다라는 응답이 61.3%로 가장 높게 나타났고, 정말 그렇다는 응답이 30.4%로 나타났으며, 가정교회를 통해 가장 먼저 해야 할 우선순위에 대해 나눔과 돌봄을 통한 공동체의 회복이 76.3%로 가장 높게 나타났고, 구제와 봉사를 통한 이웃사랑이 11.1%로 나타났음을 알 수 있다.

가정교회에의 참여관여도 정도별로는 81-100%가 44.3%로 가장 높게 나타났고, 41-60%가 17.4%, 61-80%가 17.0%로 나타났으며, 가정교회 구성원 편성에 대해 지역별로 구성원을 편성하는 것이 좋다는 응답이 47.8%, 부부중심으로 구성원을 편성하는 것이 좋다는 응답이 20.2%로 나타났다.

가정모임을 하기에 가장 좋은 시간에 대해 금요일 낮이나 저녁

이 좋다는 응답이 53.2%로 가장 높게 나타났고 주중 아무 때나라는 응답이 19.4%로 나타났으며, 가정교회의 날에 대해 지금대로 운영했으면 좋겠다는 응답이 72.8%로 가장 높게 나타났고, 안했으면 한다는 응답도 13.4%로 나타났음을 알 수 있다.

〈표 14〉 신갈장로교회 가정교회 '섬김이'(리더)에 관한 특성

		빈도	퍼센트
가정교회 섬김이 사역의 소명감과 헌신도	정말 그렇다	29	70.7
	아직 잘 모르겠다	8	19.5
	그저 그렇다	3	7.3
	아니다	1	2.4
가정교회 섬김이 사역에 언제까지 헌신	부름 받는 그날까지	23	56.1
	좀 더 해보고 결정	9	22.0
	한시적	6	14.6
	생각해본 적 없음	3	7.3
사역에 가장 필요한 것	기도생활	24	58.5
	말씀묵상	3	7.3
	리더십 연구	5	12.2
	인간관계	9	22.0
사역에서 가장 어려운 점	구성원들의 관심부족	19	46.3
	모임 속에서 자신 노출안함	5	12.2
	가정교회의 존재목적에 대한 혼돈	2	4.9
	교회의 지원 부족	15	36.6
사역을 위해 앞으로 배우고 싶은 점	제자훈련	10	24.4
	성경공부	9	22.0
	리더십훈련	11	26.8
	인간관계훈련	11	26.8
합 계		41	100.0

(표 14)와 같이 신갈장로 교회의 가정교회 섬김이에 관한 특성에 대하여 살펴보면, 가정교회 섬김이로 사역하는 것이 하나님께서 나

를 부르신 소명 때문이며, 나의 남은 삶을 그분께 드리기로 헌신하였다에 정말 그렇다는 응답이 70.7%로 가장 높게 나타났고, 아직 잘 모르겠다는 응답은 19.5%로 나타났다.

가정교회 섬김이 사역에 언제까지 헌신하고 싶은가에 대해 부름을 받는 그날까지라는 응답이 56.1%, 좀 더 해보고 결정이라는 응답이 22.0%로 나타났다.

가정교회 섬김이로 사역하면서 가장 절실하게 필요하다고 생각되는 것이 기도생활이라는 응답은 58.5%로 가장 높게 나타났고, 인간관계가 22.0%, 리더십 연구가 12.2%로 나타났다. 가정교회 섬김이 사역에서 가장 어려운 점에 대해 구성원들의 관심부족이 46.3%, 교회의 지원 부족이 36.6%로 나타났으며, 가정교회 섬김이 사역을 위해 앞으로 배우고 싶은 것에 대해 인간관계 훈련과 리더십 훈련이 각각 26.8%, 제자훈련이 24.4%, 성경공부가 22.0%로 나타났다.

[가설1] 가정교회 소그룹 참가 정도(경력, 횟수)에 따라서 자아존중감에 차이가 있을 것이다.

<표 15> 가정교회 소그룹 참가정도에 따른 자아 존중감 차이

		평균	표준편차	F	p	Duncan
일반적 자아개념	세 그룹 모두에 참여	3.9788	.56226	.568	.637	
	두 그룹 참여	3.9514	.62398			
	한 그룹 참여	3.9725	.48518			
	참여 안함	3.7457	.34690			
의식적 삶	세 그룹 모두에 참여	4.1395	.57325	.255	.858	
	두 그룹 참여	4.1744	.61609			
	한 그룹 참여	4.1394	.51146			
	참여 안함	4.0000	.58926			

		평균	표준편차	F	p	Duncan
자기수용	세 그룹 모두에 참여	3.6256	.65824	1.096	.351	
	두 그룹 참여	3.5814	.69424			
	한 그룹 참여	3.6455	.69836			
	참여 안함	3.2222	.60093			
자기책임	세 그룹 모두에 참여	4.1043	.50481	3.101*	.027	c,b,a〉d[312]
	두 그룹 참여	4.1689	.66183			
	한 그룹 참여	4.1983	.50994			
	참여 안함	3.6464	.57610			
자기주장	세 그룹 모두에 참여	3.7639	.67055	.226	.878	
	두 그룹 참여	3.7308	.76459			
	한 그룹 참여	3.7227	.63608			
	참여 안함	3.5833	.62500			
목적적인 삶	세 그룹 모두에 참여	3.7487	.67782	.322	.810	
	두 그룹 참여	3.6923	.60279			
	한 그룹 참여	3.6545	.69081			
	참여 안함	3.8000	.69300			
개인적인 성실	세 그룹 모두에 참여	3.8976	.55501	1.663	.176	
	두 그룹 참여	3.8410	.66272			
	한 그룹 참여	3.8921	.57140			
	참여 안함	3.4833	.46700			
자아 존중감 전체	세 그룹 모두에 참여	3.9359	.52130	.894	.445	
	두 그룹 참여	3.9367	.53859			
	한 그룹 참여	3.9446	.42158			
	참여 안함	3.6758	.32898			

*p〈.05

(표 15)와 같이 가정교회 소그룹에 참가하는 정도에 따른 자아
존중감의 차이에 대하여 살펴 본 결과 일반적 자아개념의 경우 세

---

312) 이것은 사후검증 수치이다. 전반적 검증이 유의하였다면, 다음으로 관심의 대상이 되는 개
개의 집단들을 개별적으로 비교해 보고 유의한 차이가 있는 집단들을 분석해 낸다. 몇 가지
통계적 기법들이 있는데, 그것은 Scheffe 검정법, Tukey검정법, Duncan검정법, Dunnett
검정법, Newman－Keuls검정법 등이 있다. Duncan검정법에서 사용하는 유의수준은 1－
(1－a)를 사용해서 구한다. 따라서 평균들이 등위로 보아 떨어져 있으면 있을수록 유의수
준은 관대해진다.

그룹에 참여하는 응답자의 평균이 3.98점, 한 그룹이 3.97점, 두 그룹이 3.95점으로 나타났으며, 의식적 삶의 경우 두 그룹이 4.17점, 한 그룹과 세 그룹이 각각 4.13점 그리고 자기수용의 경우 한 그룹이 3.65점, 세 그룹이 3.63점으로 나타났다.

자기책임의 경우 한 그룹이 3.65점, 세 그룹이 3.63점, 두 그룹이 3.58점으로 나타나 통계적으로 유의미한 차이를 보이는 것을 알 수 있다(p<.05).

자기주장의 경우 세 그룹이 3.76점, 두 그룹이 3.73점, 한 그룹이 3.72점으로 나타났으며, 목적적인 삶의 경우 그룹에 참여하지 않음이 3.8점, 세 그룹이 3.75점, 두 그룹이 3.69점으로 나타났다.

개인적 성실의 경우 세 그룹이 3.90점, 한 그룹이 3.89점, 두 그룹이 3.84점으로 나타났으며, 자아 존중감 전체의 경우 한 그룹이 3.94점, 두 그룹과 세 그룹이 각각 3.94점으로 나타났음을 알 수 있다. 이러한 결과는 자아 존중감 하위변인에 있어서 자기책임의 경우에 소그룹에 참여한 경우가 참가하지 않은 경우보다 높게 나타나 "(가설1) 가정교회 소그룹 참가 정도(경력, 횟수)에 따라서 자아존중감이 차이가 있을 것이다."의 경우에 가설이 부분적으로 채택되었음을 알 수 있다.

<표 16> 가정교회 소그룹 참여경험 경력에 따른 자아 존중감 차이

		평균	표준편차	F	유의확률	Duncan
일반적 자아개념	6개월 미만	3.8206	.44951	1.958*	.046	d,e〉c,b,a
	6개월 – 2년 미만	3.9450	.54633			
	2년 이상 – 4년 미만	3.8504	.75279			
	4년 이상 – 7년 미만	4.0562	.51533			
	7년 이상	4.0371	.52248			
의식적 삶	6개월 미만	4.0078	.52932	1.212	.306	
	6개월 – 2년 미만	4.1531	.52245			
	2년 이상 – 4년 미만	4.0646	.77041			
	4년 이상 – 7년 미만	4.3047	.46548			
	7년 이상	4.1221	.56692			
자기수용	6개월 미만	3.3854	.67791	1.100	.358	
	6개월 – 2년 미만	3.6803	.59204			
	2년 이상 – 4년 미만	3.6007	.70689			
	4년 이상 – 7년 미만	3.6823	.67250			
	7년 이상	3.6024	.70727			
자기책임	6개월 미만	4.1086	.57773	.698	.594	
	6개월 – 2년 미만	4.1822	.48775			
	2년 이상 – 4년 미만	4.0317	.63144			
	4년 이상 – 7년 미만	4.2128	.47342			
	7년 이상	4.0832	.63678			
자기주장	6개월 미만	3.5056	.48489	1.986*	.041	e,b〉c,d〉a
	6개월 – 2년 미만	3.8385	.69667			
	2년 이상 – 4년 미만	3.6884	.62938			
	4년 이상 – 7년 미만	3.7473	.66161			
	7년 이상	3.8490	.74182			
목적적인 삶	6개월 미만	3.7000	.71840	.266	.899	
	6개월 – 2년 미만	3.6562	.61733			
	2년 이상 – 4년 미만	3.6812	.64389			
	4년 이상 – 7년 미만	3.8065	.65418			
	7년 이상	3.7271	.72815			
개인적인 성실	6개월 미만	3.8494	.50188	.627	.644	
	6개월 – 2년 미만	3.8844	.57057			
	2년 이상 – 4년 미만	3.7500	.57841			
	4년 이상 – 7년 미만	3.9113	.52910			
	7년 이상	3.9138	.65809			

		평균	표준편차	F	유의확률	Duncan
개인적인 성실	6개월 미만	3.8494	.50188	.627	.644	
	6개월 - 2년 미만	3.8844	.57057			
	2년 이상 - 4년 미만	3.7500	.57841			
	4년 이상 - 7년 미만	3.9113	.52910			
	7년 이상	3.9138	.65809			
자아존중감 전체	6개월 미만	3.8294	.40535	1.125	.345	
	6개월 - 2년 미만	3.9475	.46141			
	2년 이상 - 4년 미만	3.8223	.67066			
	4년 이상 - 7년 미만	4.0077	.45170			
	7년 이상	3.9716	.50409			

(표 16)과 같이 가정교회 소그룹 참여경험 경력에 따른 자아 존중감의 차이에 대하여 살펴 본 결과, 일반적 자아개념의 경우 소그룹 참여 경력이 4년 이상 7년 미만인 응답자의 평균이 4.06점, 7년 이상이 4.04점으로 나타났으며(p<.05), 의식적 삶의 경우 경력이 4년 이상 7년 미만이 4.30잠, 6개월 이상 2년 미만이 4.15점으로 나타났다.

자기수용의 경우, 6개월 이상 2년 미만과 4년 이상 7년 미만의 평균이 각각 3.68점으로, 7년 이상이 3.60점으로 나타났으며, 자기주장의 경우 7년 이상이 3.85점, 6개월 이상 2년 미만이 3.84점, 4년 이상 7년 미만이 3.75점으로 나타났다(p<.05).

목적적인 삶의 경우, 4년 이상 7년 미만이 3.81점, 7년 이상이 3.73점으로 나타났으며, 개인적인 성실의 경우, 7년 이상이 3.91점, 4년 이상 7년 미만이 3.91점, 6개월 이상 2년 미만이 3.88점으로 나타났음을 알 수 있다.

그러므로 이러한 결과는 참가정도에 있어서 자아 존중감 하위변인 일반적 자아개념과 자기주장의 경우에 유의하게 나타났음을 알 수 있다. 특히 일반적 자아존중감은 참가경험이 많은 경우에 높은 자아 존중감을 보였음을 알 수 있다. 따라서 "(가설1) 가정교회 소그룹 참가 정도(경력, 횟수)에 따라서 자아존중감에 차이가 있을 것이다."의 경우 가설이 부분적으로 채택되었음을 알 수 있다.

[가설2] 가정교회 소그룹 참가 현황에 따라서 교회 건강정도에 대한 인식에 차이가 있을 것이다.

〈표 17〉 가정교회 소그룹 참가정도에 따른 건강정도 차이

	평균	표준편차	F	유의확률
세 그룹 모두에 참여	3.2315	.72840		
두 그룹 참여	3.0446	.57908	1.058	.368
한 그룹 참여	3.2400	.53681		
참여 안함	3.3198	.49989		

(표 17)과 같이 가정교회 소그룹 참가정도에 따른 건강정도에 대하여 살펴 본 결과, 그룹에 참여하지 않는다는 응답자의 평균이 3.32점으로 가정 높게 나타났고, 한 그룹이 3.24점, 세 그룹이 3.23점으로 나타나 유의미한 차이를 보이지 않는 것을 알 수 있다.

〈표 18〉 가정교회 소그룹 참여 경험 경력에 따른 건강정도 차이

	평균	표준편차	F	유의확률
6개월 미만	3.1641	.48673		
6개월 – 2년 미만	3.2649	.50839		
2년 이상 – 4년 미만	3.2760	.62183	.473	.756
4년 이상 – 7년 미만	3.1200	.65981		
7년 이상	3.1607	.82629		

(표 18)과 같이 가정교회 소그룹 참여 경력에 따른 건강정도에 대하여 살펴 본 결과, 그룹에 참여한 경력이 2년 이상 4년 미만인 응답자의 평균이 3.28점으로 가장 높게 나타났고, 6개월 이상 2년 미만이 3.26점으로 나타나 유의미한 차이를 보이지 않는 것을 알 수 있다.

그러므로 "(가설2) 가정교회 소그룹 참가 정도(경력, 횟수)에 따라서 교회 건강정도에 대한 인식에 차이가 있을 것이다."의 경우 가설이 기각되었음을 알 수 있다.

[가설3] 가정교회 소그룹 참가 정도(경력, 횟수)에 따라서 신앙정도에 차이가 있을 것이다.

〈표 19〉 가정교회 소그룹 참가정도와 참여 경험 경력에 따른 신앙 차이

	1년미만	1 – 5년	5 – 10년	10 – 20년	20년 이상	χ^2(p)
세 그룹 모두 참여	7	20	45	31	32	
	5.2%	14.8%	33.3%	23.0%	23.7%	
두 그룹 참여	0	13	16	7	8	38.033*** (.000)
	.0%	29.5%	36.4%	15.9%	18.2%	
한 그룹 참여	11	20	17	4	5	
	19.3%	35.1%	29.8%	7.0%	8.8%	
참여 안함	2	3	3	0	4	
	16.7%	25.0%	25.0%	.0%	33.3%	
6개월 미만	9	10	8	2	4	
	27.3%	30.3%	24.2%	6.1%	12.1%	
6개월 – 2년 미만	4	17	16	6	8	
	7.8%	33.3%	31.4%	11.8%	15.7%	
2년이상 – 4년 미만	2	21	17	4	6	75.492*** (.000)
	4.0%	42.0%	34.0%	8.0%	12.0%	
4년 이상 – 7년 미만	2	5	16	4	5	
	6.3%	15.6%	50.0%	12.5%	15.6%	
7년 이상	2	2	21	24	25	
	2.7%	2.7%	28.4%	32.4%	33.8%	

(표 19)와 같이 가정교회 소그룹 참가 정도에 따른 신앙 차이에 대하여 살펴 본 결과, 세 그룹에 참가하는 응답자의 33.3%가 교회에 5－10년 다녔으며, 23.7%가 20년 이상 다닌 것으로 나타났다.

두 그룹에 참가하는 응답자의 경우 36.4%가 5－10년, 29.5%가 1－5년 동안 교회에 다닌 것으로 나타났고, 한 그룹에 참가하는 응답자의 경우 35.1%가 1－5년 동안, 29.8%가 5－10년 동안 교회에 다닌 것으로 나타났다.

그룹에 참여하지 않는 응답자의 경우에는 33.3%가 20년 이상 교회에 다녔고, 25.0%가 각각 1－5년, 5－10년 교회에 다닌 것으로 나타나 통계적으로 유의미한 차이를 보이는 것을 알 수 있다(p<.001).

소그룹에 참여한 경험 경력에 따라서는 경력이 6개월 미만일 경우의 30.3%가 1－5년, 27.3%가 1년 미만 24.2%가 5－10년 동안 교회를 다닌 것으로 나타났고, 경력이 6개월 이상 2년 미만인 경우의 33.3%가 1－5년, 31.4%가 5－10년 교회를 다녔으며, 경력이 2년 이상 4년 미만인 경우의 42.0%가 1－5년, 34.0%가 5－10년 교회를 다닌 것으로 나타났다.

또한 경력이 4년 이상 7년 미만인 경우의 50.0%가 5－10년, 15.6%가 각각 1－5년, 20년 이상 교회에 다닌 것으로 나타나 통계적으로 유의미한 차이를 보이는 것을 알 수 있다(p<.001).

그러므로 "(가설 3) 가정교회 소그룹 참가 정도(경력, 횟수)에 따라서 신앙정도에 차이가 있을 것이다."의 경우 가설이 채택되었음을 알 수 있다.

[가설4] 가정교회 소그룹 참가 관여도에 따라서 자아존중감에 대한 인식에 차이가 있을 것이다.

<표 20> 가정교회 소그룹 참가관여도에 따른 자아 존중감 인식의 차이

		평균	표준편차	F	유의확률	Duncan
일반적 자아개념	1 - 20%	3.5499	.62273	4.671***	.001	e〉d〉c〉b〉a
	21 - 40%	3.8548	.47743			
	41 - 60%	3.8810	.53628			
	61 - 80%	3.9058	.51365			
	81 - 100%	4.0727	.57989			
의식적 삶	1 - 20%	3.7609	.70903	2.899*	.023	e〉d〉c〉b〉a
	21 - 40%	4.0700	.54256			
	41 - 60%	4.0720	.53844			
	61 - 80%	4.1560	.45691			
	81 - 100%	4.2064	.62470			
자기수용	1 - 20%	3.3478	.61322	1.146	.336	
	21 - 40%	3.5600	.75596			
	41 - 60%	3.6515	.64180			
	61 - 80%	3.4957	.68770			
	81 - 100%	3.6362	.67341			
자기책임	1 - 20%	3.8582	.75270	1.705	.150	
	21 - 40%	3.9943	.57181			
	41 - 60%	4.0395	.53622			
	61 - 80%	4.1728	.59007			
	81 - 100%	4.1546	.55122			
자기주장	1 - 20%	3.6230	.62507	.357	.839	
	21 - 40%	3.6567	.59137			
	41 - 60%	3.7183	.59780			
	61 - 80%	3.7500	.64550			
	81 - 100%	3.7832	.76388			
목적적인 삶	1 - 20%	3.6508	.65384	.510	.728	
	21 - 40%	3.8267	.70132			
	41 - 60%	3.6508	.60352			
	61 - 80%	3.6216	.64866			
	81 - 100%	3.7420	.72588			
개인적인성실	1 - 20%	3.5881	.69425	2.157	.075	
	21 - 40%	3.7913	.47593			
	41 - 60%	3.7885	.51216			
	61 - 80%	3.8405	.62248			
	81 - 100%	3.9596	.59337			

		평균	표준편차	F	유의확률	Duncan
자아 존중감 전체	1 - 20%	3.6384	.55233	2.462*	.046	e〉d〉c〉b〉a
	21 - 40%	3.8518	.44572			
	41 - 60%	3.8614	.44604			
	61 - 80%	3.9091	.43273			
	81 - 100%	3.9892	.56012			

*p〈.05, ***p〈.001

(표 20)과 같이 가정교회 소그룹 참가 관여도에 따른 자아존중감에 대한 인식의 차이에 대하여 살펴 본 결과, 일반적 자아 개념의 경우 소그룹에의 참가 관여도가 81 - 100%인 응답자의 평균이 4.07점으로 가장 높았고, 61 - 80%가 3.91점, 41 - 60%가 3.88점으로 나타나 통계적으로 유의미한 차이를 보이는 것을 알 수 있다 (p<.001).

또한 의식적 삶의 경우에도 관여도가 81 - 100%인 응답자의 평균이 4.21점으로 가장 높았고, 61 - 80%가 4.12점, 41 - 60%가 4.07점으로 나타나 통계적으로 유의미한 차이를 보이는 것을 알 수 있다(p<.05).

자기수용의 경우 관여도가 41 - 60%의 평균이 3.65점, 81 - 100%는 3.63점으로 나타났고, 자기책임의 경우 61 - 80%가 4.17점, 81 - 100%가 4.15점으로 나타났으며, 자기주장의 경우에는 81 - 100% 3.78점, 61 - 80%가 3.75점으로 나타났다.

목적적인 삶에서 관여도가 21 - 40%인 응답자의 평균은 3.83점, 81 - 100%는 3.74점으로 나타났고, 개인적인 성실에서 관여도가 81 - 100%인 응답자의 평균은 3.96점, 61 - 80%는 3.84점, 21 - 40%는 3.79점으로 나타났다.

마지막으로 자아 존중감 전체에 대하여 살펴보면, 소그룹에의 참가 관여도가 81 - 100%인 응답자의 평균이 3.99점으로 가장 높게 나타났고, 61 - 80%는 3.91점, 41 - 60%는 3.86점으로 나타나 통계적으로 유의미한 차이를 보이는 것을 알 수 있다.

그러므로 "(가설 4) 가정교회 소그룹 참가관여도에 따라서 자아 존중감에 대한 인식에 차이가 있을 것이다."의 경우 가설이 채택되었음을 알 수 있다.

[가설 5] 가정교회 소그룹 참가 관여도에 따라서 교회 건강정도에 대한 인식에 차이가 있을 것이다

〈표 21〉 가정교회 소그룹 참가관여도에 따른 교회 건강정도에 대한 인식

	평균	표준편차	F	유의확률
1 - 20%	2.9587	.59625		
21 - 40%	3.2376	.40939		
41 - 60%	3.1181	.59292	1.156	.331
61 - 80%	3.2905	.65958		
81 - 100%	3.2384	.73935		

(표 21)과 같이 가정교회 소그룹에의 참가 관여도에 따른 교회의 건강정도에 대하여 살펴 본 결과, 참여도가 81 - 100%인 경우와 21 - 40%인 경우의 평균이 3.24점으로 높게 나타났고, 61 - 80%는 3.29점, 41 - 60%는 3.12점으로 나타났으나 통계적으로 유의미한 차이를 보이지는 않았다.

그러므로 "(가설 5) 가정교회 소그룹 참가관여도에 따라서 교회 건강정도에 대한 인식에 차이가 있을 것이다."의 경우 가설이 기각

되었음을 알 수 있다.

[가설 6] 가정교회 소그룹 참가 현황에 따라서 신앙정도에 차이가 있을 것이다

〈표 22〉 가정교회 소그룹 참가 관여도에 따른 신앙정도

		1년미만	1 – 5년	5 – 10년	10 – 20년	20이상	χ^2(p)
가정교회 참여관여도	1 – 20%	2	5	8	2	6	
		8.7%	21.7%	34.8%	8.7%	26.1%	
	21 – 40%	3	7	5	6	4	
		12.0%	28.0%	20.0%	24.0%	16.0%	
	41 – 60%	4	19	11	5	5	26.616*
		9.1%	43.2%	25.0%	11.4%	11.4%	(.046)
	61 – 80%	5	10	15	6	7	
		11.6%	23.3%	34.9%	14.0%	16.3%	
	81 – 100%	5	14	41	23	27	
		4.5%	12.7%	37.3%	20.9%	24.5%	

*p<.05*p<.05

(표 22)와 같이 가정교회의 소그룹 참가 관여도에 따른 신앙 정도의 차이에 대하여 살펴 본 결과, 소그룹 관여도가 1 – 20%인 경우 34.8%가 5 – 10년, 26.1%가 20년 이상, 21.7%가 1 – 5년 동안 교회를 다닌 것으로 나타났다.

소그룹에의 관여도가 21 – 40%인 경우 28.0%가 1 – 5년, 24.0%가 10 – 20년, 20.0%가 5 – 10년 동안 그리고 관여도가 41 – 60%인 경우 43.2%가 1 – 5년, 25.0%가 5 – 10년 동안 교회를 다닌 것으로 나타났으며, 관여도가 61 – 80%인 경우에는 34.9%가 5 – 10년, 23.3%가 1 – 5년, 16.3%가 20년 이상 교회를 다닌 것으로 나타났다.

또한 관여도가 81 – 100%인 경우에는 37.3%가 5 – 10년, 24.5%

가 20년 이상, 20.9%가 10 - 20년 동안 교회를 다닌 것으로 나타나 통계적으로 유의미한 차이를 보이는 것을 알 수 있다.

그러므로 "(가설 6) 가정교회 소그룹 참가 현황에 따라서 신앙정도에 차이가 있을 것이다."의 경우 가설이 채택되었음을 알 수 있다.

[가설 7] 일반적인 사항에 따른 소그룹 선호도를 알아본다의 경우 성별과 나이, 신앙생활, 그룹참여 여부에 따라 소그룹에 대한 선호도가 달라진다.

〈표 23〉 일반적인 사항에 따른 소그룹 선호도

		구역	셀	가정교회	그저그럼	χ^2(p)
성별	남자	8	1	28	5	· 13.248** (.004)
		19.0%	2.4%	66.7%	11.9%	
	여자	61	15	56	21	
		39.9%	9.8%	36.6%	13.7%	
나이	30 - 39세	3	4	17	1	23.953** (.004)
		12.0%	16.0%	68.0%	4.0%	
	40 - 55세	38	9	38	12	
		39.2%	9.3%	39.2%	12.4%	
	55 - 65세	15	3	21	4	
		34.9%	7.0%	48.8%	9.3%	
	65세 이상	13	0	8	9	
		43.3%	.0%	26.7%	30.0%	
직분	평신도	10	3	15	1	8.883 (.448)
		34.5%	10.3%	51.7%	3.4%	
	집사	42	12	53	20	
		33.1%	9.4%	41.7%	15.7%	
	권사	14	0	12	5	
		45.2%	.0%	38.7%	16.1%	
	안수집사 및 장로	3	1	4	0	
		37.5%	12.5%	50.0%	.0%	

		구역	셀	가정교회	그저그럼	χ^2(p)
신앙에 영향을 준 것	목사님의 설교말씀	41	5	50	17	19.388 (.080)
		36.3%	4.4%	44.2%	15.0%	
	가정교회	11	1	13	1	
		42.3%	3.8%	50.0%	3.8%	
	기도 생활	11	6	7	5	
		37.9%	20.7%	24.1%	17.2%	
	봉사활동	1	2	3	1	
		14.3%	28.6%	42.9%	14.3%	
	양육 훈련	4	2	8	1	
		26.7%	13.3%	53.3%	6.7%	
훈련 프로그램	훈련받음	28	10	45	9	15.890 (.069)
		30.4%	10.9%	48.9%	9.8%	
	훈련받고 싶음	28	4	20	8	
		46.7%	6.7%	33.3%	13.3%	
	별 관심 없음	10	1	16	8	
		28.6%	2.9%	45.7%	22.9%	
	전혀 관심 없음	0	1	1	0	
		.0%	50.0%	50.0%	.0%	
신앙생활	하나님나라 경험	18	0	23	4	21.626** (.010)
		40.0%	.0%	51.1%	8.9%	
	비교적 만족	30	11	38	17	
		31.3%	11.5%	39.6%	17.7%	
	그저 그럼	20	2	20	5	
		42.6%	4.3%	42.6%	10.6%	
	불만	0	2	2	0	
		.0%	50.0%	50.0%	.0%	
힘써야 할 부분	교인간 친교확대	19	3	16	6	9.828 (.365)
		43.2%	6.8%	36.4%	13.6%	
	전도중심	9	7	19	4	
		23.1%	17.9%	48.7%	10.3%	
	선교중심	11	3	16	6	
		30.6%	8.3%	44.4%	16.7%	
	이웃사랑	22	3	33	8	
		33.3%	4.5%	50.0%	12.1%	

		구역	셀	가정교회	그저그럼	χ^2(p)
그룹참여	세 그룹	37	14	65	15	
		28.2%	10.7%	49.6%	11.5%	
	두 그룹	12	0	6	5	18.243*
		52.2%	.0%	26.1%	21.7%	(.032)
	한 그룹	13	1	9	4	
		48.1%	3.7%	33.3%	14.8%	
	참여하지 않음	6	0	3	0	
		66.7%	.0%	33.3%	.0%	
소그룹 참여경험	6개월 미만	7	1	10	3	
		33.3%	4.8%	47.6%	14.3%	
	6개월 - 2년미만	12	1	9	2	
		50.0%	4.2%	37.5%	8.3%	
	2 - 4년미만	11	2	21	4	7.659
		28.9%	5.3%	55.3%	10.5%	(.811)
	4 - 7년미만	9	4	14	4	
		29.0%	12.9%	45.2%	12.9%	
	7년이상	24	7	28	12	
		33.8%	9.9%	39.4%	16.9%	
두 그룹 참여	구역과 셀	19	3	3	9	
		54.5%	9.1%	9.1%	27.3%	
	셀과 가정교회	8	2	16	1	24.092**
		29.6%	7.4%	59.3%	3.7%	(.004)
	구역과 가정교회	20	1	21	6	
		40.4%	2.1%	44.7%	12.8%	
전체		47	6	40	16	
		43.1%	5.5%	36.7%	14.7%	

*p<.05, **p<.01

(표 23)과 같이 일반적인 사항에 따른 소그룹 선호도에 대하여 살펴 본 결과, 성별의 경우 남자는 66.7%가 가정교회, 19.0%가 구역을 선호하였고, 여자는 39.9%가 구역, 36.6%가 가정교회를 선호하여 통계적으로 유의미한 차이를 보이는 것으로 나타나 성별에

따라 소그룹 선호도가 다르다는 것을 알 수 있다(p<.01).

나이별로는 30－39세의 68.0%가 가정교회, 16.0%가 셀을 선호하였고, 40－50세의 39.2%가 각각 구역과 가정교회, 55－60세의 48.8%가 가정교회, 34.9%가 구역, 65세 이상의 43.3%가 구역, 26.7%가 가정구역을 선호하여 통계적으로 유의미한 차이를 보이는 것으로 나타나 나이에 따라 소그룹 선호도가 다르다는 것을 알 수 있다(p<.01).

직분별로는 평신도의 51.7%와 34.5%, 집사의 41.7%와 33.1%, 권사의 38.7%와 45.2%, 안수집사 및 장로의 50.0%와 37.5%가 각각 가정교회와 구역을 선호하는 것으로 나타났다.

하나님의 임재를 경험한 적이 있는지에 따라 정말그렇다의 44.2%와 36.3%, 그렇다의 50.0%와 42.3%, 가끔 그렇다의 24.1%와 37.9%, 전혀 아니다의 53.3%와 26.7%가 각각 가정교회와 셀을 선호하는 것으로 나타났고, 아니다의 42.9%와 28.6%가 각각 가정교회와 셀을 선호하는 것으로 나타났다.

교회의 양육과 훈련프로그램에 대해 이미 훈련을 받아 신앙이 정립 내지는 성숙되었다는 응답의 48.9%와 30.4%, 기회가 나면 훈련을 받고 싶다는 응답의 33.3%와 46.7%, 별 관심 없다는 응답의 45.7%와 28.6%가 각각 가정교회와 구역을 선호하는 것으로 나타났으며, 전혀 관심 없다는 응답의 50.0%가 각각 가정교회와 셀을 선호하는 것으로 나타났다.

교회에서의 신앙생활에 대해 불완전하지만 하나님 나라를 경험하고 있다는 응답의 51.1%와 40.0%, 비교적 만족한다는 응답의 39.6%와 31.3%, 그저 그렇다는 응답의 42.6%와 42.6%가 가정교

회와 구역을 선호하는 것으로 나타났고, 불만이라는 응답의 50.0%
가 각각 가정교회와 셀을 선호하는 것으로 나타나 통계적으로 유
의미한 차이를 보이고 있음을 알 수 있다(p<.01).

교회가 앞으로 힘써야 할 부분에 대해 교인간의 친교확대라는
응답의 36.4%와 43.2%, 전도중심의 48.7%와 23.1%, 선교중심의
44.4%와 30.6%, 이웃사랑의 50.0%와 33.3%가 각각 가정교회와
구역을 선호하는 것으로 나타났으며, 소그룹의 참여경험에 따라 6개
월 미만의 47.6%와 33.3%, 6개월-2년의 37.5%와 50.0%, 2-4년
의 55.3%와 28.9%, 4-7년의 45.2%와 29.0%, 7년 이상의 39.4%
와 33.8%가 각각 가정교회와 구역을 선호하는 것으로 나타났다.

그룹 참여에 따라 세 그룹에 참여했다는 응답자의 49.6%와 33.3%,
두 그룹의 26.1%와 52.2%, 한 그룹의 33.3%와 48.1%, 참여하지
않았다의 33.3%와 66.7%가 각각 가정교회와 구역을 선호하는 것
으로 나타나 통계적으로 유의미한 차이를 보이는 것을 알 수 있다
(p<.05).

마지막으로 두 그룹에 참여 시 참여하는 그룹의 종류에 따라서
구역과 셀에 참여한다는 응답자의 54.5%가 구역, 셀과 가정교회에
참여한다는 응답자의 59.3%와 29.6%, 구역과 가정교회에 참여한다
는 응답자의 44.7%와 40.4%가 각각 가정교회와 구역을 선호하는
것으로 나타나 통계적으로 유의미한 차이를 보이는 것을 알 수 있
다(p<.01).

그러므로 "(가설 7) 일반적인 사항에 따른 소그룹 선호도를 알아
본다의 경우 성별과 나이, 신앙생활, 그룹참여 여부에 따라 소그룹
에 대한 선호도가 달라진다."는 것을 알 수 있다. 따라서 가설은

부분적으로 채택되었음을 알 수 있다.

3. 분석평가

먼저 (표 12)에 나타난 '응답자의 일반적인 특성'을 살펴보면, 73.1%가 여성으로서 이는 한국교회가 보편적으로 여성 중심의 교인으로 구성이 되어있음을 반증하고 있다. 연령의 분포도는 30세 - 55세가 68.4%로 비교적 젊은 층이 많이 응답하였고, 55세 - 65세 이상의 노년층도 31.6%나 되었다. 이것은 교회의 역사가 79년이 되었기에 나타난 자연적인 현상이라고 볼 수 있다.

교회에 대한 이미지를 묘사한 항목에서는 전통적이고 보수적이라는 응답이 34.8%, 개혁적이고 진보적이라는 응답이 34.4%이다. 이것은 비록 기장(한국기독교장로회) 소속의 교회이지만, 교단의 진보성과 지교회의 영적 색깔과는 상당한 차이가 있음을 보여주고 있다. 그러나 최근 1 - 2년 사이에 상당한 개혁이 진행되고 있는 중에 느끼는 교인들의 반응이 그대로 반영되고 있음을 보여주고 있기도 하다.

현재 신앙생활에서 가장 큰 영향을 끼치고 있는 것은 목사님의 설교가 60.1%, 기도생활이 13.8%, 가정교회 소그룹 모임이 13.4%, 양육 훈련 프로그램이 8.3%, 봉사 활동이 4.3%로 나타나고 있다. 이것은 오늘날 교회에서 목사의 설교가 차지하는 비중이 얼마나 큰가를 단적으로 보여주는 예이다. 따라서 매주 선포되는 설교가 생명력 있는 말씀이 되기 위하여 목사는 끊임없는 노력을 해야 함을 보여주고 있다.[313) 또한 교인들의 기도생활에 활력을 불어넣기 위해 다양한 형태의 기도를 개발할 필요도 있음을 보여준다.

교회의 양육과 훈련 프로그램에 대한 응답은 46.7%가 이미 양육훈련과 제자훈련을 받았으며, 35.2%가 앞으로 훈련 받기를 원하고 있다. 이것은 소그룹 목회의 목적이 제자훈련을 통한 예수님의 제자로 거듭나는 것임을 강조한 결과라고 볼 수 있다. 그러나 무관심한 응답자도 18.1%가 있다는 사실은 분주한 현대인의 삶속에서 시간을 내지 못하는 결과이기도 하고, 훈련에 대한 무관심을 보여주기도 한다. 이것은 오늘날 교회가 이들에 대해 어떻게 양육하고 훈련해야 하는가에 대한 고민을 하게 한다.

현재 교회에서의 신앙생활에 대한 만족도는 긍정적인 답변이 73.9%, 그저 그렇다가 24.5%, 불만족이 1.6%이다. 즉, 교인의 3/4은 만족, 1/4은 불만족하다는 사실이다. 이것은 불만족하고 있는 교인들을 위한 다양한 대응이 필요함을 보여주고 있다. 물론 교회생활에 대한 만족과 불만족은 다양한 형태로 표출 될 수 있다. 따라서 개인과 공동체의 영성 회복을 위한 설교나 다양한 양육 프로그램 그리고 전도와 선교, 이웃을 위한 봉사활동, 문화사역 등에 관심을 가져야 한다고 본다. 그러나 더욱 중요한 것은 윌로우 크릭 교회(Willow Creek Community Church, Bill Hybels 담임목사)처럼 설문조사 등을 활용하여 맞춤 양육과 교인들이 원하는 것이 무엇인가를 정확하게 인식하고 반응하는 것이 중요하다.[314)

---

313) 박근원, 『오늘의 설교론』(서울: 대한기독교서회, 1998), 18 - 20. 박근원은 오늘의 설교가 위기 상황이라고 진단하면서 극복 방안 중 하나가 바로 설교가 목회의 우선순위가 되어야 함을 강조한다.

교회가 앞으로 가장 힘써야 할 부분에 대한 응답은 구제와 봉사 등을 통한 이웃사랑 확대가 37.6%, 교인 상호간의 친교확대 21.4%, 선교중심의 교회지향이 21%, 전도중심의 교회지향이 20.2%로 나타났다. 즉, 교회 밖에 대한 관심이 58.6%, 교회 안에 대한 관심이 41.6%이다. 이것은 올 해 교회의 표어인 "뜨거운 마음은 하나님께, 따뜻한 손길은 이웃에게"(마 22:36－40)를 통하여 교인들의 이웃사랑에 대한 관심의 표출이라고 볼 수 있다. 특히 교인 상호간의 친교확대 문제는 오랜 교회의 역사 속에서 다툼과 분열로 인한 많은 상처들을 입었기에 이제는 치유와 회복을 위한 갈망을 하고 있음을 보여주고 있다.

(표 13)에 나타난 '소그룹 참가 정도 및 실태에 관한 특성'을 살펴보면, 세 그룹(구역, 셀 그룹, 가정교회) 모두 참여한 경험이 있는 자가 55.4%이며, 두 그룹 참여자가 17.4%, 가정교회만 참여해 본 자가 22.5%이다. 교인의 과반수가 세 그룹의 경험을 가지고 있었다. 이것은 오래된 전통을 가진 역사의 산물이라고 볼 수 있다.

세 그룹 참여시 선호도는 가정교회가 43.1%, 구역이 35.4%, 셀 그룹이 8.2%, 모두 그저 그렇다가 13.3%이다. 현재 진행되고 있는 가정교회에 대한 긍정적인 평가와 함께 구역에 대한 추억도 함께 공존하고 있음을 보여주고 있다. 이것과 함께 (표 23)에 나타난 '소

---

314) 최원준, "성도가 목회자와 교회에게 원하는 것과 필요로 하는 것" 「목회와 신학」(서울: 두란노서원, 10/2009), 166－171. 윌로우크릭 교회는 영적 성숙에 관한 3년간의 연구 끝에 *Reveal:Where Are You?* 보고서를 발간했고, 1년 뒤에 *Follow Me*라는 또 다른 보고서를 그리고 2009년에 세 번째 *Focus*라는 보고서를 발간했다. 세 번째 보고서는 376개 교회 8만 명의 교인을 대상으로 설문조사하여 발표한 것이다. 여기에서는 '성도가 교회에게 원하는 것', '성도가 교회로부터 필요로 하는 것', '성도가 목회자에게 기대하는 것과 원하는 것, 그리고 필요로 하는 것'에 대해 자세히 서술하고 있다.

그룹 선호도'를 살펴보면 흥미롭다. 남자는 가정교회가 66.7%, 구역이 19%인 반면, 여자는 가정교회가 36.6%, 구역이 39.9%로 나타났다. 이것은 남자의 경우 셀 그룹 이후 무너진 소그룹 모임이 가정교회로 새롭게 회복되었기에 나타난 결과이며, 여자는 부부 중심의 모임보다는 여성 중심의 모임이 더 좋다고 판단을 한 것이며, 특히 싱글들에게는 더욱 심하게 나타나고 있다. 특히 연령별로 살펴보면, 30 - 39세는 가정교회가 68%, 구역이 12%, 40 - 55세는 가정교회와 구역이 동일하게 39.2%, 55 - 65세는 가정교회가 48.8%, 구역이 34.9%, 65세 이상에서는 가정교회가 26.7%, 구역이 43.3%로 나타났다. 직분별로는 평신도는 51.7%가 가정교회, 구역이 34.5%, 집사는 41.7%가 가정교회, 구역이 33.1%, 권사는 가정교회가 38.7%, 구역이 45.2%, 안수집사 및 장로는 가정교회가 50%, 구역이 37.5%로 나타났다. 이것은 젊은 층과 중·장년층 그리고 직분이 평신도일수록 가정교회를 선호하며, 노년층의 권사들은 구역을 선호하는 것을 알 수 있다. 나이가 들수록 변화를 싫어하는 특성을 그대로 보여주고 있다고 볼 수 있다. 그러나 교회의 지도자들인 안수집사와 장로들은 가정교회를 선호하고 있음을 볼 수 있다.

소그룹 공동체를 통해 느끼는 형제애가 91.7%를 차지하며, 우선순위에서 나눔과 돌봄을 통한 공동체의 회복이 76.3%로 나타나고 있다. 이것은 본 교회 가정교회의 첫 번째 비전인 '공동체 회복운동'과 맥을 같이 하는 것이다.

가정교회에 참여하면서 얼마나 적극적으로 참여하고 있는가에 대한 조사결과는 81 - 100%가 44.3%, 61 - 80%가 17%, 60%이하가 36.4%로 나타나고 있다. 이것은 약 61.3%가 적극적으로 동참하고 싶을 함께 나누고 있는 반면, 수동적인 참여자도 36.4%나 된다. 앞으로 수동적인 참여자들을 위한 배려와 관심이 필요함을 보여주고 있다.

가정교회 구성원의 편성은 지역별이 47.8%, 부부중심이 20.2%, 부부중심에 싱글 포함이 13.8%, 남녀 구분이 13.4%로 나타난다. 이것은 앞으로 분가와 재생산을 위해서는 복합적인 판단을 해야 함을 보여주고 있다. 즉, 획일적인 방법보다는 유연성을 가지고 편성해야 함을 보여주고 있다.

가정교회의 모임의 시간은 금요일이 53.2%, 토요일이 9.5%, 주일이 10.3%, 아무 때나가 19.4%로 나타났다. 이것은 전통적으로 구역의 모임 시간이 금요일인 것에서 기인한 것이다. 그래서 본 교회는 금요 심야 기도회를 가정교회 모임의 활성화를 위하여 수요 기도회로 변경하였고, 수요 기도회의 형태를 1부는 예배, 2부는 찬양과 기도회로 전환하였다.

본 교회는 매 월 셋째 주일 오후에는 오후 찬양예배를 드리지 않고, '가정교회의 날'로 선포하여 가정교회 소그룹 모임을 갖도록 하였다. 형태는 자유롭게 하되, 주로 교제와 나눔 그리고 전도와 봉사 및 선교의 날로 활용하도록 했다. 이에 대한 설문조사에서 현행대로 하자는 의견이 72.8%, 안 했으면 좋겠다가 13.4%, 매 주일 실행했으면 좋겠다가 5.5%, 매월 두 주일 하자는 의견이 5.1%로 나타났다. 본 교회에서는 처음 시도해 보는 일이었는데도 적극적이고 긍정적인 반응이 83.4%로 나탔다.

(표 14)에 나타난 '섬김이에 관한 설문조사'를 살펴보면, 먼저 섬김이로서의 소명감과 헌신도에서 긍정적인 답변이 70,7%, 보통이 26.8%로 나타나고 있다. 이것은 처음 섬김이를 임명할 때, 지원을

받아 임명한 것이 아니라 지명을 했기 때문에 나타난 결과이다. 상술한 대로 가정교회를 처음 시작할 때 충분한 준비기간과 지도자 훈련을 거쳐 시작해야 하지만, 무너진 남자 그룹의 회복이 급선무였기에 어쩔 수 없는 상황이었다. 그러나 새로운 섬김이는 철저한 준비기간(예비 섬김이 과정)을 거쳐 사역하고 있다.

섬김이 사역에서 가장 필요한 것은 기도생활이 58.5%, 인간관계가 22%, 리더십 연구가 12.2%, 말씀 묵상이 7.3%로 나타났다. 먼저 사역자로서 경청의 방을 만들어 하나님과 친밀한 교제를 나누고, 성령의 능력을 힘입어 사역하는 것이 절실함을 보여주고 있다.

사역에서 가장 어려운 점은 구성원들의 관심 부족이 46.3%, 교회의 지원 부족이 36.6%로 나타나고 있다. 이것은 교인들의 공동체적 삶에 대한 이해 부족과 개인 중심의 신앙생활 그리고 분주한 삶이 빚어낸 결과이며, 이에 대한 교회의 적극적인홍보와 참여 독려가 필요함을 보여주고 있다.

앞으로 사역을 위해 배우고 싶은 것은 리더십 훈련, 인간관계훈련, 제자훈련, 성경공부 등이 거의 비슷한 수치로 나타나고 있다. 이것은 어느 하나를 선택하기가 어려운 것이며, 실은 지도자로서 배워야 할 전체 항목들이라고 볼 수 있다.

설문조사를 한 결과, 전체적으로 긍정적인 전망을 보여주고 있다. 비록 가정교회를 시작한지 1년도 채 안됐지만, 열린 마음으로 참여하려고 노력하고 있고, 두 날개로 비상하는 건강한 교회로서의 사명을 감당하겠다는 교인들의 열망이 가득 담겨져 있다고 볼 수 있다. 하지만, 부분적으로 노년층의 권사들을 위한 지속적인 관심과 배려도 필요함을 보여주고 있다.

나가면서

지금까지 소그룹 목회를 통하여 성서적인 교회의 본질과 건강한 교회를 회복하고자 하였다. 이제 3장 결론에서는 본 책을 간단하게 요약하고, 비판과 제언을 함으로 끝맺으려고 한다.

제1부 소그룹의 이론 중 제1장 서론에서는 현재 한국교회의 '성장 중심의 목회', '수직적 신앙만 강조하는 신앙 중심의 목회', '개교회 중심의 목회', '조직 중심의 목회'의 문제점을 제기했고, 이제는 이것을 '성숙 중심의 목회', '삶 중심의 목회', '지역 사회 중심의 목회', '유기적인 공동체의 회복을 위한 목회'로 전환해야 하며, 이러한 목회는 소그룹 목회를 통해서만 가능함을 역설하였다. 즉, 한국교회의 미래를 위해 그리고 성서의 본질을 회복하려는 건강한 목회, 성숙한 목회를 위해서는 소그룹 목회로의 패러다임의 전환이 필요하다는 인식에서 출발하였다.

제2장과 제3장에서는 소그룹 목회의 성서적 전거와 역사를 다루

었다. 소그룹 목회가 이 시대에 새롭게 개발된 목회가 아니라 성서적 전거를 가지고 있는 목회의 본질이며, 핵심임을 보여주고 있다. 구약에서 하나님은 삼위일체인 소그룹으로 존재하셨고, 인간을 공동체로 지으셨으며, 공동체와 공동체가 서로 어울려 살도록 분부하셨지만, 인간에게 죄가 들어온 후 인간 공동체가 파괴되었다. 그러나 하나님의 은혜로 아브라함과 그의 가족을 소그룹 언약의 공동체로 부르시고 그들을 통해 새로운 공동체를 회복시키고자 하는 계획을 이루어 가셨다. 출애굽 이후 모세가 장인 이드로의 충고를 받아 그의 백성들을 소그룹으로 나누어 자신의 지도력을 분담시켰고, 바벨론 포로 이후 느헤미야 역시 다양한 은사를 가진 그룹들을 분권화하여 예루살렘 성벽을 재건하였다. 요엘은 하나님의 소원은 성령을 통하여 남녀노소를 포함하는 그룹들에게 사역을 위한 지혜와 비전을 주시는 것임을 보여주고 있다.

신약의 대표적인 소그룹 목회는 예수 그리스도를 통해 나타난다. 그의 사역의 중심은 공동체를 회복하는 것이며, 이 소그룹의 공동체가 지상에서 실현된 하나님의 나라였다. 열 두 제자를 부르신 목적도 바로 이들을 통하여 이 사역을 이루시기 위함이었다. 초대교회 공동체는 모임을 통해 그리스도인의 네 가지 중요한 훈련을 하였는데, 그것은 사도들의 가르침을 통해 함께 하는 삶을 훈련시켰고, 공동체 훈련을 통하여 코이노니아가 형성되도록 했고, 떡을 떼는 훈련을 통하여 소그룹의 의도와 하나됨을 가르쳤고, 공동의 기도 훈련을 하였다. 브리스가와 아굴라 등 구체적인 초대교회 가정교회들을 통하여 가족 공동체를 이루었고, 예배와 사역의 활동에 적극적으로 참여하였다.

그러나 바울 이후에는 사도들의 권위가 사라지고, 가정교회 대신 지역 교회가 교회 활동의 중심이 되었다. 특히 2-3세기 이후에는 교회가 성도의 모임이 아닌 건물로 이해되고, 성직자 중심의 의식과 제도가 생기면서 성직자와 평신도가 구분되었고, 공동체 안에서 은사를 통한 나눔은 없어지고, 교회는 가족 공동체의 특성을 상실하고, 교회 안에 개인주의가 뿌리를 내리게 되었다. 이제 성경에 나타난 가정교회 소그룹 공동체는 불법 모임으로 간주되었다.

이러한 교회의 교권화와 제도화 현상은 또 다른 신앙 공동체를 태동시키는 동기가 되었는데, 그것이 바로 수도원 공동체이다. 그들이 선택한 형식은 사막으로의 도피였고, 금욕 생활양식이었고, 철저한 명상과 헌신의 신앙을 모색하는 것이었으며, 코이노니아 공동체의 회복이었다. 그러나 수도원 운동은 금욕과 독신주의를 실천함으로써 그 자신의 한계로 인하여 초대 가정교회 운동을 대치할 수 없게 되었다. 실제 가정교회 전통은 중세에 일어났던 발덴시아 공동체(Waldensian Community)에 의해 계승되었다. 그러나 1184년 로마 교회는 이들을 출교하였다.

종교개혁 이후 루터의 '제 3의 형태'와 마틴 부처의 '그리스도적 공동체'를 통해 공동체를 실현하려고 했고, 재세례파들은 초대교회 소그룹 운동을 구체적으로 실천하기도 했다. 그러다가 17-8세기 독일의 경건주의 운동으로 새로운 소그룹 회복운동이 일어났다. 스패너, 프랑케, 진첸도르프와 그의 모라비안 공동체 등을 통해 소그룹 운동이 이어졌다. 이후 존 웨슬리의 소그룹 공동체 운동(속회)을 통하여 꽃을 피우게 되었다.

제4장에서는 소그룹 목회의 신학을 다루었다. 소그룹 목회는 교회의 본질을 회복하는 것으로서, 교회의 본질은 우선적으로 먼저 '코이노니아'로서의 교회이다. 예수 그리스도와 코이노니아를 성령으로 경험한 처음 사람들이 서로의 나눔을 나누기 위해 모이기 시작한 것이 바로 가정교회였다.

둘째로 '공동체'로서의 교회이다. 그리스도인의 영적 성장은 공동체 안에서 존재하는 과정이며 산물이다. 인간은 하나님과 다른 사람과의 관계 속에 있을 때 성장한다.

셋째로 '성령의 은사'로 세워지는 교회이다. 성직자와 권력 중심의 수직적인 구조가 아닌 교인들이 자신의 은사에 따라서 하나님 나라의 사역을 담당하는 성령 중심의 수평적인 구조를 의미한다.

5장에서는 평신도의 사역의 활성화이다. 모든 교인들은 하나님의 백성으로서 진정한 의미에서 하나님의 성직자요 하나님의 평신도이다. 따라서 평신도는 예수 그리스도에게 위임받은 하나님 나라의 사역을 실현해야 할 주체이다. 그러므로 건강한 교회는 소그룹을 통한 평신도 중심의 목회 구조이다.

제2부 제1장에서는 한국교회에 나타난 대표적인 소그룹 목회의 세 가지를 다루고 있다. '구역'은 한국교회의 전통적인 소그룹 목회 구조이다. 이것은 존 웨슬리의 속회에서 유래된 것이다. 웨슬리의 구역 목회는 세 가지 목적을 가지고 있었다. (1) 조직의 구성원들이 은혜 안에서 계속 성장해 가는 것, (2) 서로를 돌보는 것, (3) 사회에 거룩한 영향력을 끼치는 것이다. 이와는 달리 한국 교회의 구역 목회는 넓은 의미에서 세 가지 목적을 가지고 있다. (1) 하나님을 위

한 것(예배와 기도), (2) 구성원들을 위한 것(친교와 신앙 성장), (3) 구성원들이 속한 세상을 위한 것(전도와 봉사)이다. 특히 구역을 통해 성장한 대표적인 교회는 여의도 순복음 교회(조용기 목사)이다.

셀 목회는 미국 침례교회의 목사 랄프 네이버에 의해, 전통적인 목회 방식으로는 현대 교회의 목회적인 수요를 충족시킬 수 없다는 인식에서 출발하였다. 셀 목회의 신학은 (1) 공동체 중심, (2) 오이코스 중심의 교회 생활, (3) 성령의 은사로 세워지는 셀 그룹, (4) 영적인 과제를 준비하는 경청의 방을 강조한다. 이러한 셀 목회는 목회의 본질과 성서적인 원칙에 충실하고자 노력한다. 이러한 셀 목회를 한국교회의 상황에 맞추어 적용한 교회가 바로 부산의 풍성한 교회(김성곤 목사)이며, '두 날개 양육 시스템'을 통해 건강한 교회로 거듭나고 있다.

가정교회는 오늘날 셀 목회와 함께 새로운 소그룹 목회의 모델로 자리잡아가고 있는데, 최영기 목사는 가정교회를 이렇게 정의한다. (1) 개척교회와 같다. (2) 그 자체가 교회이다. (3) 지역 중심보다는 관계 중심이다. (4) 성경 공부보다는 삶의 나눔을 중요시 한다. (5) 전도에 역점을 두는 사역이다. (6) 교회의 기능을 다하게 하는 교회이다. 가정교회의 신학은 (1) 주님이 주신 대 사명(마 28:19 – 20), 즉 교회는 제자를 만드는 곳이며, (2) '듣고'가 아닌 '보고' 배우게 하는 가르침(막 3:13 – 15)이며, (3) 성서적인 사역을 분담(엡 4: 11 – 12)하는 것이다. 이러한 가정교회를 한국의 상황에서 적용해 가는 교회가 바로 일산의 화평교회(최상태 목사)이다.

제2장에서는 본인이 목회를 하고 있는 신갈장로교회의 소그룹

목회를 소개하고 있다. 2010년에 교회 창립 80주년을 맞이하는 본 교회는 지금까지 3개의 소그룹 목회를 경험하였다. 구역과 셀 목회 그리고 가정교회이다. 이러한 소그룹 목회에 대한 교인들의 의식을 설문조사를 통하여 분석 평가하였다. 세 그룹 참여시 선호도는 가정교회가 43.1%, 구역이 35.4%, 셀 그룹이 8.2%, 모두 그저 그렇다가 13.3%로 나타났다. 현재 진행되고 있는 가정교회에 대한 긍정적인 평가와 함께 구역에 대한 추억도 함께 공존하고 있음을 보여주고 있다. 특히 남자의 경우는 가정교회가 66.7%, 구역이 19%인 반면, 여자는 가정교회가 36.6%, 구역이 39.9%로 나타났다. 이것은 셀 목회 이후 무너진 남자 그룹이 가정교회를 통해 회복되었기 때문에 나타난 결과이다. 연령별로 살펴보면, 30 – 39세는 가정교회가 68%, 구역이 12%, 40 – 55세는 가정교회와 구역이 동일하게 39.2%, 55 – 65세는 가정교회가 48.8%, 구역이 34.9%, 65세 이상에서는 가정교회가 26.7%, 구역이 43.3%로 나타났다. 직분별로는 평신도는 51.7%가 가정교회, 구역이 34.5%, 집사는 41.7%가 가정교회, 구역이 33.1%, 권사는 가정교회가 38.7%, 구역이 45.2%, 안수집사 및 장로는 가정교회가 50%, 구역이 37.5%로 나타났다. 이것은 젊은 층과 중·장년층 그리고 직분이 평신도일수록 가정교회를 선호하며, 노년층의 권사들은 구역을 선호하는 것을 알 수 있다.

건강한 교회와 성서적인 교회의 본질을 회복하기 위한 소그룹 목회는 아무리 강조해도 지나침이 없다. 이유는 소그룹 목회는 하나님께서 인간들 사이에서 일하시는 가장 중요한 매개체이기 때문이다. 그래서 아이스노글(G. W. Icenogle)은 소그룹에 대한 관심과 수요가 인간 문화의 패러다임의 전환에서 나타나는 하나의 새로운 현상이 아니라 하나님과 인간의 성품 그 자체를 반영하는 것이며, 창조 세계의 요구이자 인간 문화의 필요로 이해된다고 말한다.[315] 이러한 소그룹 목회의 온전한 회복을 위하여 다음의 몇 가지를 비판하면서 제언하고자 한다.

첫째, 소그룹 목회는 목회자의 분명한 목회철학이 전제 되어야 한다. 지금까지 많은 목회자들이 전통적인 목회에 대한 돌파구로서 또는 교회의 부흥과 성장의 한 도구로서 소그룹 목회를 이해한 적이 많았다. 이렇게 소그룹 목회를 단순히 교회 성장의 수단 정도로 이해한다면 교회를 향한 주님의 뜻을 듣고 이해하기보다 교회 성장이라는 수단이 앞서기 때문에 성공적인 소그룹의 정착은 어렵다. 이것은 본질적으로 성서적 교회론의 오해에서 기인한 것이다. 진정한 소그룹 목회는 성서에서 보여준 공동체성과 코이노니아의 회복 그리고 모든 교인이 성령의 은사에 따라 사역하는 수평적 구조로 패러다임을 전환하는 평신도 사역운동임을 알아야 한다. 즉 소그룹 목회는 올바른 성서적 교회론의 회복임을 분명하게 해야 한다.

둘째, 소그룹 목회의 분명한 목적을 올바로 인식해야 한다. 소그룹 목회의 목적은 '제자도'이다. 예수님께서는 제자를 삼기 위해 함께 소그룹으로 부르신 것이다. 그러므로 소그룹은 '제자도'를 실천하는 곳이다. '교회의 존재 목적이 무엇인가?'라고 물으면, 대부분은 예배, 교육, 전도, 친교, 섬김, 선교 등으로 대답한다. 그런데 이런 것들은 교회의 사역과 활동이지 목적은 아니다. 왜 많은 목회자들이 탈진하는가? 목적을 놓치고 사역에 몰두하기 때문이다. 소그룹 목회에서는 교회의 존재 목적을 마태복음 28장 19절 - 20절에

---

315) G. W. Icenogle, 『소그룹 사역을 위한 성경적 기초』, 16.

서 찾는다. "너희는 가서 모든 민족을 제자로 삼아 아버지와 아들과 성령의 이름으로 세례를 베풀고 내가 너희에게 분부한 모든 것을 가르쳐 지키게 하라 볼지어다 내가 세상 끝날까지 너희와 항상 함께 있으리라 하시니라." 여기서 명령형으로 된 동사는 "제자를 삼으라." 하나뿐이다. 그리고 제자를 만드는 방법으로 제시한 것이 두 가지이다. (1) 아버지와 아들과 성령의 이름으로 세례를 주는 것이다. 이것은 당시에 생명을 내건 모험이었다. 즉 진실하고 철저한 믿음이 없이는 감히 세례를 받는다고 나설 수 없는 시대였기 때문이다. (2) '가르치는 것'이다. 예수님께서 말씀하신 모든 것을 지키며 살도록 가르치라는 것이다.[316] 즉, 예수님의 인격과 삶 그리고 믿음의 내용을 전수하는 것이다. 그러므로 소그룹 목회의 목적은 예수님의 제자를 만드는 것임을 분명히 해야 한다. 따라서 소그룹 목회는 철저한 제자훈련이 뒷받침 되어야 한다.

셋째, 구체적인 평신도 사역의 활성화에 대한 문제이다. 지금까지 대부분의 소그룹 목회에서 모두가 평신도 사역의 활성화를 강조하고 있지만, 그 내용으로 들어가 보면 실제로는 평신도 사역에 대한 편협한 이해가 존재한다. 교회 안에서의 헌신과 봉사 그리고 순종과 섬김 등이다. 즉, 교회의 부흥과 성장의 한 도구로서의 평신도 사역을 강조할 뿐이다. 그러나 평신도의 사역의 장은 교회뿐만이 아니라 바로 이 세상이다. 따라서 각자의 삶의 자리에서 어떻게 살아가는 것이 하나님의 백성으로서의 삶인가를 진지하게 묻고, 지키도록 가르쳐야 한다. 교회 안과 밖에서의 동일한 사역을 강조해야 한다. 즉, 이원론적인 사고를 넘어서 믿음과 삶의 통일성을

---

316) 김영봉, 『성서주석, 마태복음 Ⅱ』(서울: 대한기독교서회, 1999), 512 - 515.

교육해야 한다. 그래서 거짓과 부정 그리고 불신과 죽음의 문화가 난무하는 이 세상에서 진리와 정의 그리고 평화와 생명의 일군으로 살아가는 방법과 내용을 구체적으로 가르쳐 행동하도록 해야 한다. 특히 안티 기독교로 인해 실추된 교회의 이미지와 위상을 회복하기 위해서라도 세상에서 진정한 그리스도인으로서 살아간다는 것이 무엇인지를 올바로 인식하게 하고 실천하게 해야 한다.

넷째로, 소그룹의 명칭 문제이다. 현재 한국교회 안에는 소그룹의 다양한 명칭들이 존재하고 있다. 그러나 중요한 것은 형식이 문제가 아니라 내용이다. 전통적인 소그룹 목회인 구역이라는 이름을 사용하든 현대적인 셀과 가정교회 그리고 목장이라는 명칭을 사용하든 명칭의 문제는 그리 중요한 것이 아니다. 또한 대부분의 교회가 새로운 목회 패러다임으로 전환하면서 무리하게 기존의 명칭을 무시하는 경우가 있다. 이 때 필요한 것이 바로 목회적인 지혜이다. 예를 들어 기존의 형식인 구역이라는 명칭을 사용하면서도 그 내용 속에는 성서적인 소그룹의 본질을 담아낼 수가 있다는 것이다. 그러므로 명칭의 변화에 초점을 맞추기 보다는 그 내용의 충실함에 무게를 두는 것이 더 바람직하다.

다섯째, 리더십의 혼돈의 문제이다. 즉, 소그룹 목회는 기존의 권위와 위계질서에 대한 도전이라고 이해하는 경우가 있다. 실제로 교회 공동체의 '유기성'을 간과하고 소그룹 목회의 특징 가운데 하나인 '독립성'만을 강조한다면, 이러한 우려는 현실로 나타날 것이다. 현실적으로 소그룹 목회의 지도력은 대부분 훈련된 평신도 지도자를 필요로 하기 때문에 종종 기존의 위계질서를 파괴한다고 생각할 수 있다. 그러나 이것도 지혜가 필요하다. 먼저 한국교회 안에서 장로는 치리 중심으로 사역을 한다. 그러나 치리만이 아니라 목양 사역도 해야만 한다. 따라서 장로도 훈련을 통하여 목양 장로로서 사역의 현장에 뛰어들면 오히려 더 큰 사역의 기쁨과 보람을 얻게 되며, 권위와 위계질서에 대한 도전이 아니라 함께 사역하는 동역자라는 인식을 갖게 된다.

마지막으로 소그룹 모임의 구체적인 진행 내용이다. 대부분 소그룹 목회에서는 기존의 모임 진행형식에서 벗어나 새로운 패러다임의 진행 방법을 도입하려고 한다. 예를 들면, 귀납적 성경 공부와 토론 그리고 대화 중심의 삶과 말씀의 나눔 등이다. 이것은 물론 젊은 세대에게는 호감이 가는 방법이다. 그러나 대화와 토론 문화에 익숙하지 못한 장년층과 노년층에게는 힘든 일이다. 따라서 획일적인 방법보다는 맞춤식 모임 방법을 모색하는 것이 필요하다. 예를 들면, 젊은 층에게는 삶과 나눔의 말씀 공부, 장·노년층에게는 편하게 느껴지는 기존의 구역 형식, 아이 엄마들의 모임에는 집중적인 성경 공부보다는 지난 주일 담임 목사의 설교 말씀을 가지고 구체적인 삶 속에서 어떻게 적용을 했고, 은혜를 받았는지 함께 나누는 것 등이다. 즉 한 가지 방법만 고집하여 획일화시키는 것보다는 다양한 맞춤식 방법과 모임의 형태를 갖는 것이 더 효율적이다.

참고문헌

1. 국내서적

교회성장연구소 편, 『세계가 주목한 조용기 목사의 교회성장』(서울: 교회성장연구소, 2008)

국제신학연구원 편, 『여의도의 목회자』(서울: 서울말씀사, 2008)

김경진, 『성서주석, 사도행전』(서울: 대한기독교서회, 1999)

김성곤, 『다시 쓰는 두 날개로 날아오르는 건강한 교회』(고양시: 도서출판 NCD, 2007)

김성곤, 『전도소그룹, 열린 모임비전』(부산: 도서출판 두날개, 2008)

김성곤, 『독수리처럼 날다』(부산: 두날개, 2007)

김성곤, 『양육의 기쁨』(부산: 도서출판 두날개, 2008)

김성곤, 『재생산의 삶』(부산: 도서출판 두날개, 2008)

김성국, 백기복, 최연 공저, 『CEO 조용기』(서울: ICG, 2007)

김영봉, 『성서주석, 마태복음 Ⅱ』(서울: 대한기독교서회, 1999)

김윤규, 『희망의 선구자 요한 크리스토프 블룸하르트』(오산: 한신대학교출판부, 2009)

김윤규, 윤성민 편저, 『성서해석과 설교의 프락시스』(서울: 다산글방, 2009)

김지철, 『성서주석, 고린도전서』(서울: 대한기독교서회, 1999)

김찬종, 『교회성장을 위한 구역 운영 지침서』(서울: 무림출판사, 1991)

김한옥, 『셀 목회의 유형과 핵심』(부천: 실천신학연구소, 2006)

두산동아백과사전 연구소, 『두산백과사전 11권』(서울: 동아출판사, 2002)

류장현, 『포스트모던 사회와 교회』(서울: 프리칭아카데미, 2006)

박근원, 『오늘의 설교론』(서울: 대한기독교서회, 1998)

박근원, 『오늘의 교역론』(서울: 대한기독교서회, 2004)

박용호, 『존 웨슬리의 속회론』(서울: 도서출판 kmc, 2008)

박영철, 『셀 교회론』(서울: 요단출판사, 2009)

박익수, 『성서주석, 디모데전후서, 디도서』(서울: 대한기독교서회, 1994)

방석종, 『성서주석, 요엘』(서울: 대한기독교서회, 2007)

옥한흠, 『평신도를 깨운다』(서울: 두란노서원, 1987)

유성준, 『참된 교회를 이끄는 작은 공동체 세이비어교회』(서울: 평단문
　　　화사, 2006)

유상현, 『사도행전 연구』(서울: 대한기독교서회, 1996)

은준관, 『신학적 교회론』(서울: 한들출판사, 2006)

이성희, 『미래목회 대예언』(서울: 규장문화사, 1998)

이성희, 『미래 사회와 미래 교회』(서울: 대한기독교서회, 1996)

이원규, 『기독교의 위기와 희망』(서울: 대한기독교서회, 2003)

이원규, 『한국교회 무엇이 문제인가?』(서울: 감리교신학대학교출판부, 2002)

이장식, 『평신도는 누구인가?』(서울: 대한기독교출판사, 1980)

정인찬 편, 『성서대백과사전』(서울: 기독지혜사, 1981)

조용기, 『5중 복음과 삼박자 축복』(서울: 서울서적출판부, 1987)

조용기, 『4차원의 영성』(서울: 교회성장연구소, 2005)

조용기, 『희망목회 45년』(서울: 교회성장연구소, 2007)

조용기, 『나의 교회성장 이야기』(서울: 서울말씀사, 2007)

쥬영흠, 『하나님의 천지창조』(서울: 성경과 신학, 1993)

차정식, 『성서주석, 로마서』(서울: 대한기독교서회, 1999)

천사무엘, 『성서주석: 창세기』(서울: 대한기독교서회, 2001)

채이석·이상화, 『건강한 소그룹 사역 어떻게 할 것인가?』(서울: 소그
　　　룹하우스, 2005)

최상태, 『21세기 신 교회론, 이것이 가정교회다』, (서울: 국제제자훈련원,
　　　2006)

최영기, 『가정교회로 세워지는 평신도 목회』(서울: 두란노, 1999)

한정애, 『교회사를 통해 본 작은 공동체 운동』(서울: 한국신학연구소,
　　　2003)

2. 번역서

Beckham, William A., 터치코리아 사역팀 역, 『제2의 종교개혁』(서울: 도서출판 NCD, 2008)

Bonhoeffer, Dietrich, 문익환 역, 『신도의 공동생활』(서울: 대한기독교서회, 2007)

Branick, V., 홍인규역, 『초대교회는 가정교회였다』(서울: 기독교 신문사, 2005)

Cole Neil, 도서출판 NCD 편집부 역, 『LTG 삶을 변화시키는 소그룹』(서울: 도서출판 NCD, 2004)

Donahue Bill, Robinson Russ, 오태균 역, 『소그룹 중심의 교회를 세우라』(서울: 국제제자훈련원, 2004)

Frank, Karl Suso, 최형걸 역, 『기독교 수도원의 역사』(서울: 도서출판 은성, 2006)

George, Carl F., 김원주 역, 『성장하는 미래교회 메타교회』(서울: 요단 출판사, 1999)

Icenogle, G. W., 김선일 역, 『소그룹 사역을 위한 성경적 기초』(서울: SFC 출판부, 2007)

Keil, C.F.,& Delitzsch, F., 고영민 역, 『구약주석 ① 창세기』(서울: 기독교문화사, 1992)

Kraemer, H., 유동식 역, 『평신도 신학』(서울: 대한기독교서회, 1999)

McBride. Neal F., 네비게이토 역 『소그룹 인도법』(서울: 네비게이토 출판사, 1997)

Neighbour, Ralph W., 장학일 역, 『셀 목회 지침서』(서울: 서로사랑, 1999)

__________________, 정진우 역, 『셀 교회 지침서』(서울: 도서출판 NCD, 2000)

__________________, 박영철 역, 『셀 리더 가이드』(서울: 도서출판 NCD, 2001)

__________________, 박영철역, 『셀 리더 지침서: 셀 리더를 강한 군사로 훈련시키는 안내서』(서울: 도서출판 NCD, 2001),

__________________, 정진우 역, 『셀 교회 지침서』(서울: 도서출판 NCD

2000)

Noth, M., 이경숙 역, 『민수기』(서울: 한국신학연구소, 1986)

Schwarz, Ch. A., 정진우 역, 『자연적 교회 성장』(서울: 도서출판 NCD, 2008)

Stanley Andy, 이중순 역, 『소그룹으로 변화되는 역동적인 교회』(서울: 도서출판 디모데, 2006)

Stevens, R. P.,홍병룡 역, 『21세기를 위한 평신도 신학』(서울: 한국기독학생회출판부, 2005)

3. 국외서적

Banks, Robert, *Paul's Idea of Community: "The Early House Churches in their Historical Setting*(Peabody: Hendrickson Publishers, 1995)

Bucer, M., *Von der Kirchen mengel und fähl und wie die selben zu verbessern in* (BDS. Bd, 17: Die letzten Strassburger Jahre 1546 – 1549. Schriften zur Gemeindereformation und zum Augsburger Interim, hg.v. R.Stupperich, Gutersloh, 1981)

Coleman,, Robert, *The Master Plan of Evangelism*(Old Tappan, N.J: Revell, 1987)

Congar, Yves, *Lay People in the Church* (London: Geotty Capman, 1957)

Corbo, Virgilio, C., *House of Peter at Capernaum,* a preliminary report, trans. S Saller(Jerusalem: Studium Biblicum Franciscanum, 1968)

Dulles, Avery, *Models of the Church*(Garden City: Doubleday & Co., 1978)

Fouska, Marianka S., *The Church in a Changing World* (St. Louis: Concordia Publishing House, 1971)

Friedrich, Gerhard, (hg.), *Theologisches Worterbuch zum Neuen Testament*, Bd., 5. Stuttgart: Kohlhammer Verlag

George, Carl F., *Prepare Your Church for the Future*(Grand Rapids: Fleming H. Revell, 1992)

Hanson, Paul, *The People Called: The Growth of Community in the Bible*

(Sanfrancisco: Harper & Row, 1986)

Luther, M., *Luther's Works* Vol. 53(Philadelphia: Fortress Press, 1965)

MacIver, R. M., *community*(New York, 1936)

Mallison, John, *Growing Christians in Small Groups*(Sydney Australia: Scripture Union, 1989)

Olsen, Ch., *The Base Church: Creating Community Through Multiple Forms* (Atlanta: Forum House, 1973)

Snyder, Howard A., *The Problem of Wine Skins*(Downers Grove, Illinois: IVP, 1975)

Williston, Walker,, *A History of the Christian Church* (N.Y.: Charles Scribner's Sons, 1981)

4. 논문 및 정기 간행물

김남용, "소그룹 사역의 성경 신학적 이해" 「국제신학」(서울: 국제신학대학원대학교 2호/2000)

김성건, "한국교회 교인의 수평이동을 어떻게 볼 것인가: 사회학적 고찰" 「교회성장」(서울: 교회성장연구소, 3월호/2004)

김순성, "가정교회 소그룹 구조와 기능의 실천신학적 의의", 「복음과 실천신학」(한국복음주의실천신학회, 제 16권 봄호/2008)

김외식, "요한 웨슬리의 영성형성과 영성여정" 「신학과 세계」(서울: 감리교신학대학 Vol.26, 1993)

류장현, "교회의 본질과 사명", 「기장회보」(서울: 한국기독교장로회 총회, 2월호/2002)

류장현, "21세기를 위한 교회론의 정립", 「21세기 목회」(서울: 21세기 목회협의회, 가을호/2004)

류장현, "평신도 운동의 신학적 고찰", 「한국개신교와 만인사제직」(청주: 한국디아코니아 연구소, 2006.)

목회와 신학 대담, "가정교회는 신약교회를 회복하는 것입니다", 「목회와 신학」(서울: 두란노서원, 11월호/2007)

목회와 신학, "2008 한국 교회의 사회적 신뢰도 여론조사"(서울: 두란
　　　노서원, 12/2008)

문효식, "창조계시에 나타난 소그룹 공동체 연구", 「국제신학」(서울: 국
　　　제신학대학원대학교 5호/2003),

문효식, "예수 그리스도의 사역에 나타난 소그룹공동체 연구", 「국제신
　　　학」(서울: 국제신학대학원대학교 8호/2006)

박영철, "가정교회 운동의 목회적 가치와 철학", 「목회와 신학」(서울: 두
　　　란노서원, 11월호/2007)

박종천, "코이노니아 교회론", 「기독교사상」(서울: 대한기독교서회 8월
　　　호/1993)

서광선, "평신도와 교회갱신" 「기독교사상」(서울: 대한기독교서회 9월
　　　호/1976)

안선희, "성만찬에 관한 신학적 이해 연구" 「기독교사상」(서울: 대한기
　　　독교서회, 11월호/1991)

유충열, "새로운 패러다임의 셀 교회 운동" 「기독교사상」(서울: 대한기
　　　독교서회, 11월호/2000)

이상화, "소그룹으로서의 가정교회 운동", 「목회와 신학」(서울: 두란노
　　　서원, 11월호/2007)

이양호, "유세비우스의 교회사 연구" 「신학논단」(연세대학교 신과대학,
　　　Vol.18/1989)

정종현, "한국교회의 교인 수평이동에 대한 보고서" 「교회성장」(서울:
　　　교회성장연구소, 3월호/2004)

정준기, "니콜라스 진젠도르프에 관한 연구" 「光神論壇」(대한예수교장
　　　로회 광주개혁신학연구원, 4/1992)

조경철, "코이노니아의 성서적 이해" 「기독교사상」(서울: 대한기독교서
　　　회 8월호/1993)

주재용, "사도교부 이그나티우스의 생애와 사상" 「신학연구」(서울: 한국
　　　신학대학 출판부, 10/1969)

지형은, "수용과 창조적 변용: 경건주의의 병향제시서 「경건한 요청」연
　　　구사"(신학논충. Vol.2, 연세대학교 한국기독교문화연구소, 1996)

지형은, "경건주의, 그 요청과 현실"(연세대학교 연합신학대학원 제 28

회 공개학술강좌, 1996)
최원준, "성도가 목회자와 교회에게 원하는 것과 필요로 하는 것"「목
　　회와 신학」(서울: 두란노서원, 10/2009)
최형근, "선교에 끼친 경건주의의 영향"「교수논총」(서울신학대학교,
　　Vol.16/2004)
한완상, "교회 양적 급성장에 대한 사회학적 고찰",『한국교회 성령운
　　동의 현상과 구조』(서울: 대화출판사, 1982)

[기타]

문화체육관광부,「2008 한국의 종교현황」자료
신갈장로교회,『2006년 교회수첩』
신갈장로교회,『2009년 교회수첩』
두산백과사전 EnCyber & EnCyber.com
http://www.yonginsi.net 용인시 홈페이지(2009년 10월 31일 현재)
http://www.giheunggu.go.kr 기흥구 홈페이지(2009년 10월 31일 현재)
http://www.giheunggu.go.kr/dong/singal/ 신갈동 홈페이지(2009년 10월
　　31일 현재)

이광수

▌약 력

한신대학교 신학과 졸업(B. A.)
한신대학교 신학대학원 졸업(M. Div.)
영국 버밍햄 Selly Oak 대학 선교대학원 수학
한신대학교 신학전문대학원 졸업(D. Min.)
현) 기장총회교육원 목회신학대학 교수
현) 신갈장로교회 담임목사

소그룹이 살아야 교회가 건강해진다

소그룹 목회의 이론과 실제

초판인쇄 | 2010년 4월 19일
초판발행 | 2010년 4월 19일

지은이 | 이광수
펴낸이 | 채종준
펴낸곳 | 한국학술정보㈜
주 소 | 경기도 파주시 교하읍 문발리 파주출판문화정보산업단지 513 - 5
전 화 | 031) 908 - 3181(대표)
팩 스 | 031) 908 - 3189
홈페이지 | http://www.kstudy.com
E - mail | 출판사업부 publish@kstudy.com
등 록 | 제일산 - 115호(2000. 6. 19)

ISBN   978-89-268-0972-3 93230 (Paper Book)
        978-89-268-0973-0 98230 (e - Book)

내일을여는지식 은 시대와 시대의 지식을 이어 갑니다.

이 책은 한국학술정보(주)와 저작자의 지적 재산으로서 무단 전재와 복제를 금합니다.
책에 대한 더 나은 생각, 끊임없는 고민, 독자를 생각하는 마음으로 보다 좋은 책을 만들어갑니다.